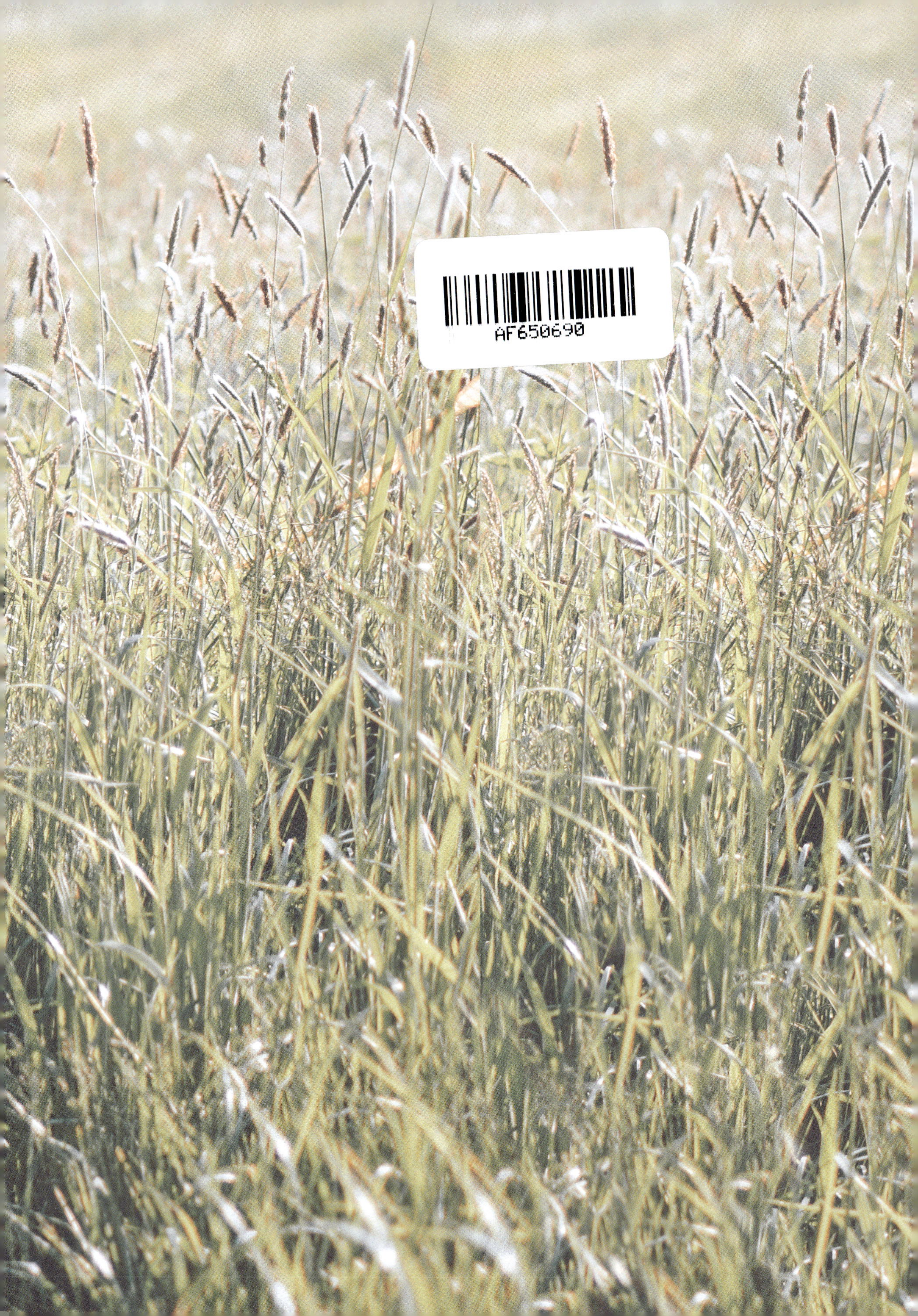

„Alles Erste bleibt ewig im Kinde;
die erste Farbe, die erste Musik,
die erste Blume, bilden den
Urgrund des Seins."

Jean Paul

Kristin Wünsch

Handgemachte Puppen im Waldorf-Stil

Inklusive detaillierter Step-Fotos und Schnittmuster

Inhalt

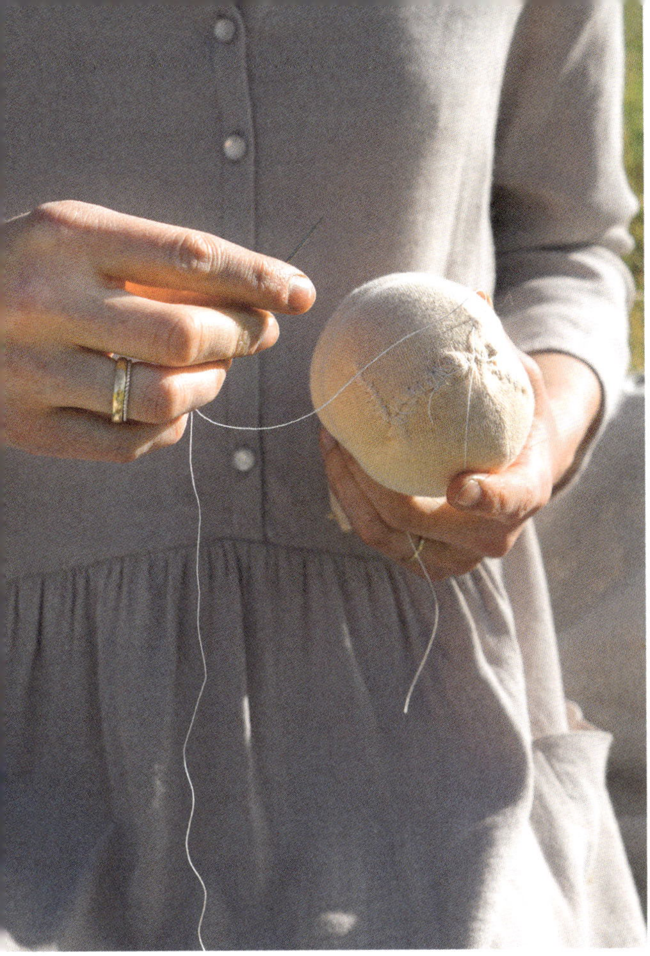

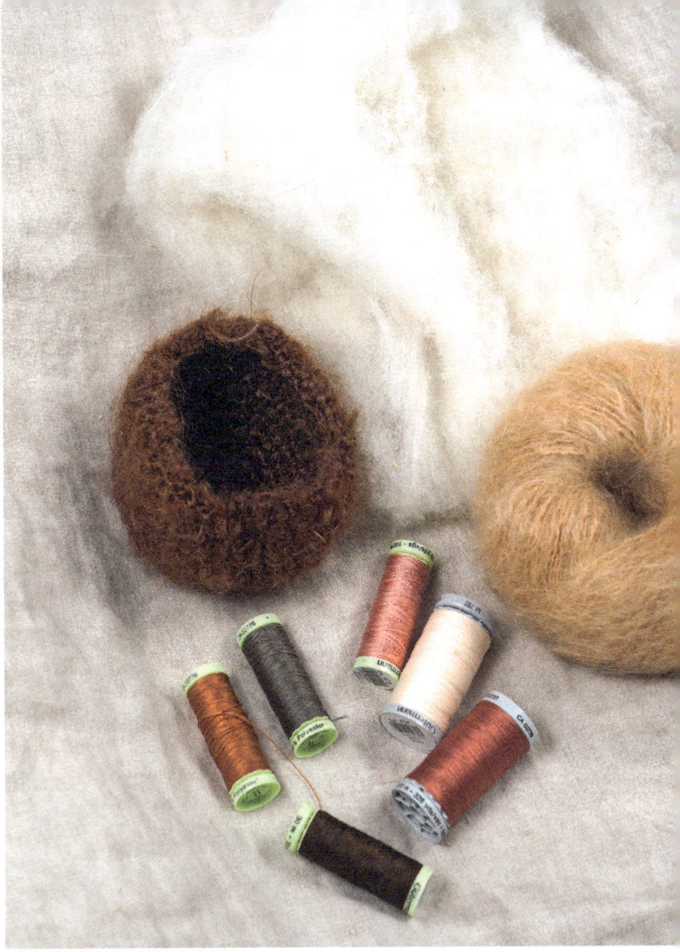

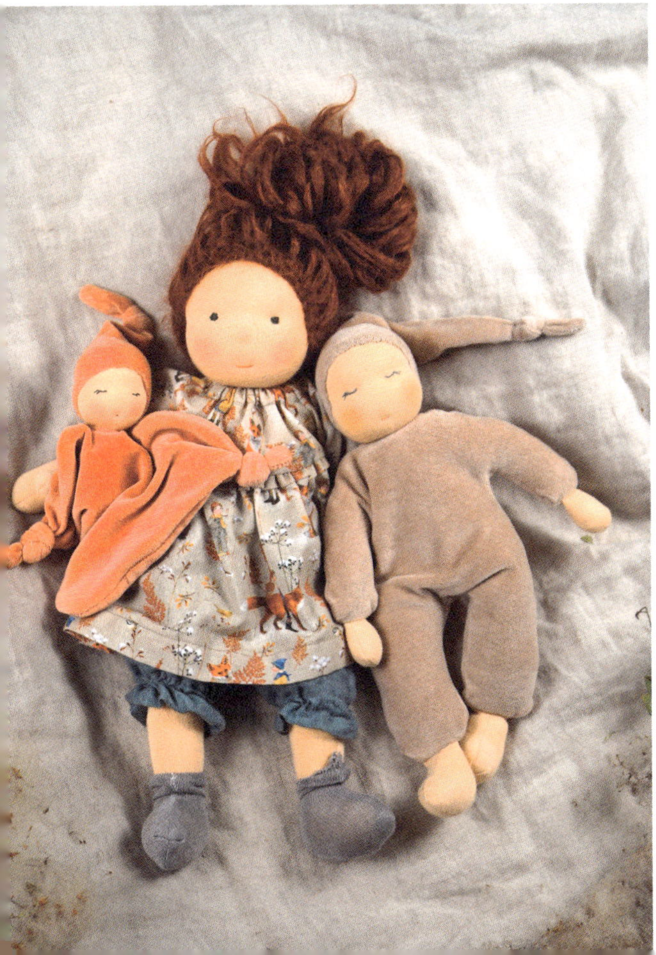

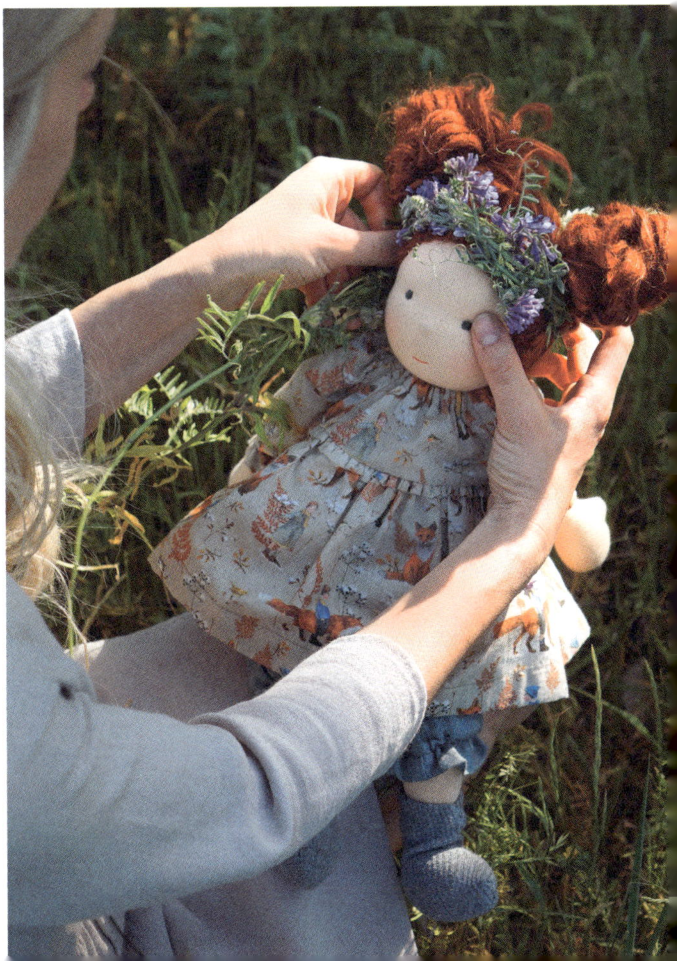

Vorwort

In diesem Buch begeben wir uns auf eine Reise, um die Kunst der Herstellung von Puppen im Waldorf-Stil zu entdecken. Diese Puppen entstehen mit viel Liebe zum Detail und handwerklichem Geschick.

Wer kann sich schon dem Charme dieser Puppen entziehen? Kleine und große Kinder lieben Puppen als Begleiter – und nicht nur sie. Eine Puppe begleitet oft ein Leben lang und vielleicht schläft deine auch irgendwo versteckt in der Erinnerungskiste aus Kindheitstagen?

Eine Puppe spricht Empfindungen und Gefühle des Menschen an, lädt zur Fürsorge ein und nichts ist persönlicher und liebenswerter als ein selbstgenähtes Puppenkind. Wie jedes Kind ist eine handgefertigte Puppe ein Unikat und wird durch die Persönlichkeit der Puppenmacherin oder des Puppenmachers geprägt. Es ist kein identisches Massenprodukt, was von Fremden und von Maschinen ohne Bezug und ohne Liebe gemacht wurde. Eine Puppe nach Waldorf-Art entsteht mit viel Liebe und unter fairen Arbeitsbedingungen. Nicht selten wird eine Puppe an die nächste Generation vererbt. Und selbst wenn sich die Puppe über die Spielzeit verändert und sichtbare Spuren der Abenteuer trägt, lässt sie sich auch wieder reparieren.

In diesem Buch findest du umfassende Anleitungen zur Herstellung von verschiedenen Puppen nach Waldorf-Art. Angefangen bei der Auswahl der Materialien und Werkzeuge über die verschiedenen, detailliert dargestellten Arbeitsschritte bis hin zur Fertigstellung wirst du Schritt für Schritt durch den Prozess geführt. Das Buch ist eine Einladung in das Puppenhandwerk – ganz ohne inneren Druck, eine Kopie der Puppe aus dem Buch erstellen zu müssen. Erfreue dich am schöpferischen Prozess und lass mit deinen Händen ein ganz einzigartiges, liebenswertes Puppenkind entstehen.

Und, wer schlussendlich eine so warme und weiche Puppe mit seinen eigenen Händen erschaffen oder in den Händen gehalten hat, wird den Liebreiz einer Puppe nach Waldorf-Art verstehen. Vielleicht wird der Wunsch zum Puppenmachen entfacht, oder es wird zumindest nicht die letzte selbstgenähte Puppe sein. Ich hoffe, das Buch inspiriert und ermutigt dich, deine ganz eigene Puppe zu kreieren und dabei deine künstlerische Seite (wieder) zu entdecken.

Herzlichst

Kristin

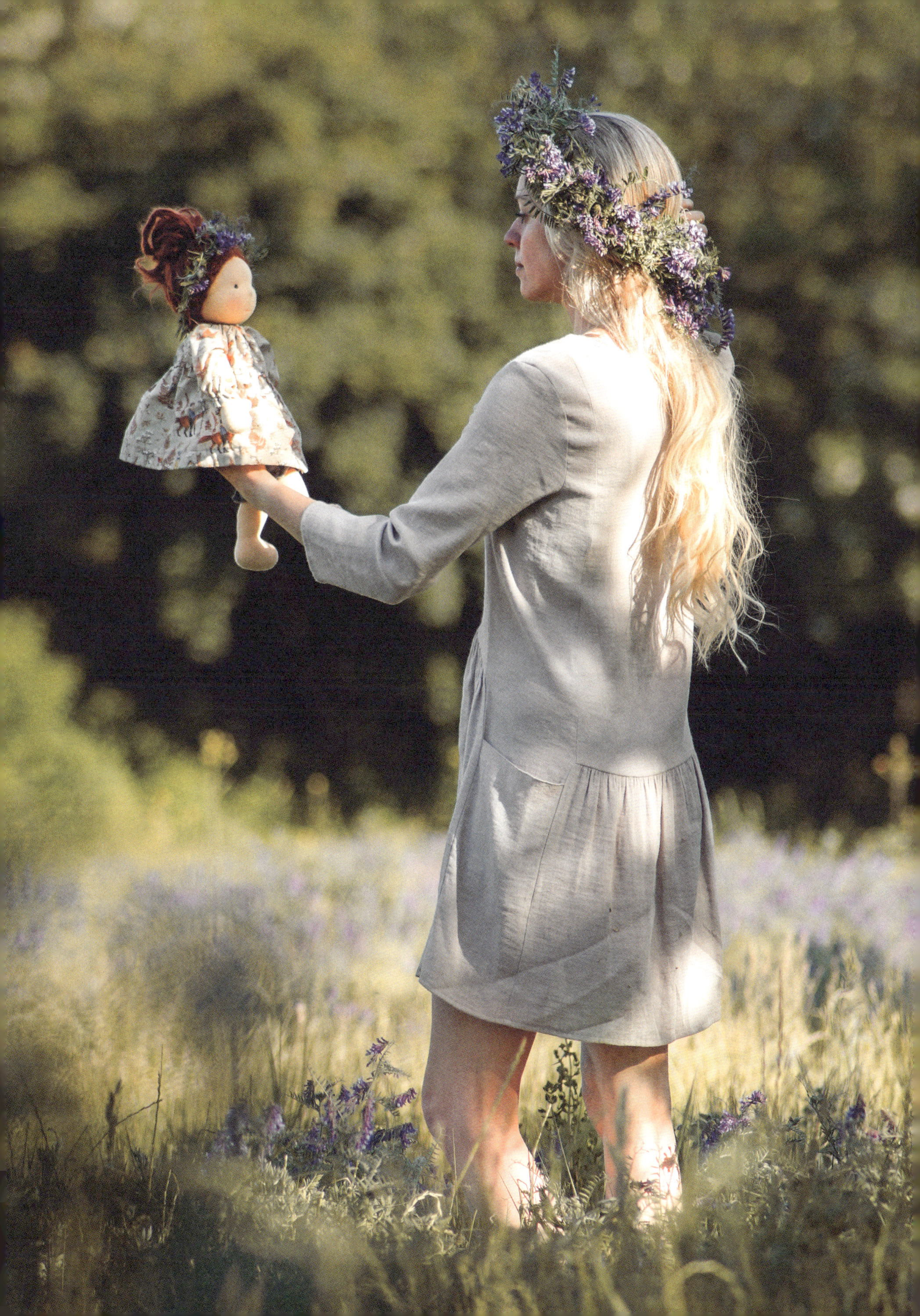

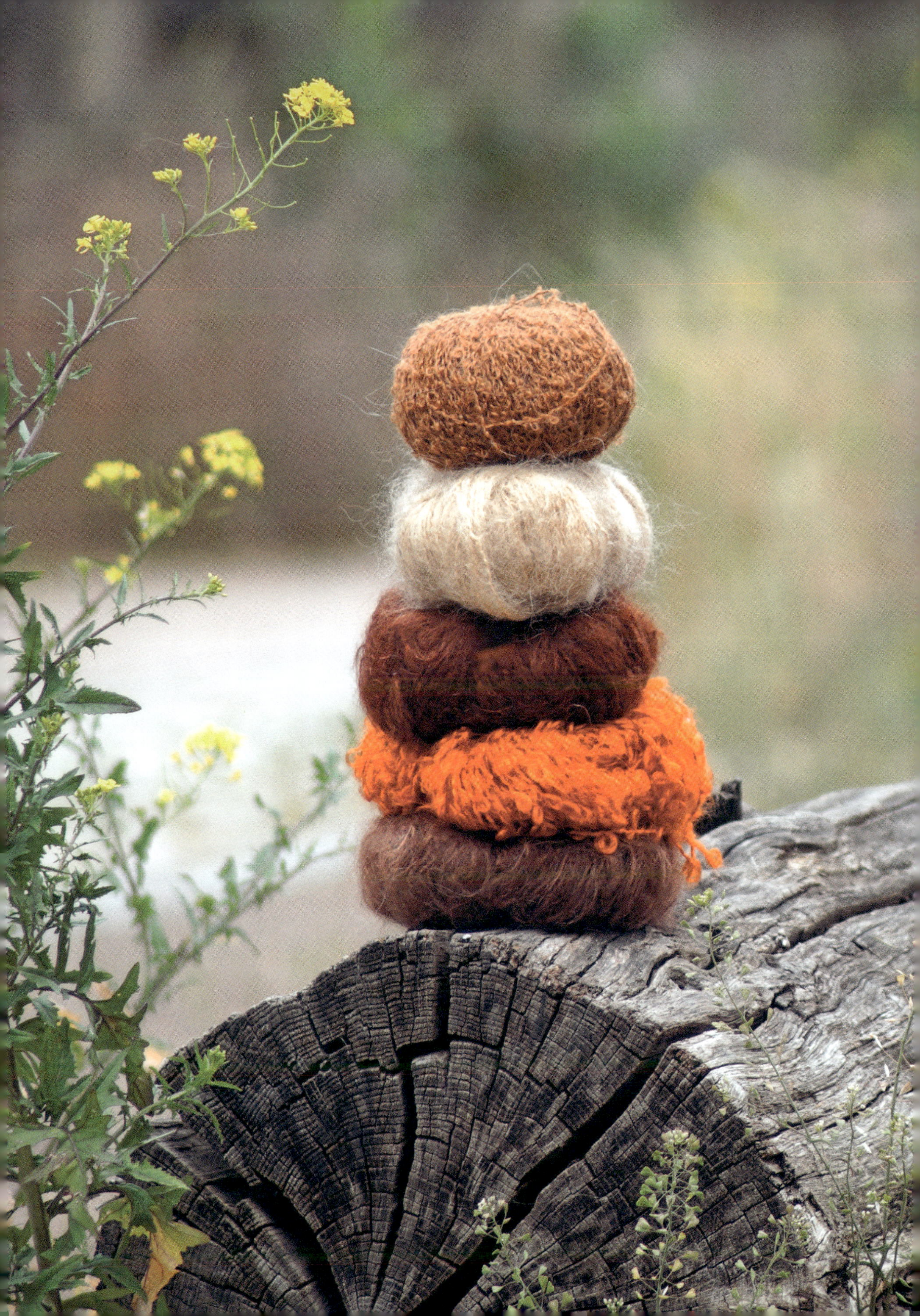

GRUNDLAGEN

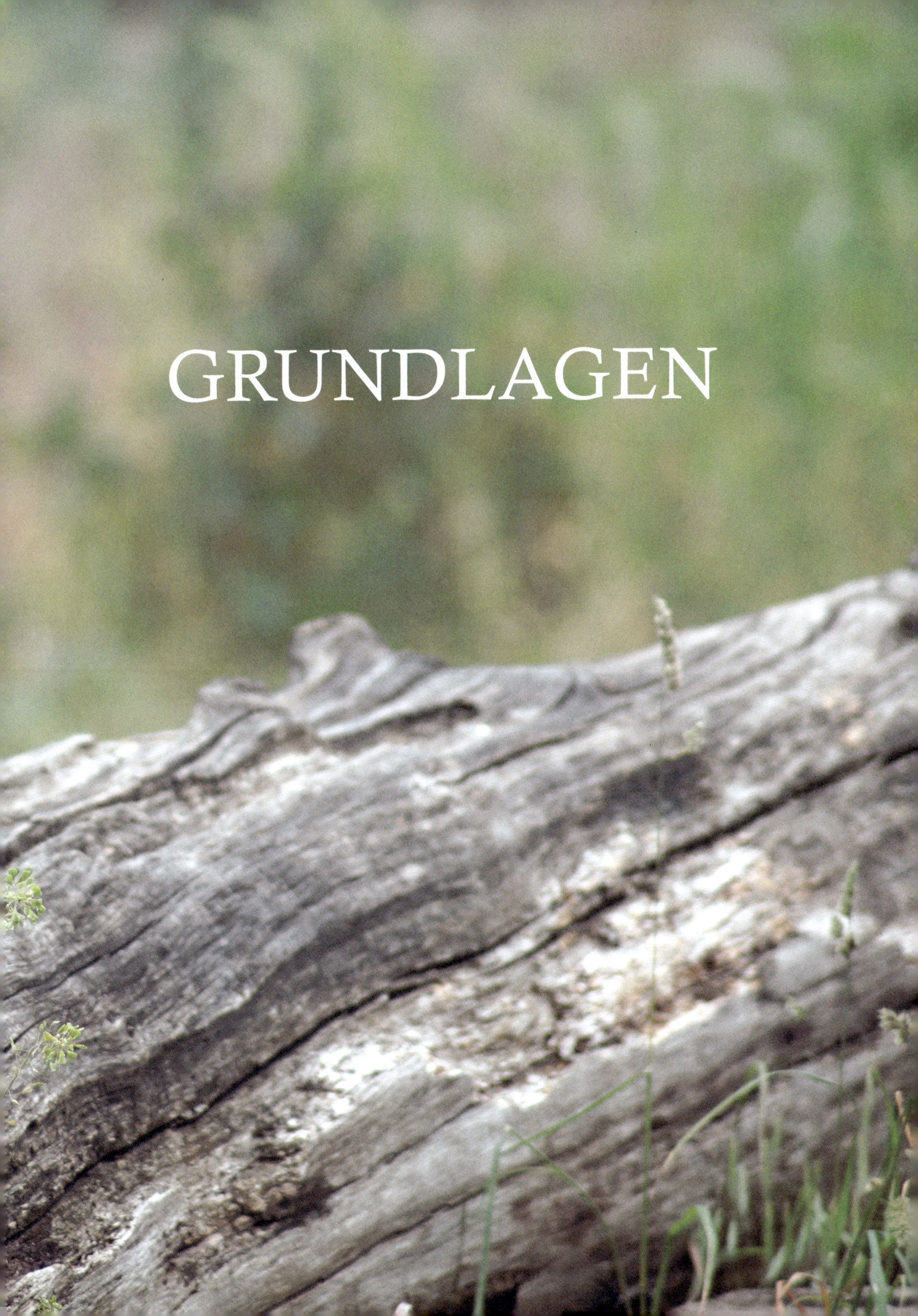

Ursprung der Waldorfpuppen

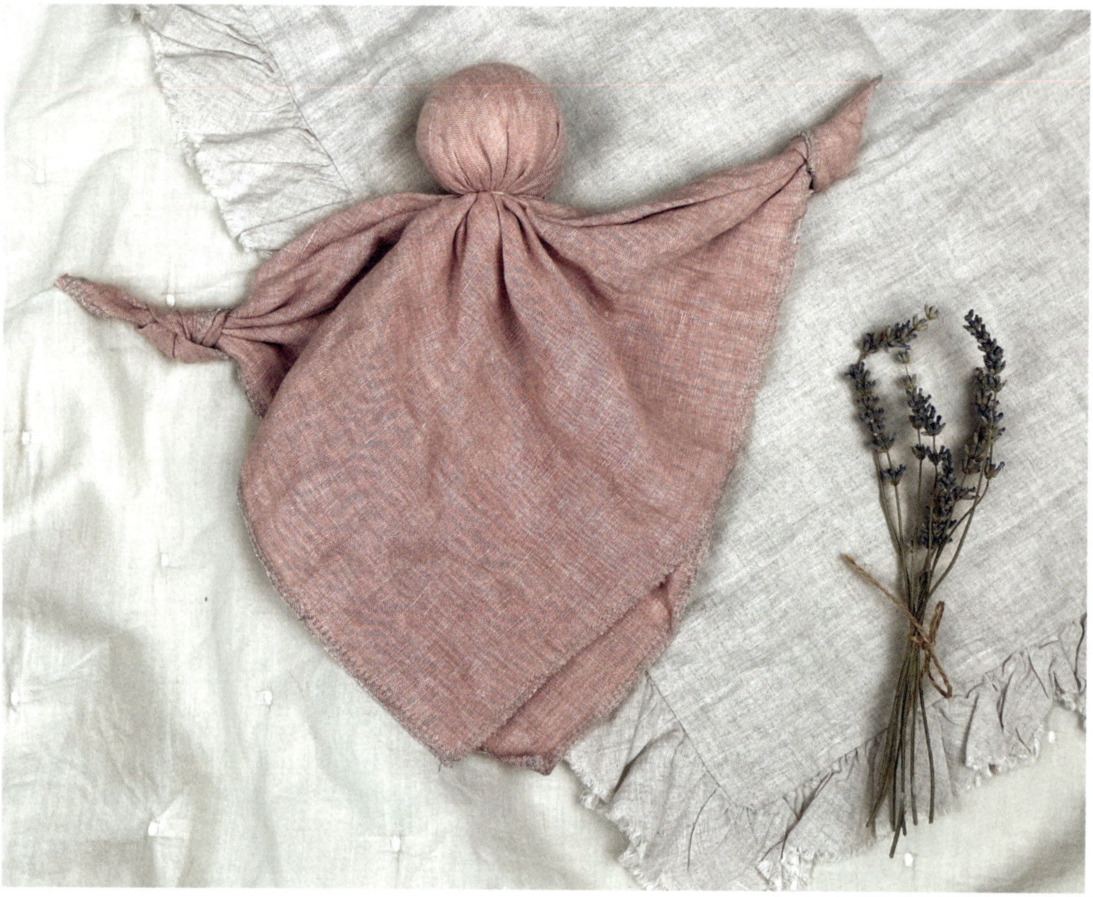

WAS IST EINE WALDORFPUPPE?

Die Ursprünge der Waldorfpuppe lassen sich auf die pädagogischen Grundsätze von Rudolf Steiner zurückführen. Steiner war ein österreichischer Philosoph und Gelehrter. Er empfahl, dass Kinder mit einfachem und natürlichem Spielzeug spielen sollten, um die Kreativität und Vorstellungskraft zu fördern. Für Puppen bedeutet es, diese minimalistisch zu gestalten, um den Kindern viel Freiraum für die eigene Fantasie zu lassen. Die Puppe soll das Kind nicht mit einem dauerhaften Lächeln oder bestimmten Gefühl konfrontieren. Stattdessen ist sie so zu gestalten, dass sie im freien Spiel verschiedene Emotionen wie Lachen, Weinen, Schlafen, Wut oder Freude ausdrücken kann.

Rudolf Steiner beschrieb es selbst wie folgt: „Man kann einem Kinde eine Puppe machen, indem man eine alte Serviette zusammen windet, aus zwei Zipfeln Beine, aus zwei anderen Zipfeln Arme fabriziert, aus einem Knoten den

Kopf, und dann mit Tintenklecksen Augen und Nase und Mund malt. Oder man kann eine sogenannte „schöne" Puppe mit echten Haaren und bemalten Wangen kaufen und sie dem Kinde geben. [...] Wenn das Kind die zusammengewickelte Serviette vor sich hat, so muss es sich aus seiner Phantasie heraus das ergänzen, was das Ding erst als Mensch erscheinen lässt. Diese Arbeit der Phantasie wirkt bildend auf die Formen des Gehirns. Dieses schließt sich auf, wie sich die Muskeln der Hand aufschließen durch die ihnen angemessene Arbeit. Erhält das Kind die sogenannte „schöne Puppe", so hat das Gehirn nichts mehr zu tun. Es verkümmert und verdorrt, statt sich aufzuschließen. [...] Alle Spielzeuge, welche nur aus toten mathematischen Formen bestehen, wirken verödend und ertötend auf die Bildungskräfte des Kindes, dagegen wirkt in der richtigen Art alles, was die Vorstellung des Lebendigen erregt."
(*Rudolf Steiner, Die Erziehung des Kindes vom Gesichtspunkte der Geisteswissenschaft, zuerst erschienen 1907.*)

Zusammenfassend lässt sich sagen, dass die Waldorfpuppe aufgrund ihrer freien Gestaltung immer individuell ist, so wie auch die von Rudolf Steiner beschriebene „Serviette" nicht genau definiert ist und demzufolge bei jedem anders aussehen wird. Durch ihrer schlichte Gestaltung regt die Puppe die Kreativität des Kindes an und das Wesentliche entsteht erst in der Vorstellungskraft. So kann sich die Fantasie des Kindes frei entfalten und es kann innerlich wachsen.
Heute ist der Begriff „Waldorfpuppe" markenrechtlich vom Bund der Freien Waldorfschulen e.V. geschützt und darf nur mit einer Lizenz verwendet werden. Ähnlich minimalistisch genähte Stoffpuppen aus Naturmaterialien werden deshalb als „Puppen im Waldorf-Stil bzw. nach Waldorf-Art" bezeichnet.
Ausgenommen sind die Puppen der Waldorfschulen. An einigen Waldorfschulen nähen die Schülerinnen und Schüler der 6. oder 7. Klasse im Unterricht ihre erste Waldorfpuppe. Diese Puppen dürfen als Waldorfpuppen bezeichnet werden. Das besondere dieser Puppen ist, dass sie ohne Schnittmuster entstehen. Die Rumpfgröße und die Länge der Gliedmaßen wird im Verhältnis zur Kopfgröße bestimmt. Rumpf-, sowie Arm- und Beinlänge (ohne Hände und Füße) sind 1,5x die Kopfhöhe (Durchmesser des fertigen Kopfes). Die Puppen sind aus natürlichen, schadstoffarmen Materialien hergestellt.
Auch nähen oft die Eltern der Schülerinnen und Schüler Waldorfpuppen für den Adventsbasar der Waldorfschule. Zusätzlich zu den von Schülerinnen und Schülern selbstgemachten Kleinigkeiten werden diese dort zum Verkauf angeboten.

HERSTELLUNG EINER EINFACHEN ZIPFELPUPPE

Die auf Seite 12 abgebildete Zipfelpuppe ist aus einem 45 x 45 cm großen Stück Leinen gefertigt. Das ist die übliche Größe von Stoffservietten. Das Versäubern der Ränder erfolgt mit Overlook- oder mit Zickzackstichen. Ein kleiner Strang Wolle wird zu einer Kugel gerollt und in die Stoffmitte gelegt. Anschließend wird der Stoff diagonal gefaltet, sodass ein Dreieck entsteht. Die Kugel wird mit dem Stoff umhüllt. Es ist darauf zu achten, dass alle vier Zipfel gleich lang herabhängen. Die Kugel wird unterhalb mit einem Faden abgebunden. In zwei gegenüberliegende Zipfel jeweils einen Knoten für die Hände machen – und fertig ist die Knotenpuppe. Wer mag, kann Augen und Mund mit einem Stift durch Punkte andeuten. Für eine Knotenpuppe mit Gesicht eignen sich feine Stoffe wie Seide, die sich eng an die Kopfkugel anschmiegen.

Formen von Puppen nach Waldorf-Art

Es gibt verschiedene Puppen nach Waldorf-Art, die sich in Größe und Aussehen unterscheiden. Eine grobe Orientierung der häufigsten Puppenformen gibt folgende Auflistung:

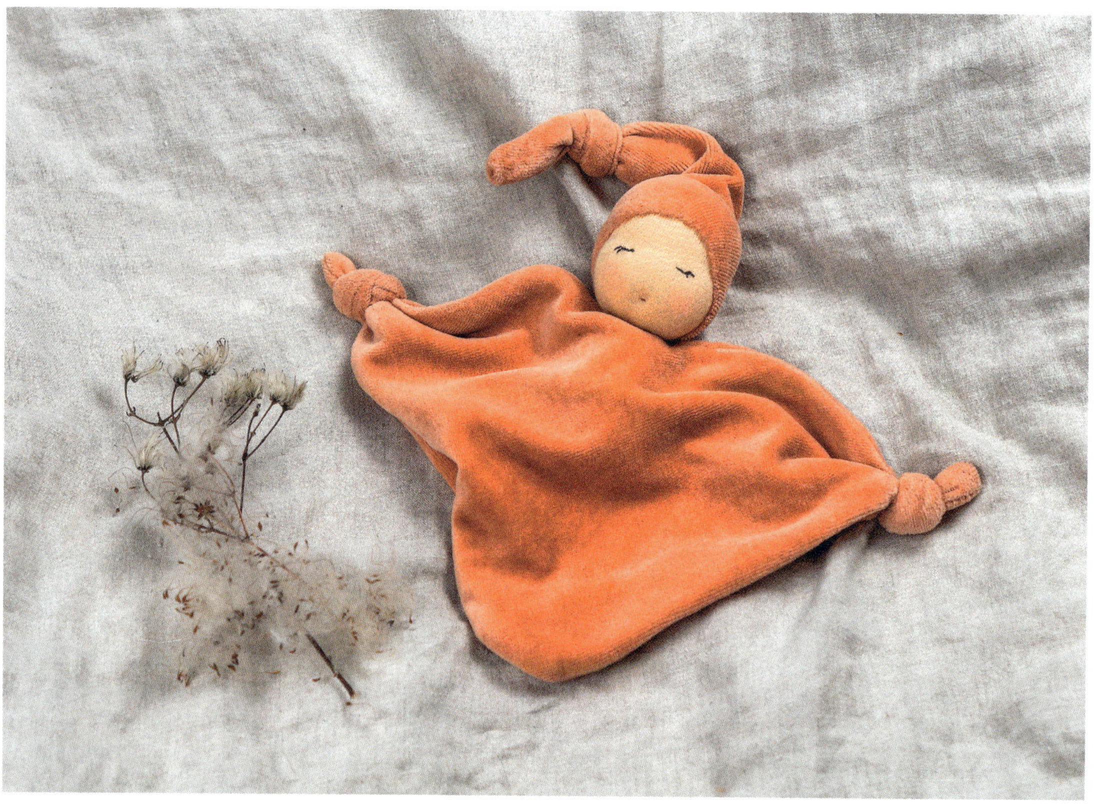

Schmusetuchpuppe – für Säuglinge & Kleinkinder: Die Schmusetuchpuppe besteht aus einem Kopf, an den ein weiches Schmusetuch genäht ist. Um die akustischen Fähigkeiten sowie die Feinmotorik zu fördern, kann eine Rassel oder ein Quietscher ins Schmusetuch eingenäht werden.

Auf dem Kopf sitzt eine fest angenähte Mütze (so auch beim folgend gezeigten Schlamperle). Haare werden bei diesen Puppen vermieden, da, z. B. bei Haaren aus Mohairwolle, durch das Einatmen der Fasern Erstickungsgefahr besteht. Mit steigendem Alter des Kindes können Haare unter der Mütze hervorschauen.

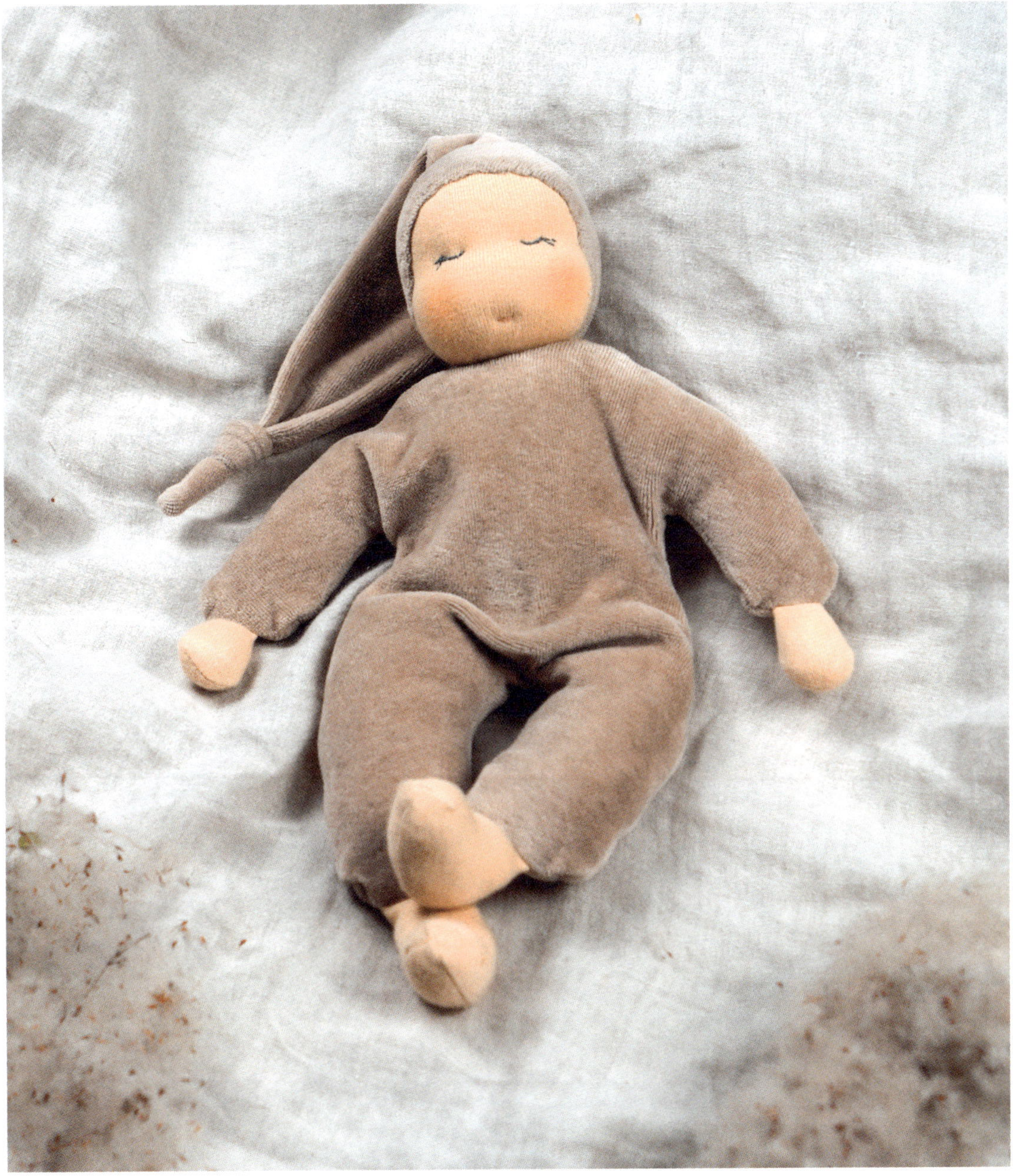

Schlamperle – für Säuglinge & Kleinkinder: Bei dieser Puppe bestehen Körper, Arme und Beine aus weichem Stoff, der locker mit Wolle gefüllt ist. Kopf, Hände und Füße sind aus Trikotstoff.

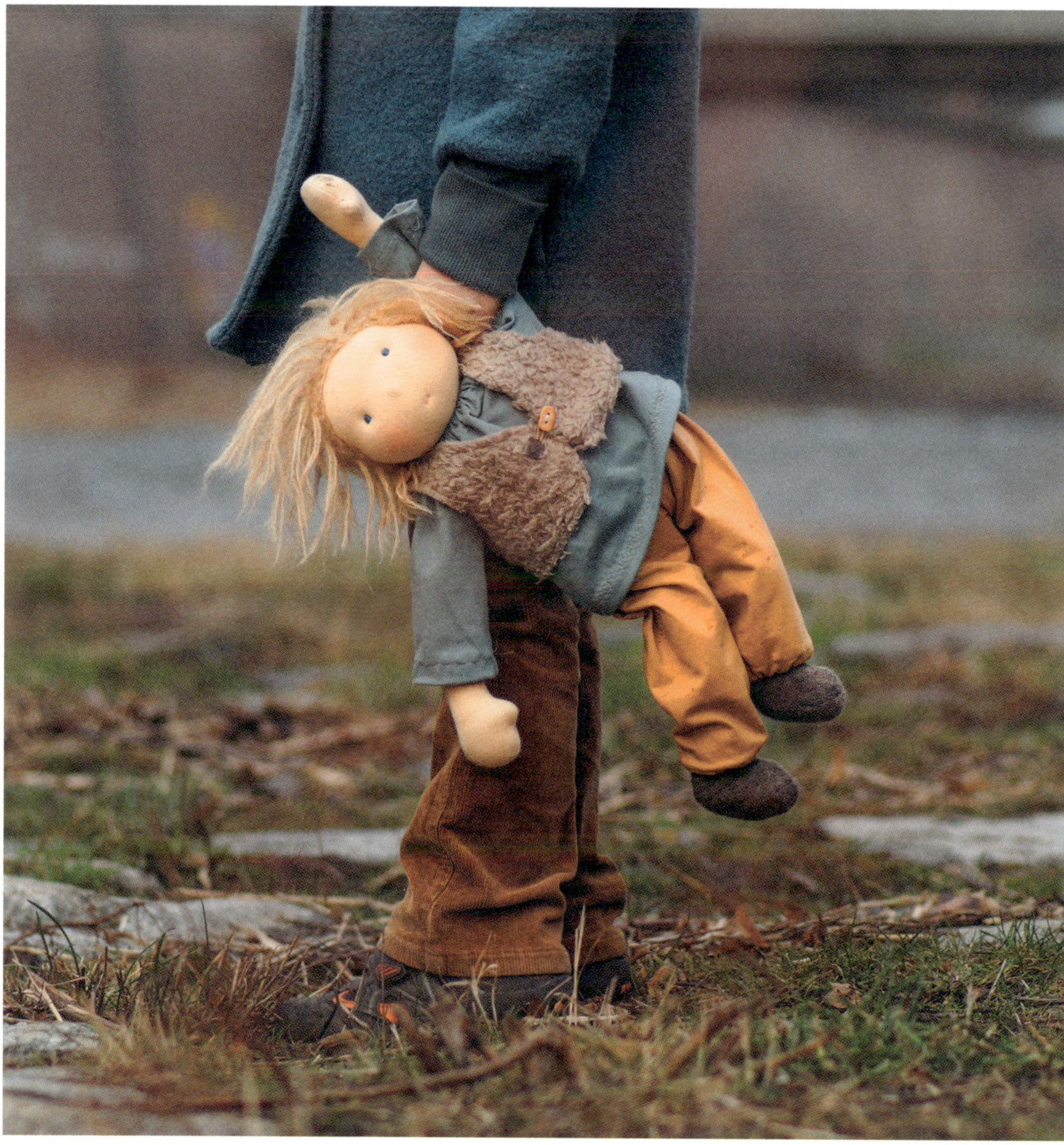

Gliederpuppe (klassische Puppe nach Waldorf-Art) – für Kleinkinder & Vorschulkinder: Die Puppe hat Glieder aus Trikotstoff, die fest mit Wolle gestopft sind. Sie besitzt ihre eigene Garderobe und lädt zum An- und Ausziehen ein. Auf dem Kopf befinden sich in beliebiger Länge Haare aus Mohairwolle, die sich frisieren lassen. Dickere, gebeugte Arme und Beine lassen die Puppe babyhafter wirken als schlanke, gerade Gliedmaßen.

Haben sehr kleine Kinder bereits Freude an einer Gliederpuppe, kann erst eine Mütze angenäht und diese später durch Haare ersetzt werden, sodass die Sicherheit jederzeit gewährleistet und Erstickungsgefahr durch Mohairfasern ausgeschlossen wird.

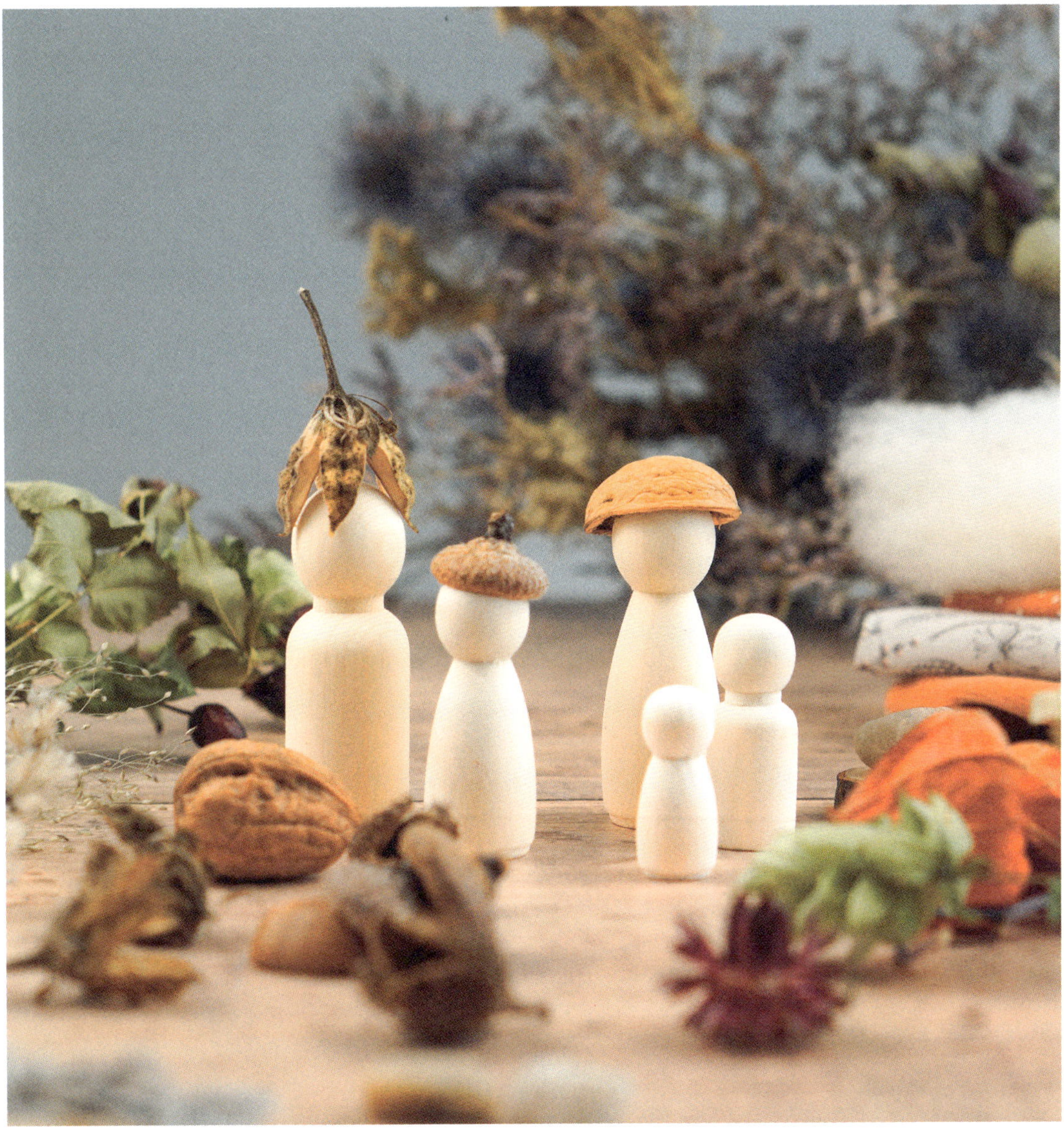

Biegepuppen für die Puppenstube (ohne Abbildung) – für Vorschulkinder & Schulkinder: Die Grundlage dieser Puppen bildet ein Gerüst aus Chenille- oder Blumendraht, der in einer bestimmten Technik mit Wolle und Trikotstoff überzogen wird. Durch den Draht lassen sich die Puppen in jede gewünschte Haltung verbiegen. Auf die Herstellung dieser Puppen wird im Buch nicht eingegangen.

Figuren für den Jahreszeitentisch (kein Spielzeug!) sind Puppen zur Dekoration für die Weihnachtskrippe oder Fantasiefiguren. Diese werden gern aus Wolle gefilzt oder aus Naturschätzen hergestellt.

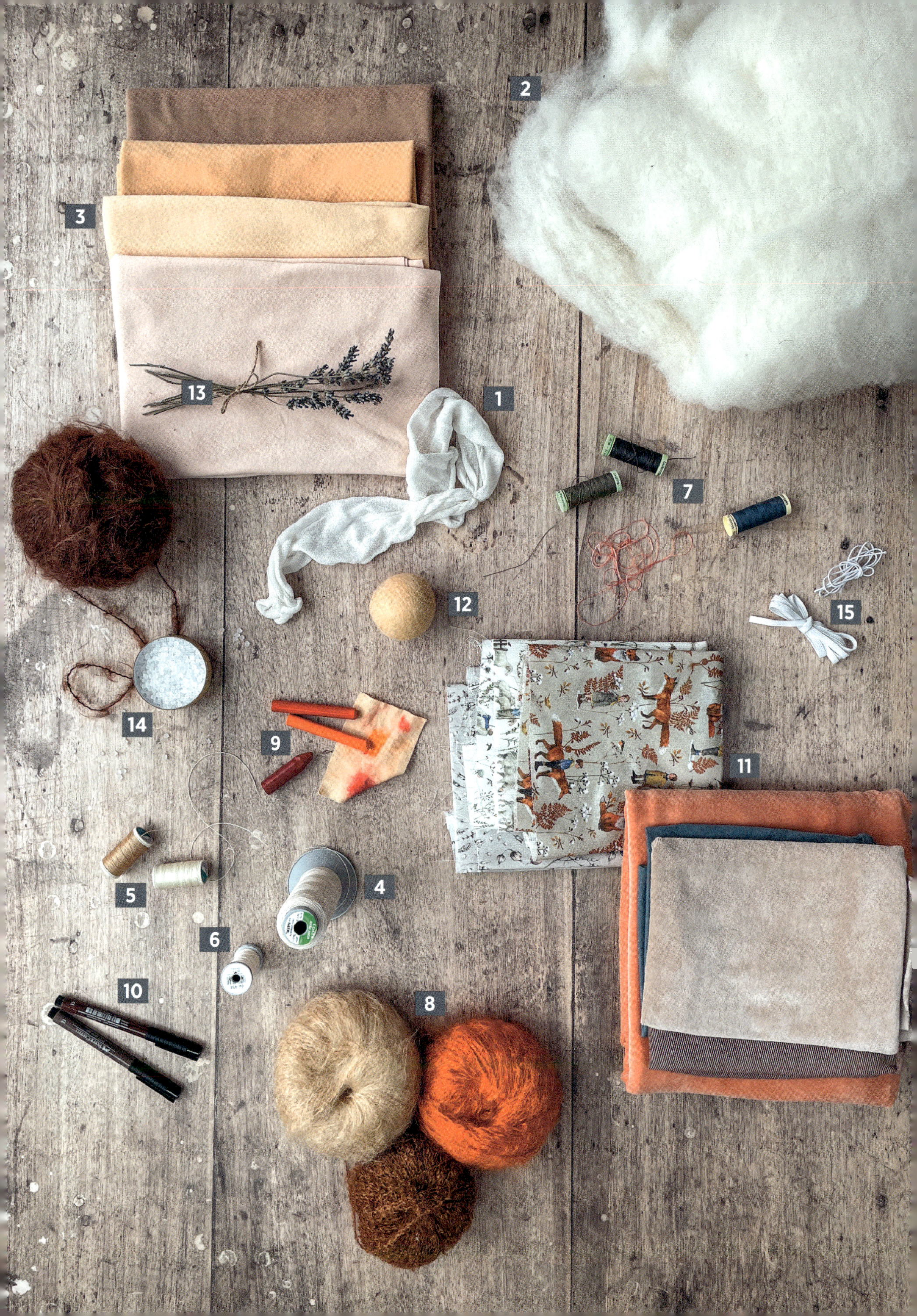
2
3
13
1
7
12
15
14
9
11
5
4
6
10
8

Materialbedarf und Basics

Die Puppen im Waldorf-Stil werden fast ausschließlich aus natürlichen Materialien gefertigt. Die Haare bestehen aus feinem Mohairgarn, das in einer breiten Palette an Farben und Strukturen erhältlich ist. Ebenso gibt es für das Trikot eine große Auswahl an Hautfarben, sodass jede Puppe einzigartig und individuell gestaltet werden kann.

1 Mullschlauch/Wirkschlauch: Dieser ist als Meterware in verschiedenen Breiten erhältlich und wird bei der Herstellung von kleinen bis großen Puppenköpfen in passender Breite benötigt.

2 Stopfwolle im Vlies: Stopfwolle ist eine kurzfaserige Wolle, in deren Fasern Luft eingeschlossen ist. Die Verwendung von Stopfwolle im Vlies hat den Vorteil, dass Puppen sehr gleichmäßig ausgefüllt werden können. Es sollte Wolle aus kontrolliert biologischer Tierhaltung (kbT) verwendet werden. Bei dieser Wolle wird auf den Einsatz von Pestiziden und Insektiziden verzichtet. Dies gilt sowohl für die Tiere, als auch für den Boden, auf dem die Tiere grasen, sodass es sich um eine artgerechte Tierhaltung im Einklang mit der Natur handelt.
Im Buch wurde die Wolle, sowie viele andere Puppenmaterialien, von *Wollknoll* verwendet.

3 Trikot: Für die Herstellung von Gliederpuppen wird Trikotstoff nach OEKO-TEX® STANDARD 100 verwendet, der in verschiedenen Hauttönen erhältlich ist. Dieser wird in der Regel nach leichter und schwerer Qualität unterschieden. Die leichte Qualität ist gut dehnbar und anschmiegsam und eignet sich besonders für das Beziehen von Puppenköpfen. Die schwere Qualität ist weniger dehnbar, aber robuster und wird für die Herstellung von Rumpf und Gliedmaßen verwendet. (Es ist zu beachten, dass durch die starke Belastung des Stopfens des Körpers und der Gliedmaßen bei alternativer Verwendung von Puppentrikot in leichter Qualität diese Teile ihre Form verlieren können.)
Die benötigten Teile werden bei Puppentrikot üblicherweise erst auf doppellagigen Stoff gezeichnet und dann nach dem Nähen ausgeschnitten.

4 Abbinden: Zum Abbinden von Puppenköpfen ist ein sehr starkes, reißfestes Garn zu verwenden, beispielsweise *Coats Terko Satin*. Dieses Garn wurde ursprünglich für das Nähen von Lederwaren, Bekleidung und Zelten entwickelt.

5 Maschinennähte: Es ist ein extra starker, elastischer Nähfaden zu verwenden, wie beispielsweise *Coats Nylbond* in der entsprechenden Trikotfarbe, um mit Geradstich zu nähen. Bei der Verwendung von handelsüblichem Nähmaschinengarn ist ein Dreifachgeradstich notwendig.

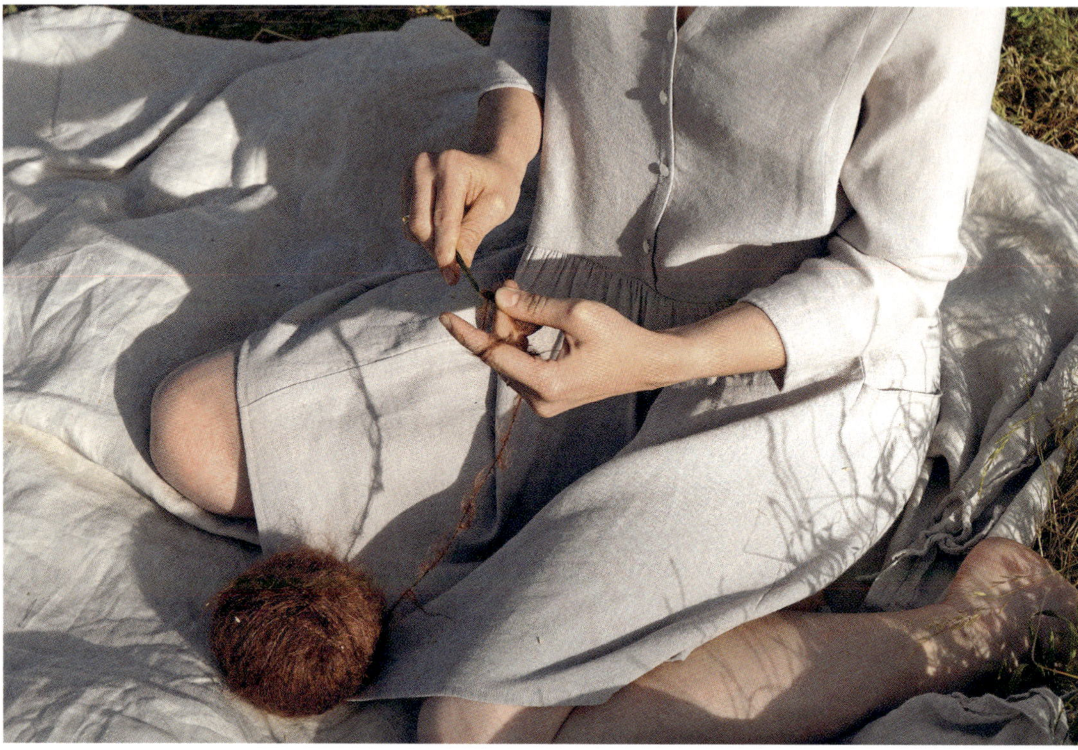

6 Handnähte: Es ist sehr robuster und reißfester Nähfaden zu verwenden. Empfohlen wird „Gütermann extra stark M782“ in der entsprechenden Trikotfarbe.

7 Augen & Mund: Zum Sticken wird Knopflochgarn oder einfädiges Stickgarn verwendet. TIPP: Am natürlichsten ist die Wirkung, wenn die Augenfarbe auf die Mundfarbe abgestimmt wird. Beispielsweise ist bei braunen Augen eher ein bräunliches Rot beim Mund zu wählen und bei blauen Augen eher ein Roséton passend.

8 Haare: Aus Mohairgarn in der gewünschten Haarfarbe wird ein Haarkäppchen gehäkelt und je nach Haarlänge entsprechend lange Strähnen aus Mohair- oder Bouclégarn eingeknüpft.

9 Wangen: Mit Wachsmalstift aus Bienenwachs lassen sich Puppenwangen wunderschön anmalen und auch wieder auffrischen, da das Rosige der Wangen mit der Zeit verblasst. Um zu viel Farbe zu vermeiden, sollte diese erst auf ein Stück Stoff aufgetragen und anschließend davon auf das Puppengesicht abgetupft werden. Alternativ kann auch ein Buntstift oder wasserfester Aquarellstift verwendet werden.

10 Sommersprossen: Die kleinen frechen Punkte lassen sich mit Buntstiften oder mit einem handelsüblichen Fineliner auftragen. Dieser sollte immer erst auf einem Stück Trikot getestet werden, um sicherzustellen, dass er nicht verläuft.

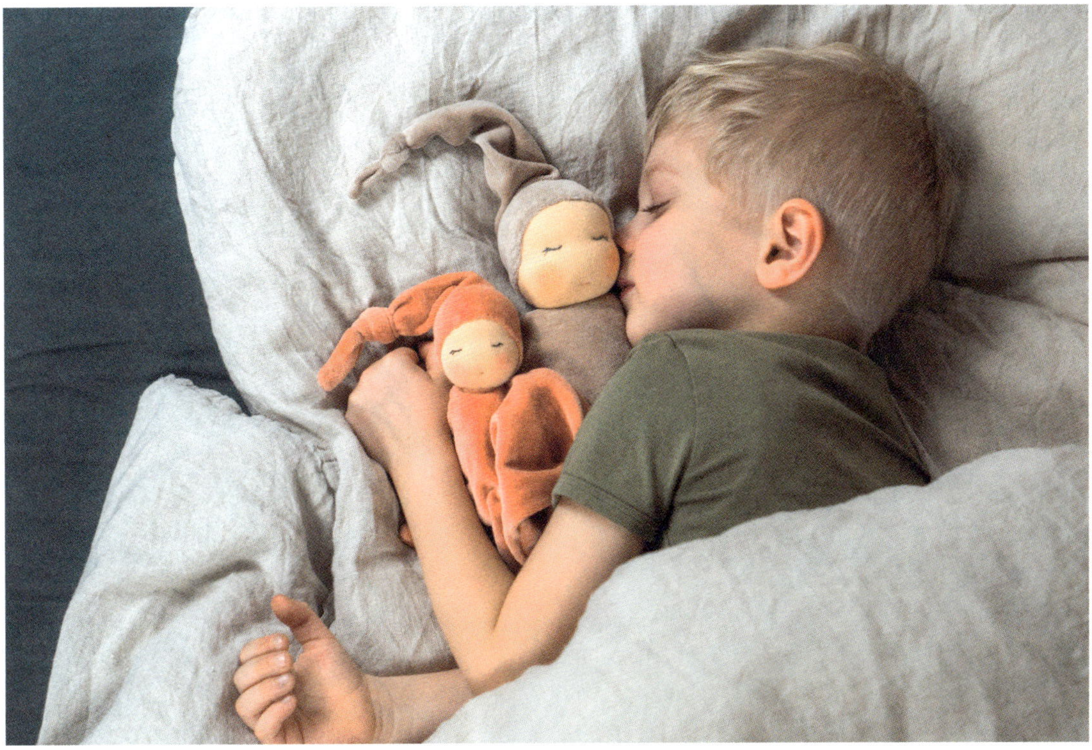

11 Stoffe für Kuschelkörper, Kleidung & Accessoires: Es wird die Verwendung von hochwertigen Stoffen aus nachhaltiger Stoffproduktion empfohlen, die bedenkenlos für den Hautkontakt und für Kinderspielzeug geeignet sind. Auch Upcycling-Projekte sind für Puppenkleidung ideal, da oft noch verwendbare Stoffstücke von vermeintlich ausgedienter Kleidung übrigbleiben. Durch die Weiterverwendung dieser Stoffe wird nicht nur die Umwelt geschont, sondern es entstehen auch einzigartige und individuelle Puppenkörper oder Kleidungsstücke für die Puppen.

Im Buch werden für die Körper der Schmusetuchpuppen und für die Puppenkleidung Stoffe von *Lebenskleidung* verwendet. Diese GOTS-zertifizierten Bio-Stoffe sehen nicht nur wunderbar aus, sondern sind auch sozial und ökologisch nachhaltig.

Des Weiteren werden für die Puppenkleidung Stoffe (100 % Baumwolle) von *Acufactum* vernäht, die den OEKO-TEX® STANDARD 100 erfüllen. Die Schadstoffprüfung dieses Standards garantiert die Unbedenklichkeit dieser Baumwollstoffe. Zudem bietet die Kollektion der Acufactum-Stoffe mit den feinen Illustrationen von Daniela und Sophia Drescher einen besonderen Blickfang. Die Abbildungen der zarten Figuren aus Flora und Fauna verleihen jedem Projekt einen zauberhaften Touch.

Für die Puppenkleidung aus Strickstoffen (Halstuch und Socken) wurden aussortierte Kleidungsstücke upgecyclt, wodurch ihnen ein zweites Leben geschenkt wurde.

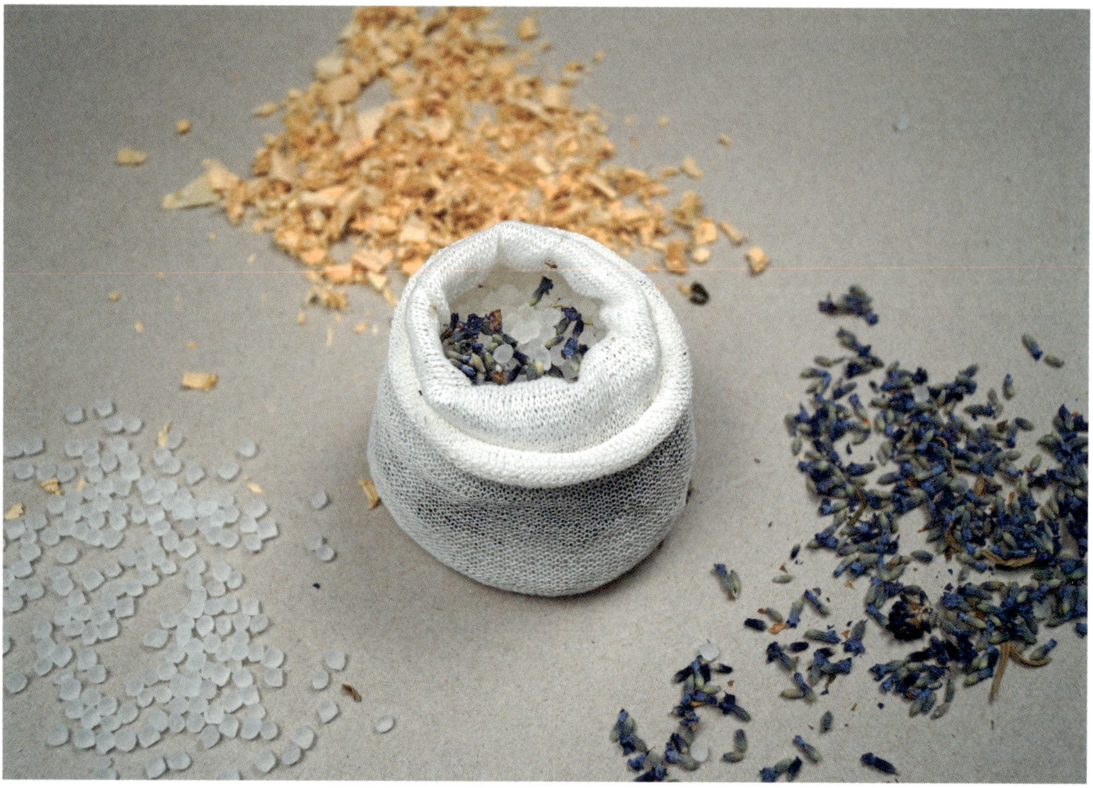

12 Filzkugel: Da sich das Wickeln der Wolle zu einer formstabilen Kopfkugel gerade zu Beginn des Puppenmachens als schwierig erweist, ist es hilfreich, in die Mitte des Kopfes eine Filzkugel einzuarbeiten, um die nötige Festigkeit zu erreichen. So wird ein „Plattkopf" nach dem ersten Kuscheln vermieden.

13 Lavendel oder Zirbenholz: Diese Materialien können unter die Schafwolle gemischt und in den Körper eingearbeitet werden. Der angenehme Duft wirkt beruhigend und schützt zudem gegen Motten.

14 Granulat: Das synthetisch hergestellte Füllmaterial gibt es abgestuft in feiner bis grober Ausführung. Es dient dazu, den Puppen etwas mehr Schwere zu verleihen und ist nicht zwingend zu verwenden.

15 Gummiband, Gummikordel, Klettverschlussband (ohne Abbildung), Vlieseline® Bügeleinlage H 250 (ohne Abbildung): Bei einigen Projekten für Puppenkleidung werden geringe Mengen dieser Materialien benötigt.

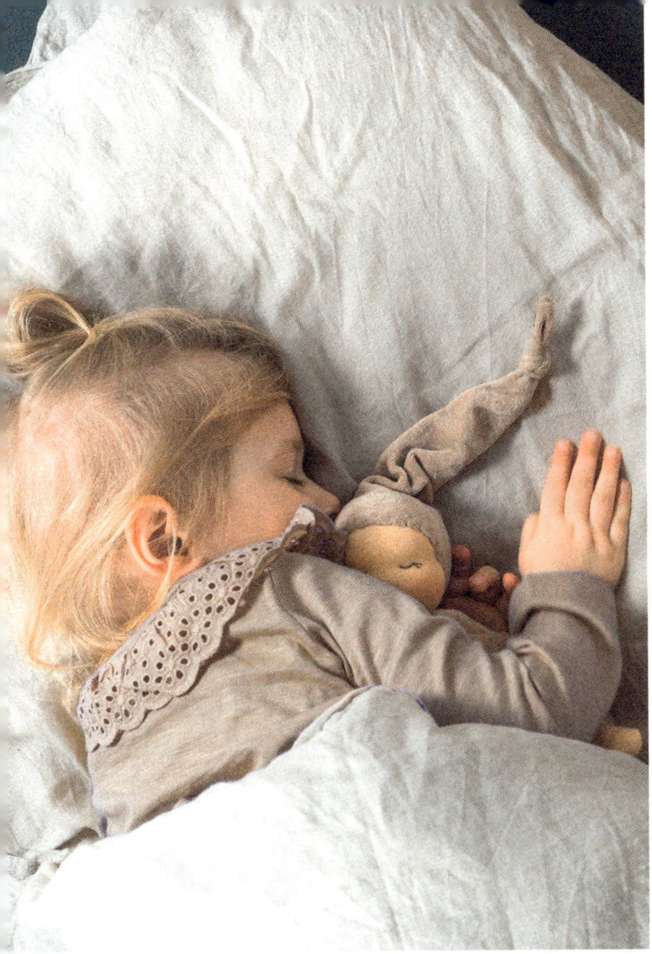
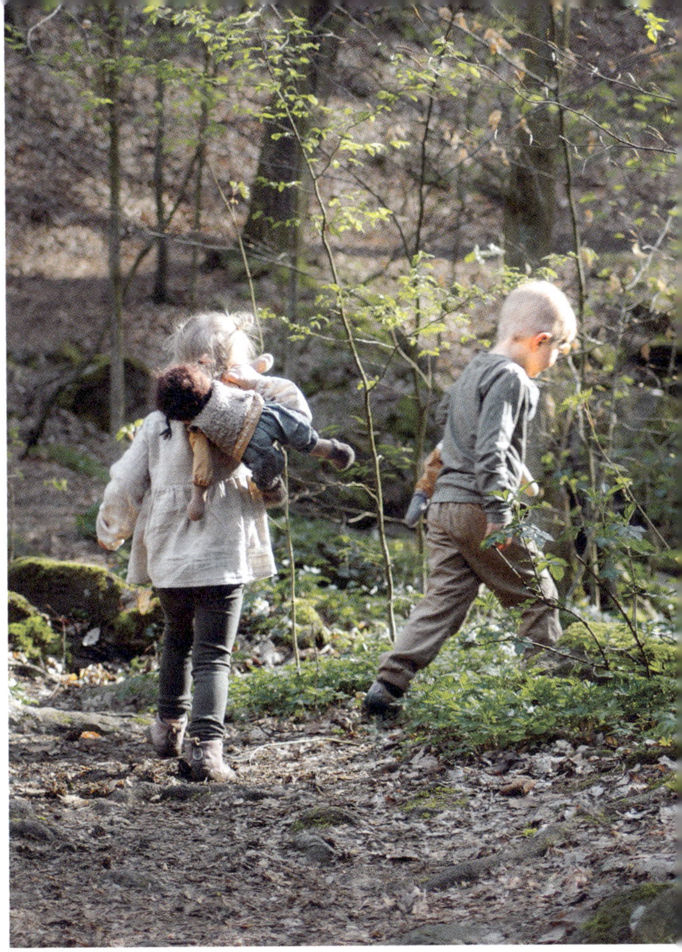
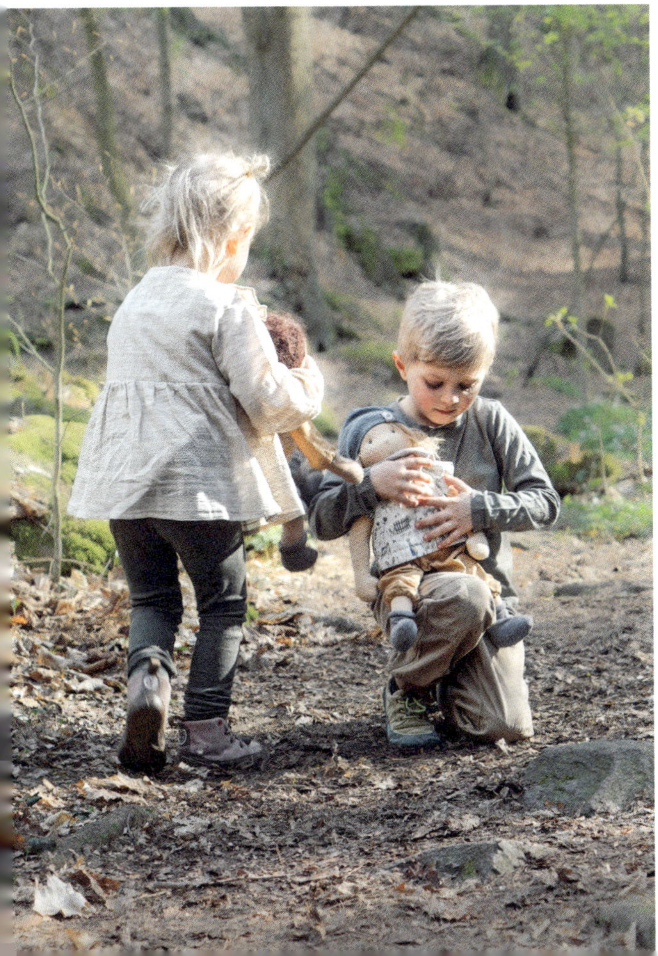
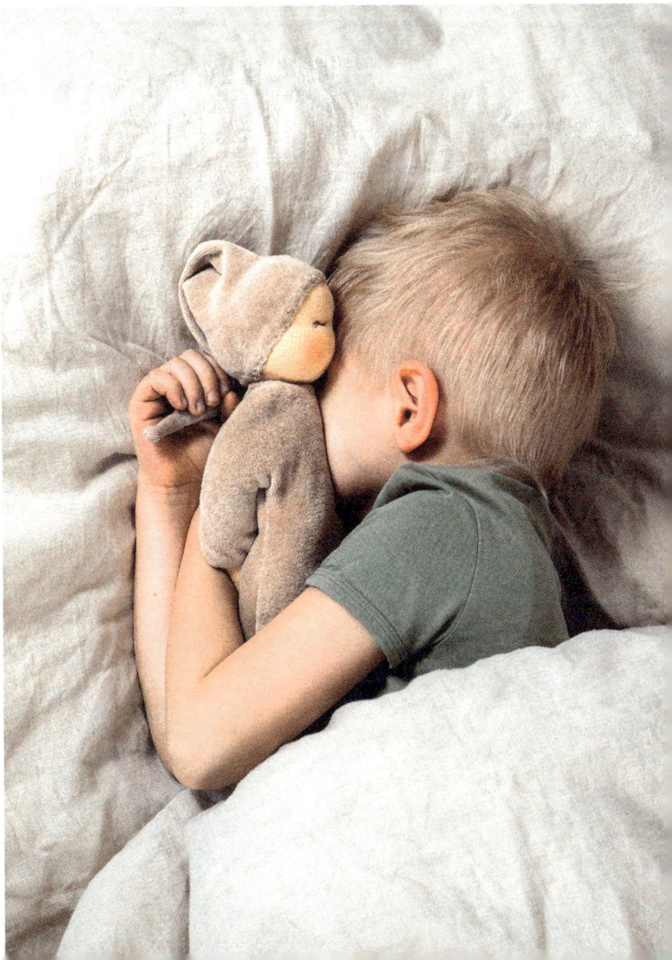

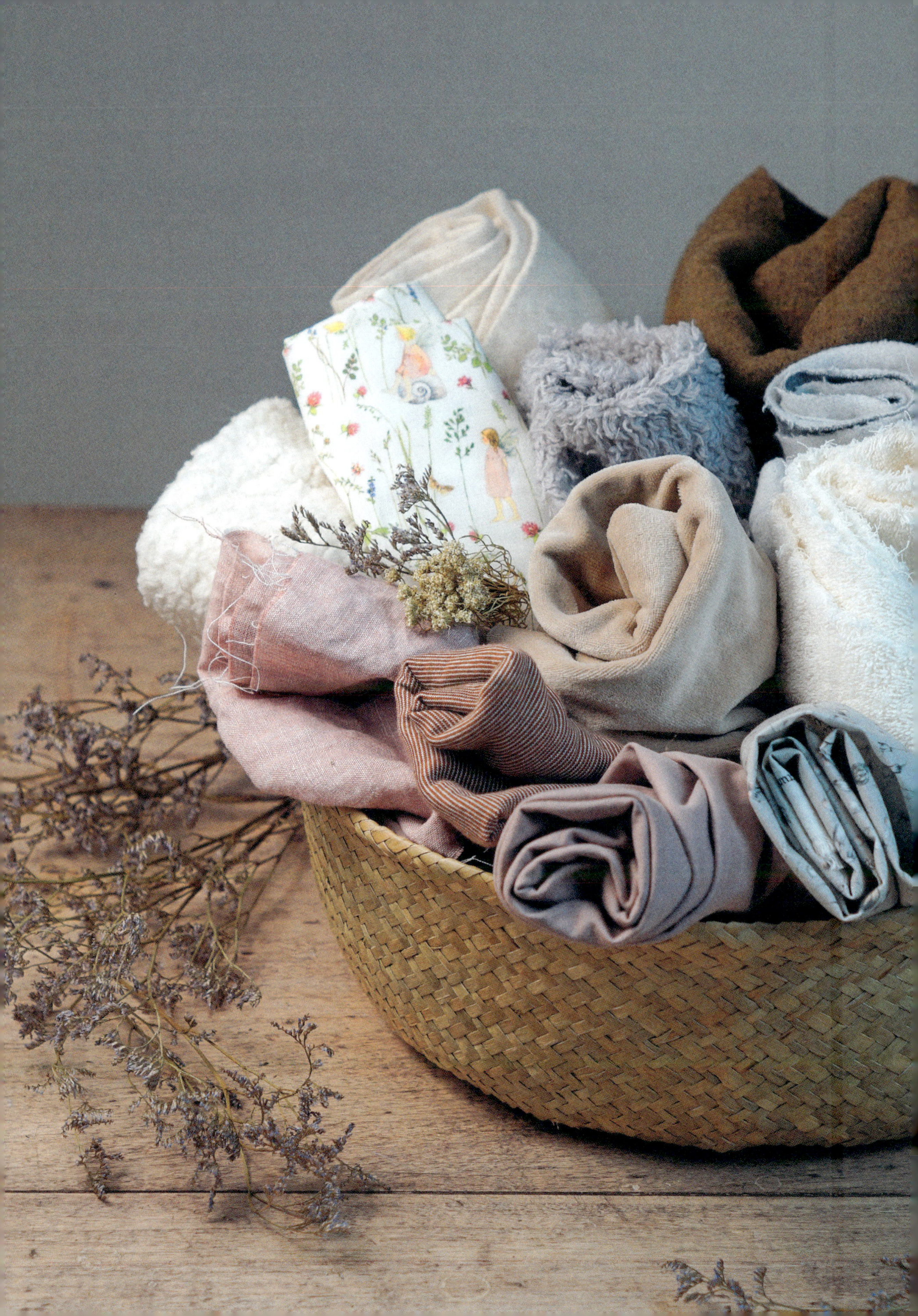

STOFFE

Für die Körper von Schmusetuchpuppe und Schlamperle, sowie für die Kleidung der Gliederpuppe ist die Wahl zwischen verschiedenen Stoffqualitäten möglich.

Nicki, Plüsch und Samt sind kuschlig-warme Stoffe mit einer plüschigen Oberfläche. Nicki ist Maschenware und unterscheidet sich dahingehend von Samt, welcher gewebt wird. Der Stoff wird oft aus einer Mischung von Baumwoll- und Polyestergarn hergestellt. Je höher der Baumwollanteil, umso weicher der Nicki. Empfohlen wird reine Baumwollqualität. Die Stichlänge sollte bei der Verarbeitung nicht zu kurz sein, um zu vermeiden, dass der Stoff wellig wird. Plüsch ist „der große Bruder" des Samtes. Der größte Unterschied ist die Höhe des Faserflors. Während sie beim Samt relativ gering ist, kann der Faserflor von Plüsch auch einige Zentimeter hoch sein. Die Schnittkanten sind zu versäubern.

Frottee hat aufgrund seines Schlingengewebes eine hohe Saugfähigkeit. Durch die Schlingen entstehen jedoch beim Zuschnitt recht viele Fussel. Alleine deshalb sollte der Stoff immer versäubert werden.

Leinen- & Baumwollstoffe laufen stark ein und sollten unbedingt vorgewaschen werden. Die Kanten sind zu versäubern.

Jersey & Sweat sind beliebte Maschenstoffe aus Baumwolle (können jedoch auch anteilig synthetische Fasern enthalten). Die Rückseite kann entweder glatt oder mechanisch zum Flor aufgeraut sein. Beim Zuschnitt muss auf die Maschenlaufrichtung geachtet werden. Ein Versäubern der Kanten ist nicht notwendig. Genäht wird mit einer Jerseynadel mit einer Stichlänge von 2–3 mm.

Wollwalk ist strapazierfähig, schmutzabweisend, flexibel und nicht allzu dick. Er kann in Längs- oder Querrichtung und offenkantig verarbeitet werden, d. h. es bedarf keiner Versäuberung.
HINWEIS: Den Tieren zuliebe sollte der Walk aus mulesingfreier oder aus kontrolliert biologischer Tierhaltung stammen.

Fleece ist anschmiegsam, weich und flauschig. Es ist ein strapazierfähiger Maschenstoff, der in unterschiedlichen Qualitäten angeboten wird. Je größer das Gewicht pro Quadratmeter, desto dicker ist der Stoff. Die Verarbeitung erfolgt wie bei Walk.

Puppentrikot (leichte und schwere Qualität) siehe Materialbedarf für die Puppen, Seite 19.

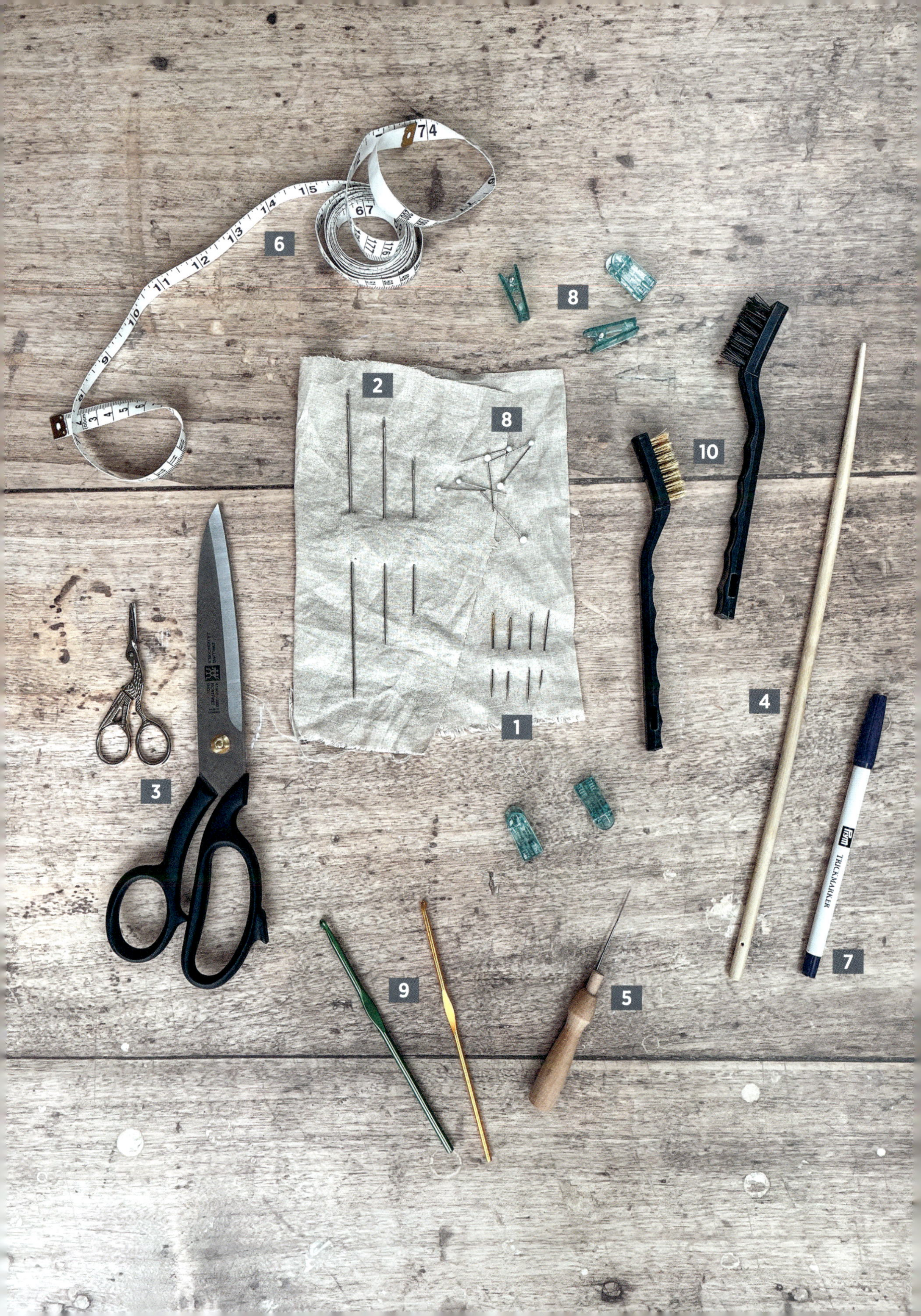
6
8
2
8
10
1
4
3
7
9
5

WERKZEUGE

Nähmaschine: Obwohl eine Nähmaschine die Herstellung von Puppenkörpern und Kleidung erleichtert, ist es grundsätzlich auch möglich, eine Puppe ausschließlich mit Handnähten herzustellen.

1 Näh-/Sticknadeln in verschiedenen Längen und Stärken: Sie werden beim Puppenmachen verwendet, um Teile zusammenzunähen, wenn die Stelle mit einer Nähmaschine schwer zugänglich oder nicht dafür geeignet ist. Beispiele hierfür sind das Schließen des Körpers, das Annähen des Kopfes oder das Aufsticken des Gesichts.

2 Puppennadeln: Sie sind länger als herkömmliche Nähnadeln und bei der Herstellung von Puppen ein unverzichtbares Werkzeug. Es gibt diese speziellen Nadeln in verschiedenen Längen.

3 Schneiderschere & Fadenschere: Zum Zuschneiden von Stoffen für Körper und Kleidung sowie zum Schneiden von Fäden.

4 Stopfholz: Dieses Werkzeug wird verwendet, um die Wolle in die Gliedmaßen und in den Körper zu stopfen und diese zu formen. Es gibt spezielle Stopfhölzer, aber ein Kochlöffel aus Holz oder Essstäbchen sind zum Stopfen der Wolle völlig ausreichend.

5 Filznadel: Filznadeln haben kleine Widerhaken an der Spitze, die die Fasern im Gewebe verfangen und sie so miteinander verbinden. Es gibt verschiedene Arten von Filznadeln. Da auf einem sehr groben Niveau gefilzt wird, ist eine Grobe- oder Standard-Filznadel ausreichend. Es empfiehlt sich, einen Halter für die Filznadel zu nutzen. Dieser besteht aus einem Griff aus Holz oder einem anderen Material, der eine Öffnung oder Kerbe aufweist, in die die Filznadel eingesetzt wird.

6 Maßband: Es dient bei der Herstellung des Puppenkopfes, um den Umfang der Kopfkugel zu messen.

7 Trickmarker: Dieser spezielle Stift wird verwendet, um temporäre Markierungen auf Stoffen anzubringen; je nach Marke und Modell des Stiftes verschwinden die Markierungen auf verschiedene Weise: durch Wasser, Luft oder Hitze. Für das Puppenmachen empfiehlt es sich, einen luftlöslichen Trickmarker zu verwenden, und es ist immer ratsam, das Verblassen des Stiftes auf einem Stück Trikot zu testen. Es gibt auch spezielle Killer, um Trickmarker von Stoffen zu entfernen.

8 Stecknadeln (eventuell Stoffklammern): Sie dienen dazu, Puppenteile bzw. Stoffe vorübergehend zu fixieren, um sie in der gewünschten Position zu halten, bevor sie dauerhaft mit der Nähmaschine oder von Hand zusammengenäht werden. ACHTUNG: Achte darauf, alle verwendeten Stecknadeln wieder zu entfernen.

9 Häkelnadel: Häkelnadeln gibt es in verschiedenen Größen und Formen, passend zur Dicke des verwendeten Garns. Bei der Puppe ist für die Herstellung des Haarkäppchens aus Mohairgarn eine Häkelnadel der Stärke 3.0 bis 4.0 möglich.

10 Drahtbürste/Bürste aus Naturhaar: Eine Möglichkeit, um bei den Haaren der Puppe eine flauschige Textur zu erzielen, besteht darin, das Haarkäppchen aus Mohairgarn mit einer Bürste aus Draht oder Naturhaar zu bearbeiten.

BASICS ZUM NÄHEN

Vorstich (Heftstich)

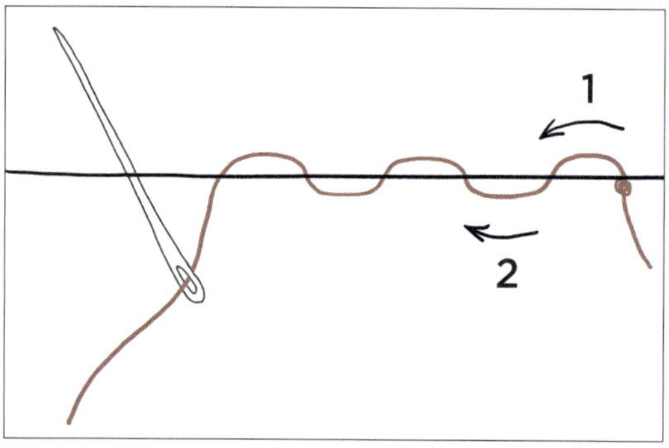

Der Vorstich dient dazu, zwei Stoffteile miteinander zu verbinden. Dabei wird die Nadel in gleichmäßigen Abständen von etwa 3 mm, abwechselnd von oben und unten, in den Stoff gestochen und wieder herausgezogen. Beim Puppenmachen eignet sich dieser Stich besonders gut zum Annähen der Gliedmaßen, indem er hin und gegenläufig wieder zurück genäht wird.

Matratzenstich (Zaubernaht, Leiter- oder Blindstich)

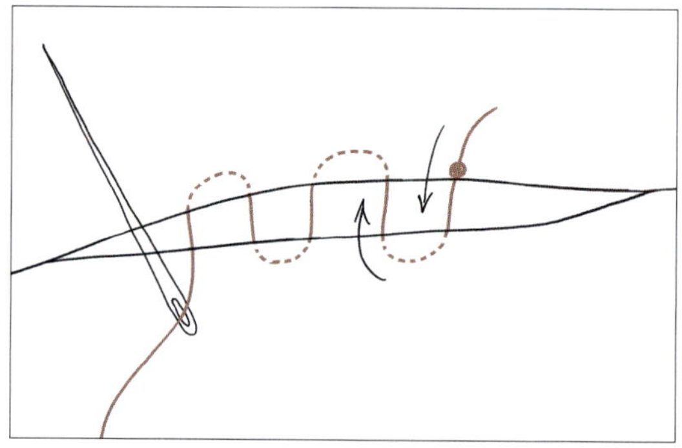

Er bildet eine unsichtbare Naht, die zwei Stoffbruchkanten miteinander verbindet. Dies macht ihn ideal für das Schließen von Wende-/Füllöffnungen. Der Stich wird abwechselnd auf dem einen und auf dem anderen Teil entlang der Bruchkante unter der Nahtzugabe genäht, und erinnert an die Sprossen einer Leiter. Die Stichlänge beträgt dabei 3–5 mm.

Rückstich

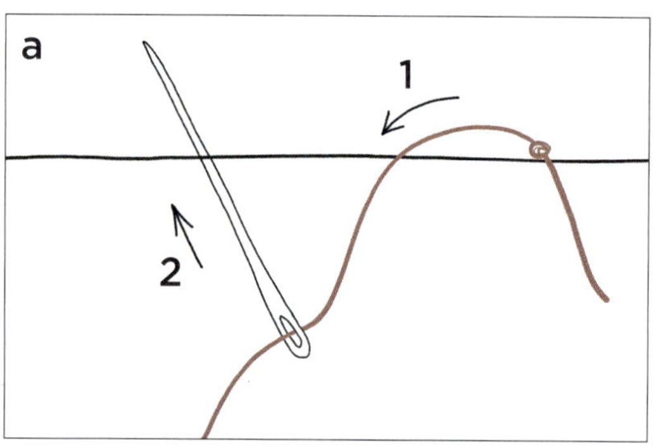

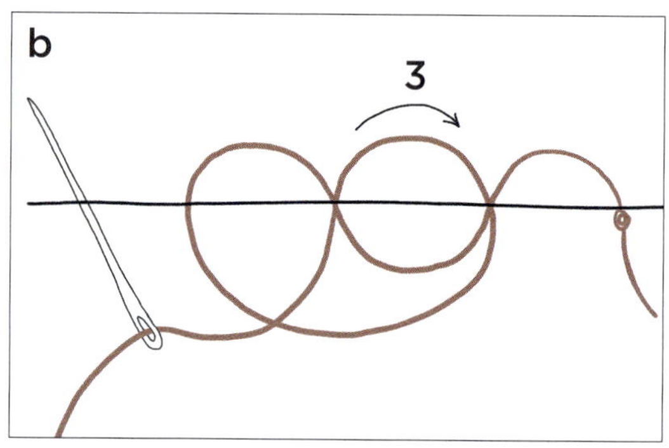

Dies ist ein Linienstich, bei dem gleichlange Stiche von etwa 5 mm Länge vorwärts und rückwärts genäht werden. Aufgrund seiner Strapazierfähigkeit eignet er sich ideal für Nähte, die stark belastet werden, wie bspw. beim Annähen des Haarkäppchens.

Überwendlingsstich (Überwendlichstich)

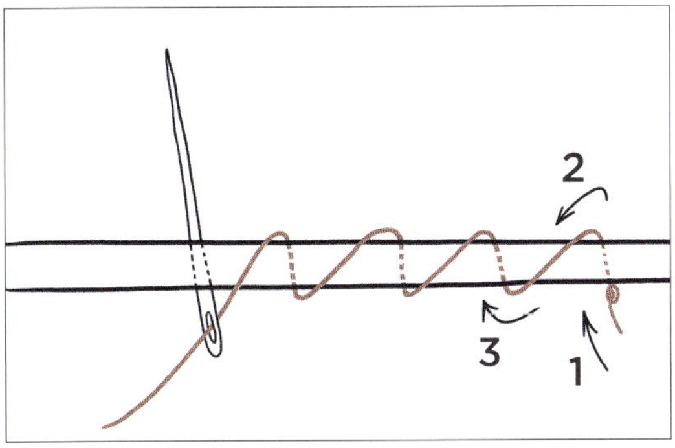

Es ist ein schnell genähter Stich, der nicht durch schöne Optik überzeugen muss. Er wird für nicht sichtbare Nähte verwendet, bspw. zum Vernähen des Mullschlauches oder des Trikots auf dem Kopf.

Abbindeknoten (doppelter Seemannsknoten/Puppenknoten)

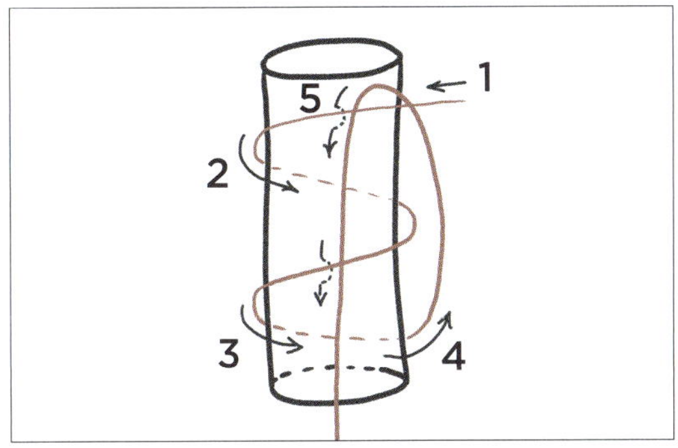

Der Abbindeknoten ist für die Herstellung des Puppenkopfes unverzichtbar. Der Faden wird zweimal um das abzubindende Teil gelegt. Dann wird ein „ganz normaler Knoten" gebunden, nur dass ein Fadenende nicht durch einen, sondern durch beide Fäden gezogen wird. So lässt sich der Knoten Stück für Stück straff ziehen, ohne sich beim Loslassen der Fäden wieder zu lockern. Er wird anschließend durch einen weiteren einfachen Knoten gesichert.

Sichern des Fadens

Beim Puppenmachen ist es wichtig, den Faden am Anfang und am Ende der Naht zu sichern, um ein Herausziehen zu verhindern. Eine Möglichkeit, den Faden am Anfang zu sichern, ist ein Knoten, der unterhalb des Stoffes versteckt wird. Am Ende wird beim letzten Stich die Nadel durch die Schlaufe gezogen und beim Ziehen an der Nadel festigt sich der Knoten, um die Naht zu sichern.

Vernähen des Fadens

Beim Puppennähen werden die Fäden nicht direkt am Knoten abgeschnitten, sondern in den Kopf oder Körper verstochen. Der Trikot wird dann nach unten gedrückt und der Faden unter Spannung knapp abgeschnitten, sodass das Fadenende in der Puppe verschwinden.

Versäubern

Grundsätzlich gilt: Webware kann ausfransen und ist zu versäubern, Maschenware nicht. Am einfachsten ist das Versäubern mit einer Overlockmaschine möglich. An der Nähmaschine wird dieser Schritt mit einem normalen Zickzackstich ausgeführt.

Naht sichern (verriegeln)

Eine Nähmaschinennaht muss am Anfang und Ende vernäht (verriegelt) werden, sonst löst sie sich auf. Dafür am Nahtbeginn drei bis vier Stiche vorwärts nähen, dann die Rückwärtstaste drücken und zwei bis drei Stiche zurück nähen, anschließend wieder vorwärts nähen. Am Nahtende gegengleich verfahren.

Säumen

Die Stoffkante wird in der angegebenen Breite nach links geklappt und dann mit einer Nähmaschine oder von Hand neben der Schnittkante des Umschlags entlang genäht. Eine zusätzliche Möglichkeit ist das Verwenden eines Saumbandes oder Saumvlieses, welches in den Saum genäht/gebügelt wird, um einen stabileren Saum zu erhalten.

Rechte & linke Stoffseite/ rechts auf rechts (r-a-r)

Die rechte Seite bezeichnet die „schöne" Seite des Stoffes, die später außen sichtbar sein soll, während die linke Seite die Innenseite des Kleidungsstücks oder der Puppe bildet. Eine geläufige Anweisung beim Nähen ist „r-a-r", was bedeutet, dass zwei Stoffteile mit ihren rechten Stoffseiten aufeinanderlegt werden, bevor man sie zusammennäht.

Nahtzugabe (NZG)

Bei den Schnittteilen ist eine Nahtzugabe notwendig. Dies ist in der Anleitung angegeben und muss beim Zuschnitt des Stoffs an der entsprechenden Kante hinzugegeben werden.

Dreifachgeradstich

Dieser Stich ist bei der Nähmaschine eine Nähstichvariante, bei der pro Stich drei Geradstiche parallel nebeneinander genäht werden. Durch die höhere Menge an Faden auf einer Stelle entsteht eine gewisse Dehnbarkeit der Naht. Der Stich wird beim Puppenmachen für das Nähen des Trikots von Kopf, Körper und Gliedmaßen verwendet, um stabile und haltbare Nähte zu erzeugen, die zudem auch etwas elastisch sind.

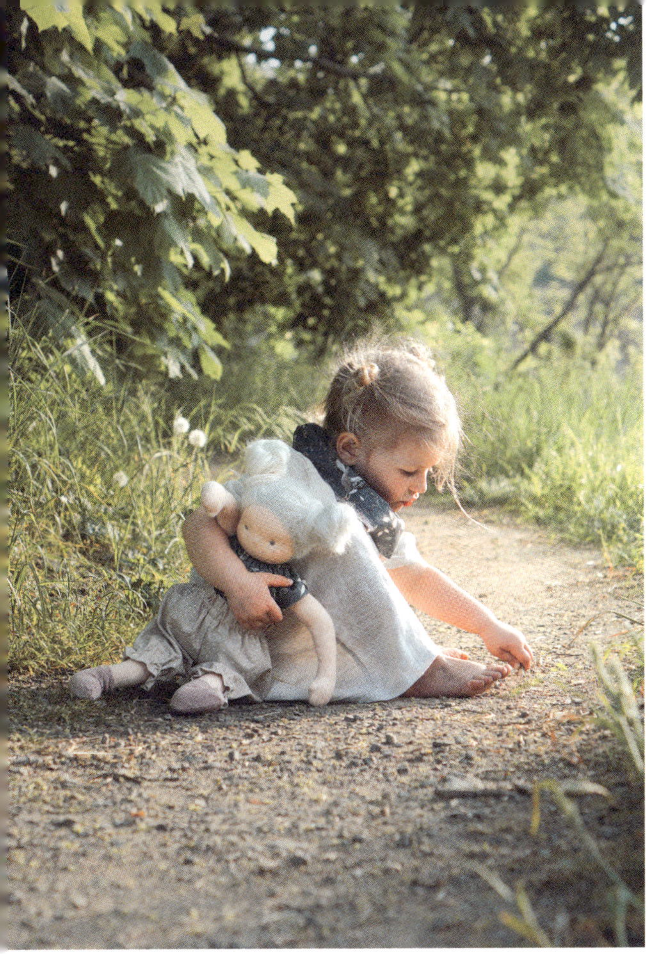
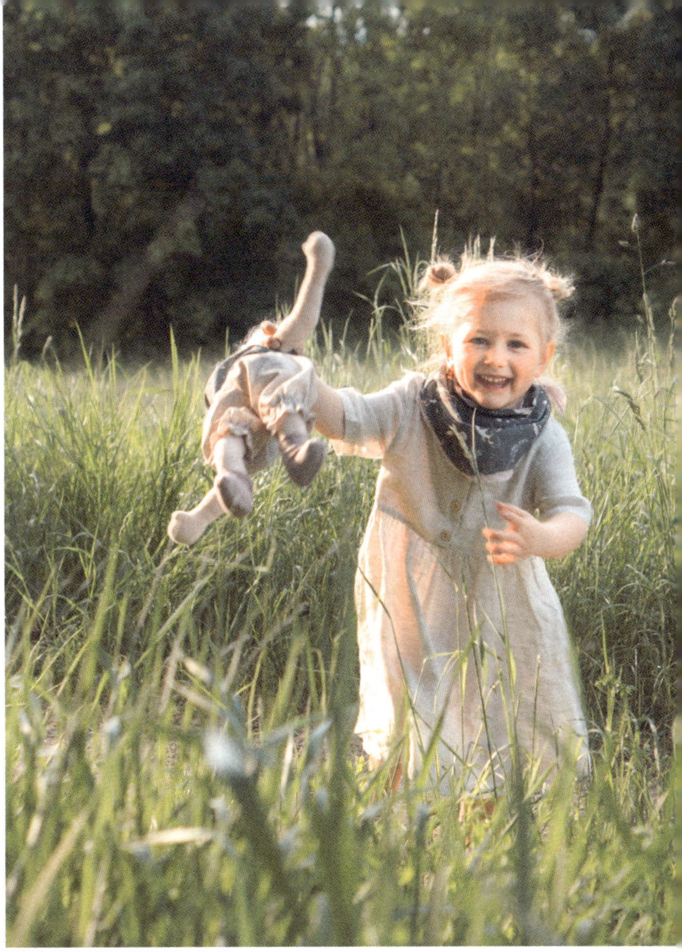
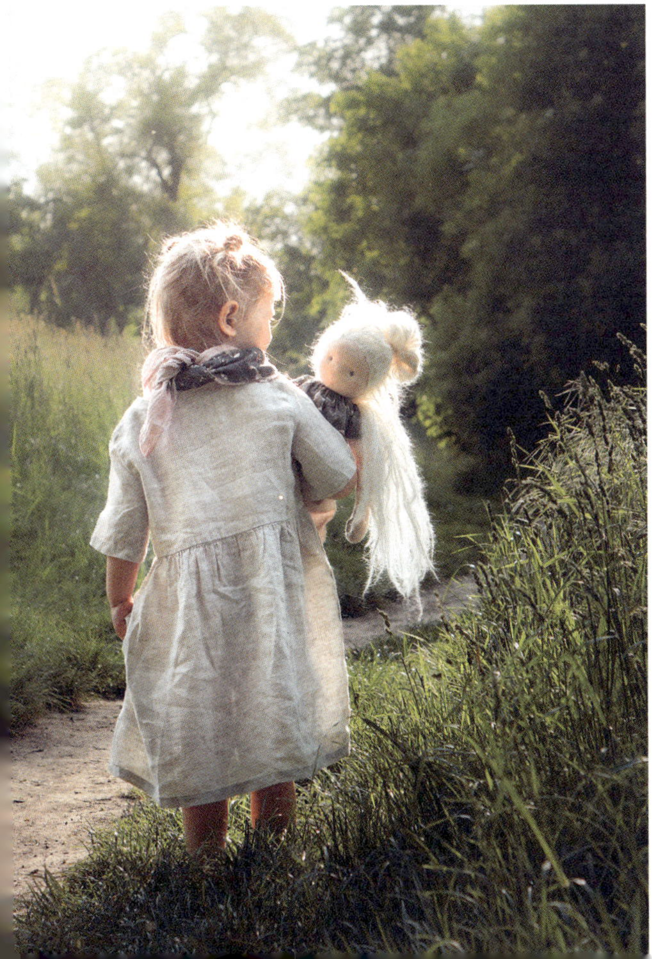
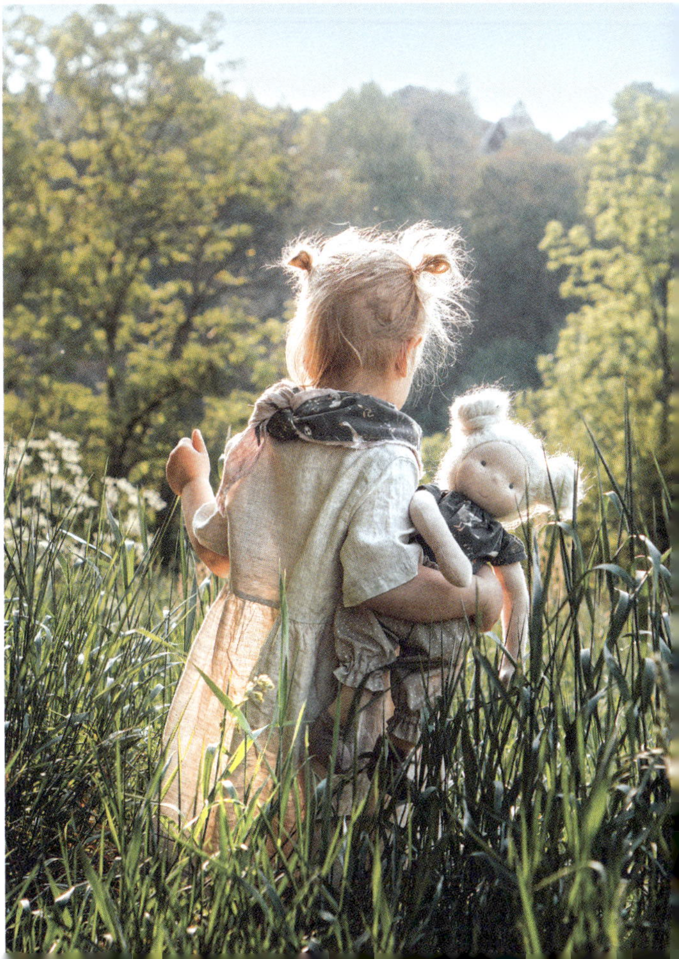

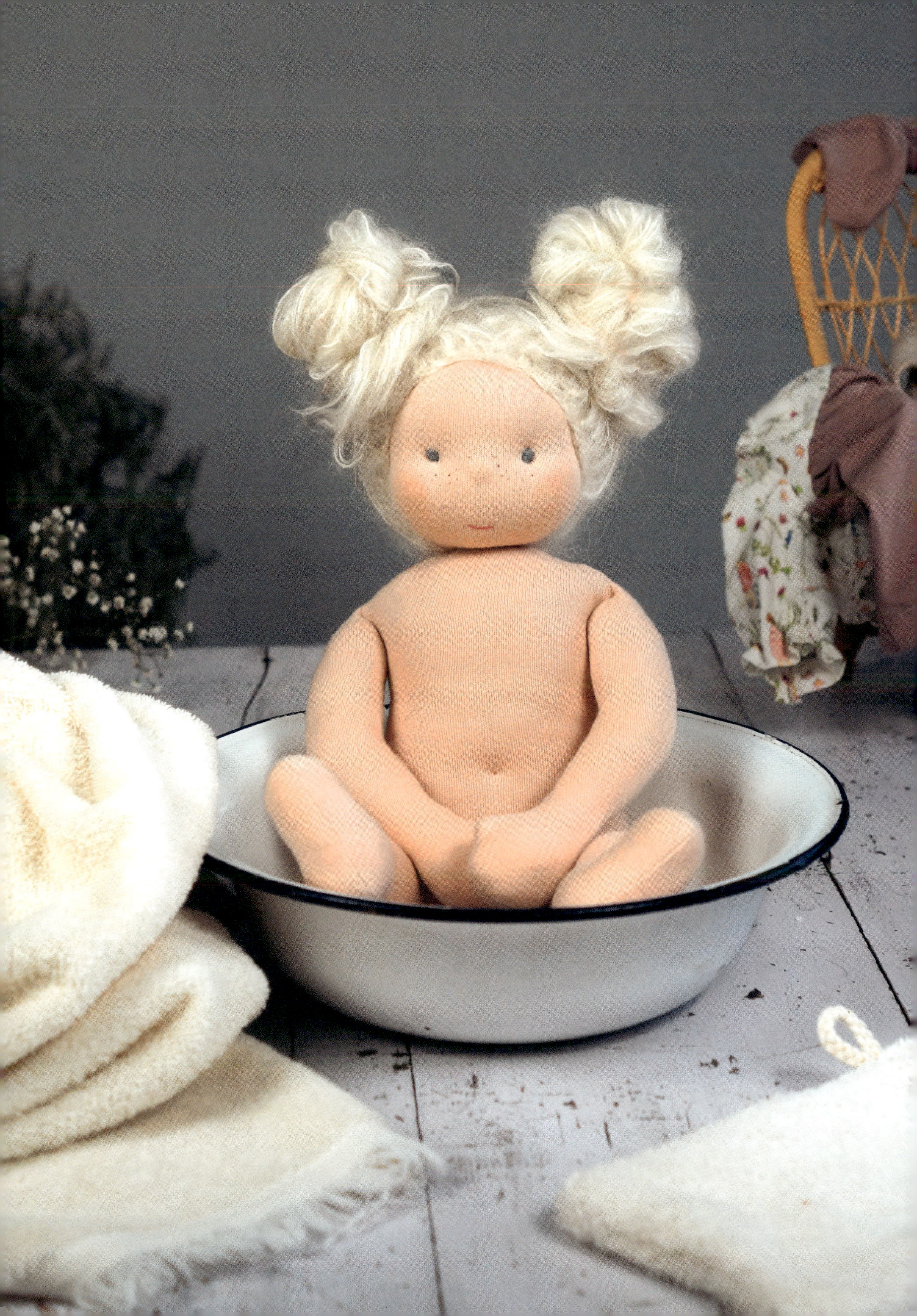

WASCHANLEITUNG FÜR STOFFPUPPEN

Jede Puppe hat ihre eigenen Abenteuer und Erinnerungen, die sich im Laufe der Zeit auf ihrem Trikot zeigen werden. Was nun? Keine Sorge, es gibt Möglichkeiten, sie wieder frisch aussehen zu lassen.

Bei leichten Verschmutzungen ist es ratsam, das Trikot mit einem feuchten Tuch, einem Schwamm oder einer weichen Zahnbürste und etwas Wollwaschmittel oder einer milden Seife vorsichtig zu reinigen. Es ist wichtig, dabei sanfte, kreisende Bewegungen auszuführen und nicht zu stark zu rubbeln, da sich der Stoff sonst aufraut bzw. dünner wird.

Sind die Verschmutzungen stärker, kann eine Handwäsche im lauwarmen Vollbad erfolgen. Dabei sollte darauf geachtet werden, dass die Haare möglichst nicht mitgewaschen werden. Ist das Waschen der Haare notwendig, sollten diese beim Waschvorgang zusammengebunden werden, um ein Verfilzen zu vermeiden. Das Wasser sollte konstant warm und nicht zu heiß sein (ca. 30 °C), da sonst die Wolle im Inneren verfilzt. Nun wird die Puppe nochmals ausgiebig in klarem Wasser ausgespült, sodass keine Seifenreste in der Puppe verbleiben.

Anschließend wird die Puppe vorsichtig ausgedrückt und NICHT ausgewrungen.
In ein Handtuch eingeschlagen kann sie an einer warmen, luftigen Stelle trocknen. Direkte Sonneneinstrahlung und heiße Heizkörper sind zu vermeiden, um ein Verdichten der Wolle zu verhindern. Die Trocknungszeit beträgt etwa zwei Tage, während der die Puppe regelmäßig neu eingewickelt und gewendet wird.

Ein Waschen in der Waschmaschine wird nicht empfohlen. Nur sehr fest gestopfte Puppen überstehen die Wäsche im Wollwaschprogramm (ohne Schleudern) unbeschadet.

Nach der Wäsche sind oftmals das Wangenrot und vielleicht auch die Sommersprossen verblasst. Diese können schnell und einfach mit geeigneten Materialien wieder aufgetragen werden.

GRUND-
ANLEITUNGEN

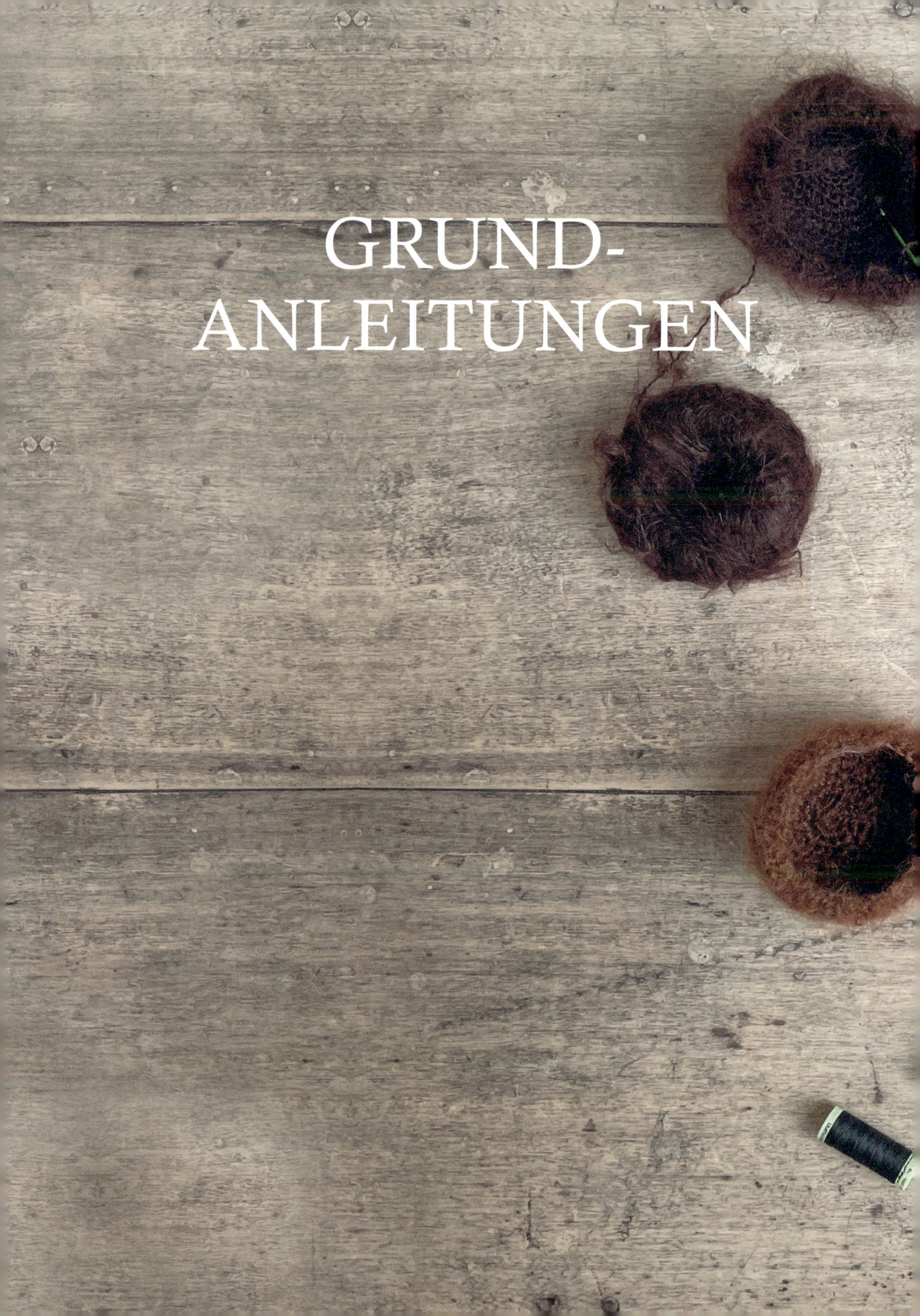

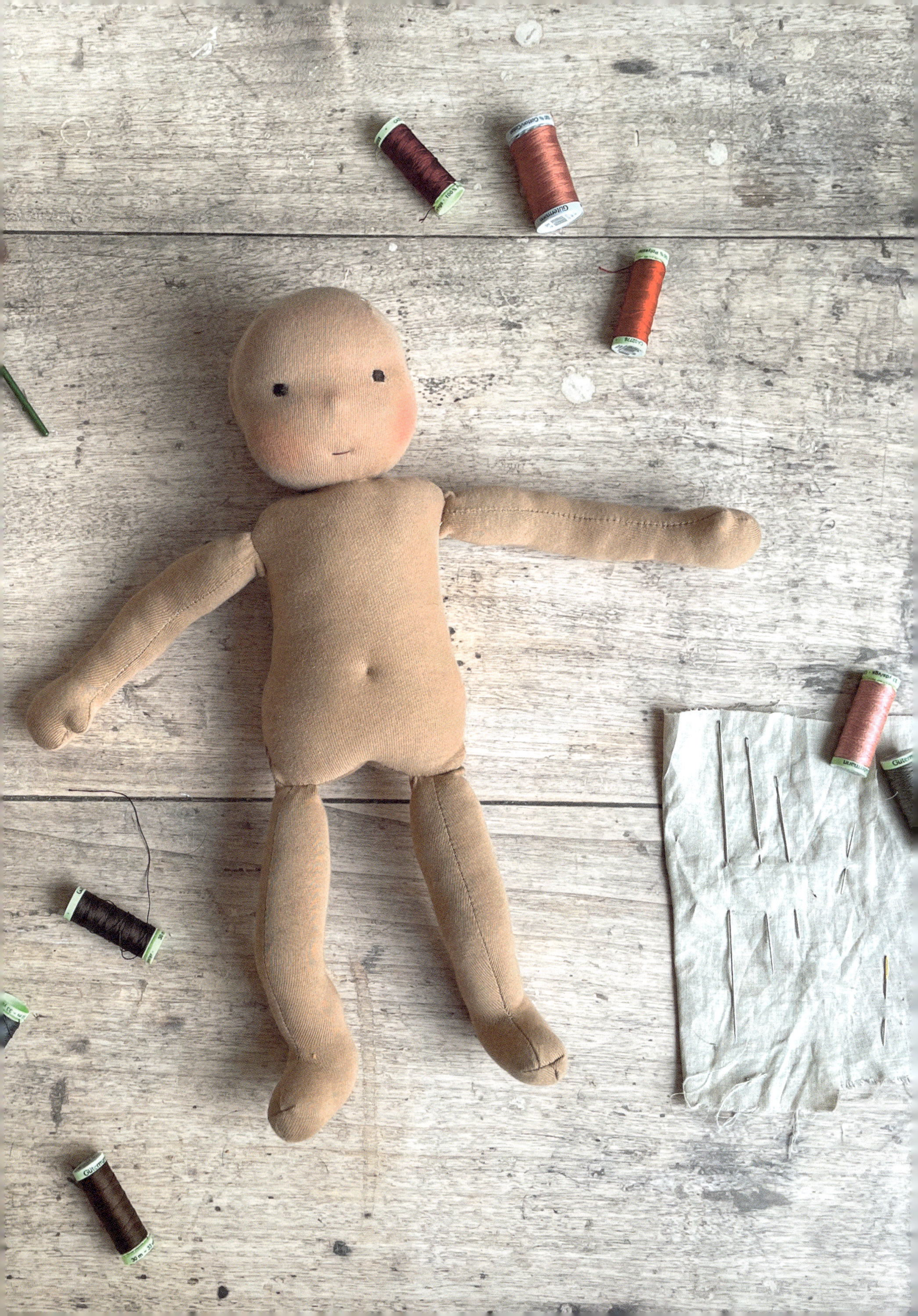

Grundanleitungen für eine Puppe nach Waldorf-Art

Zu Beginn entscheidest du dich, welches Puppenprojekt du umsetzen möchtest. Zur Auswahl stehen:
1 Schmusetuchpuppe (siehe Seite 83), **2** Schlamperle (siehe Seite 91)
3 Gliederpuppe (siehe Seite 99)

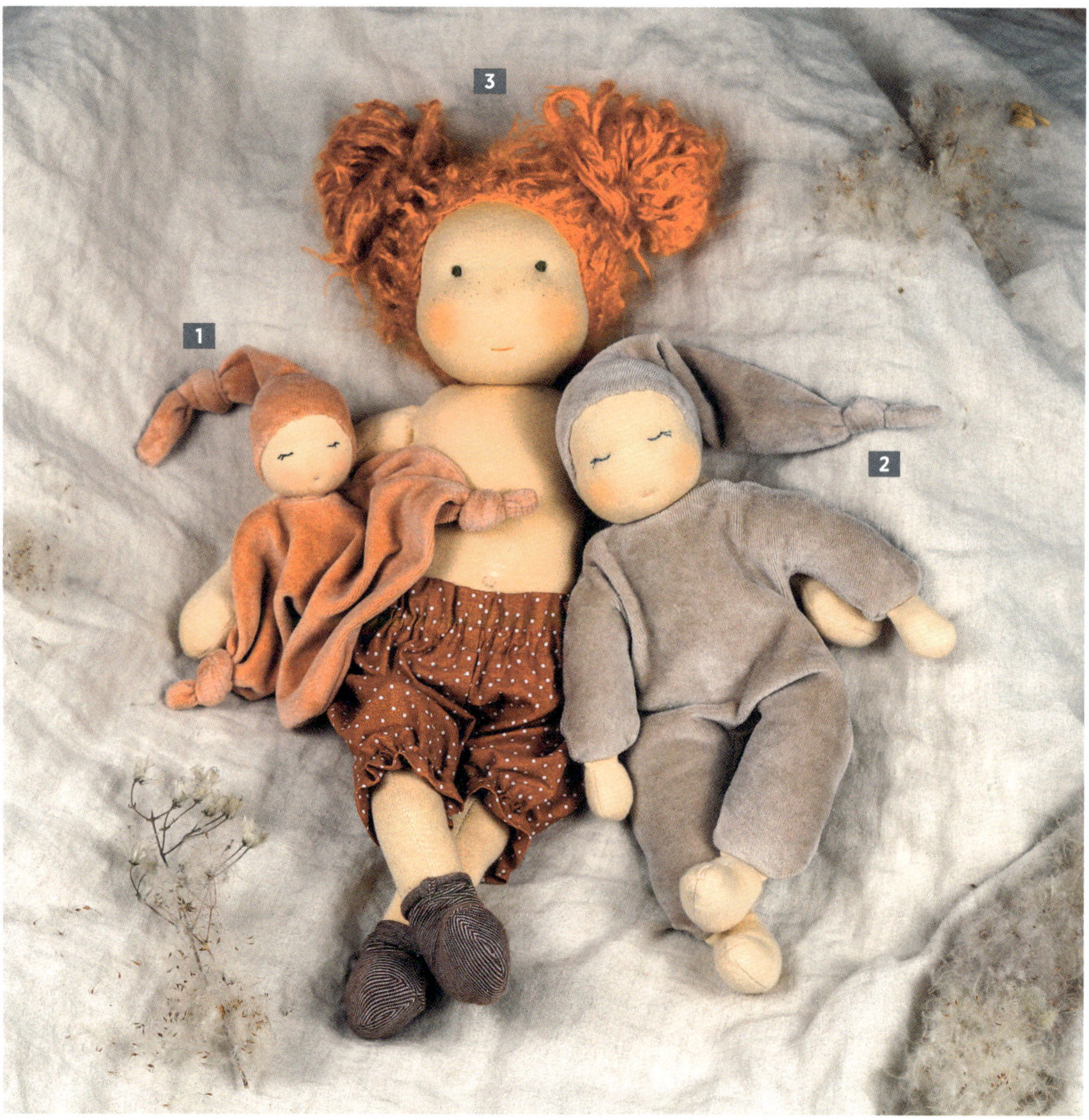

HERSTELLUNG DES KOPFES

Die folgende Anleitung ist die Grundanleitung zur Herstellung des Kopfes, die für alle Puppen gleich ist. Sind bestimmte Größen eines Materials für das jeweilige Puppenprojekt erforderlich, ist das entsprechende Material farblich gekennzeichnet (bspw. **Mullschlauch** in Arbeitsschritt 1). Die erforderlichen Maß-/Mengenangaben dieses Materials sind dann im ausgewählten Puppenprojekt zu finden.

SO WIRD'S GEMACHT

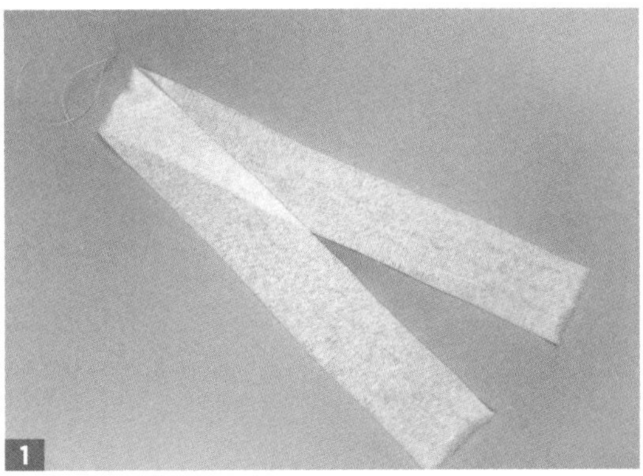

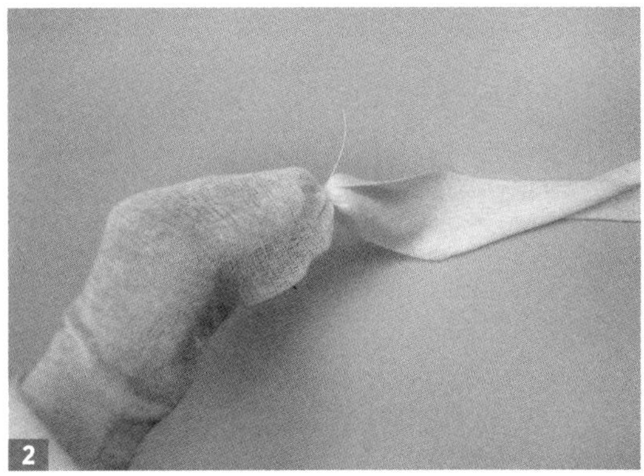

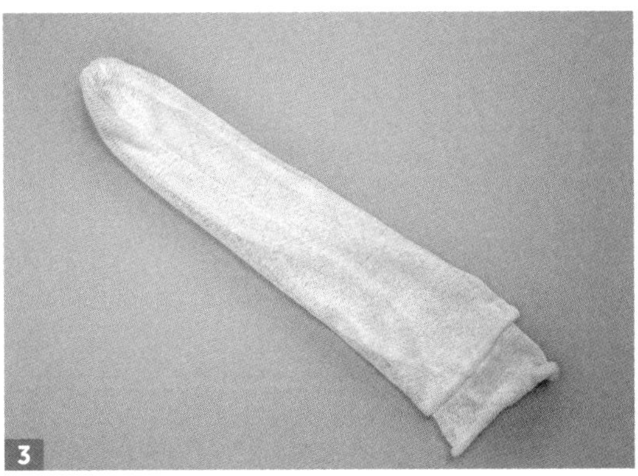

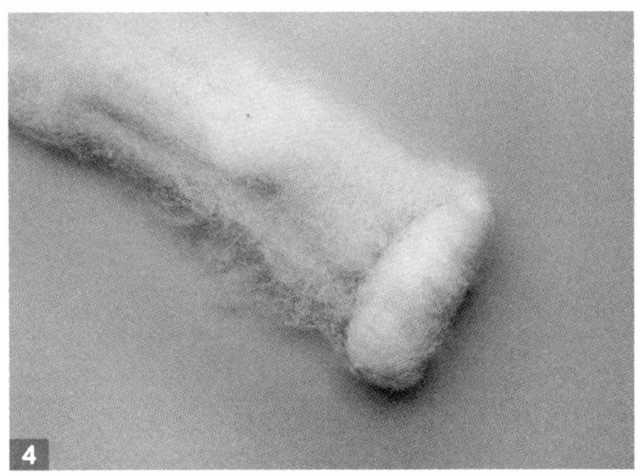

1 Der **Mullschlauch** wird in der Mitte gefaltet und mit Abbinde- oder Nähgarn abgebunden.

2 Anschließend wird mit einer Hand in ein offenes Ende des Schlauches gefahren ...

3 ... und das eine Schlauchende über den Knoten gestülpt. Der Schlauch wird nun erst einmal beiseite gelegt.

4 Jetzt wird ein **Wollstrang** – wie beim Schneemann bauen – zu einer Kugel aufgerollt.

SO GEHT'S WEITER

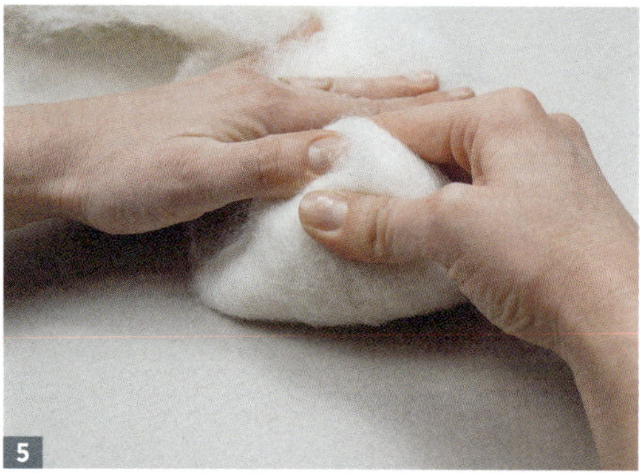
5

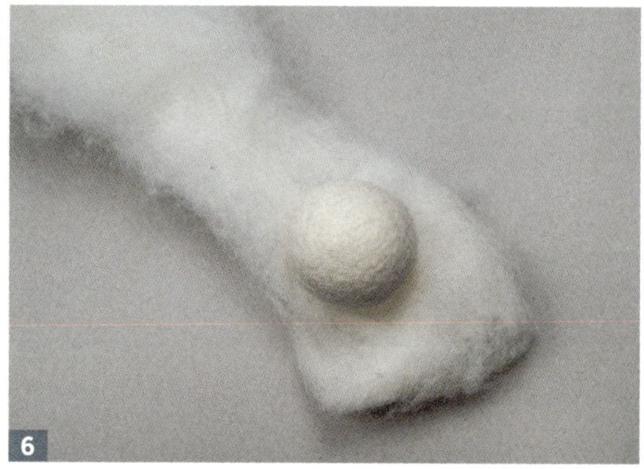
6

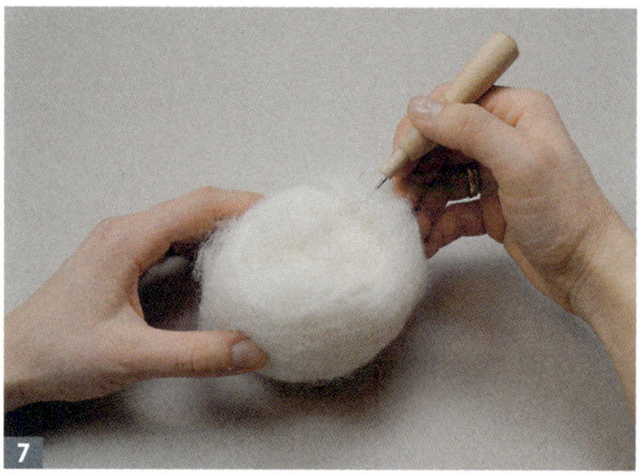
7

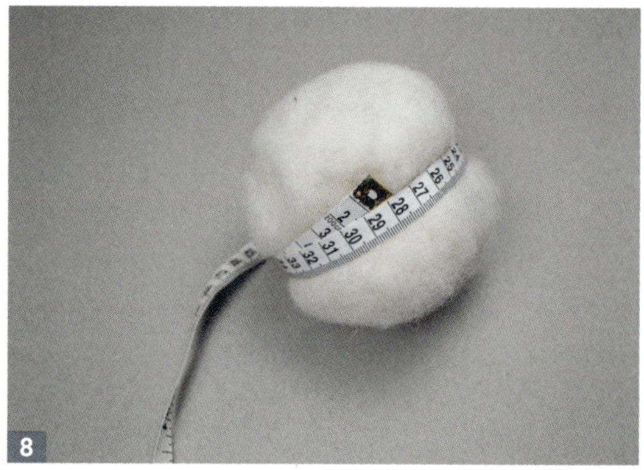
8

5 Es wird so fest wie möglich gewickelt und immer wieder die Richtung gewechselt, sodass eine Kugel entsteht. Falls der Wollstrang reißt, wird einfach neu angesetzt.

6 TIPP: Falls es zu Beginn der Puppenmacherei schwierig ist, eine stabile und gleichmäßige Kopfkugel zu fertigen, kann in die Mitte eine fertige Filzkugel eingearbeitet werden, welche mit Wolle fest umwickelt wird. Denn ist der Kopf nicht straff genug, verliert er schnell seine Form und es gibt einen Plattkopf. Je größer der Kopf, desto wichtiger ist die saubere Ausführung dieses Arbeitsschrittes.

7 Falls die Wollkugel aufspringt, kann durch wenige Stiche mit der Filznadel zusätzlich Stabilität und Festigkeit erreicht werden. Am Ende sollte sich die Kugel wie ein Tennisball anfühlen. Ein bisschen weich, aber fest genug.
HINWEIS: Wer im Filzen noch nicht geübt ist, sollten eine Filzunterlage verwenden und nicht in den Händen filzen, da hier Verletzungsgefahr besteht.

8 Am Ende sollte die **Kopfkugel** den Umfang (+/-1 cm) erreichen, der im jeweiligen Projekt angegeben ist. Falls sie zu groß ist, entferne etwas Wolle. Ist sie zu klein, wickle noch etwas Wolle um die Kugel und filze diese an.

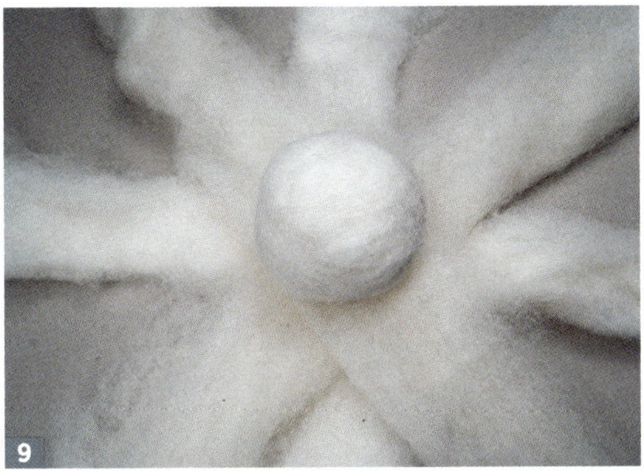

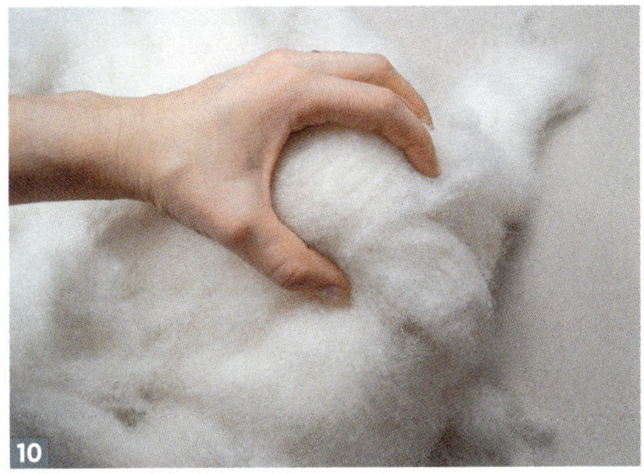

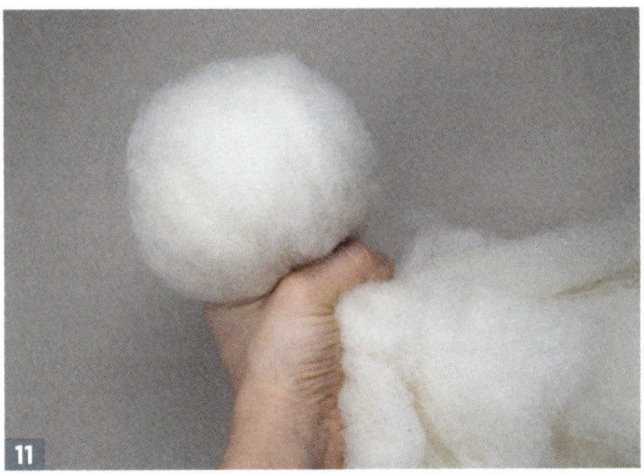

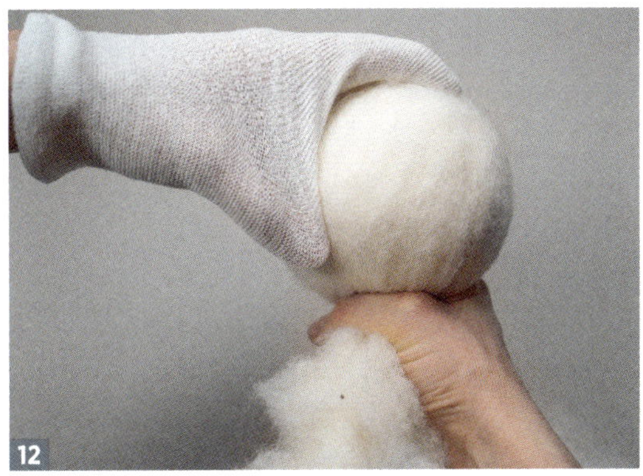

9 Anschließend wird ein Stern aus drei bis vier **Wollsträngen** gelegt und die Kugel in dessen Mitte platziert.

10 Dann wird der Stern gewendet ...

11 ... und die Kugel fest mit den Wollsträngen umschlossen. Es ist darauf zu achten, dass die Wolle sehr ebenmäßig und glatt anliegt.

12 Anschließend wird der vorbereitete Schlauchverband über die Kugel gestülpt. Zieh den Schlauch gut nach unten, sodass er stramm und faltenfrei sitzt. Der **Kopfumfang** ist beim jeweiligen Projekt angegeben.

SO GEHT'S WEITER

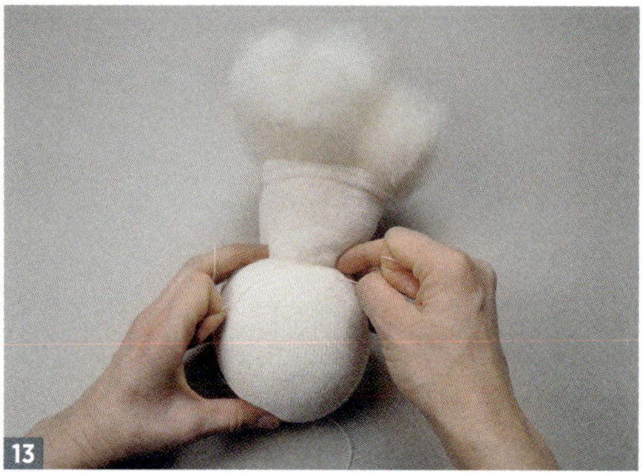

13

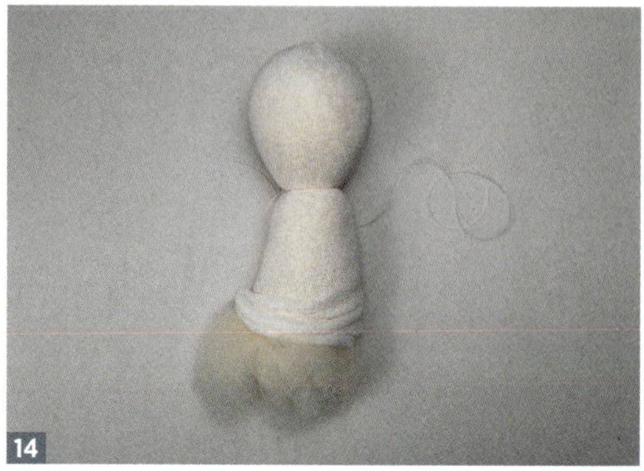

14

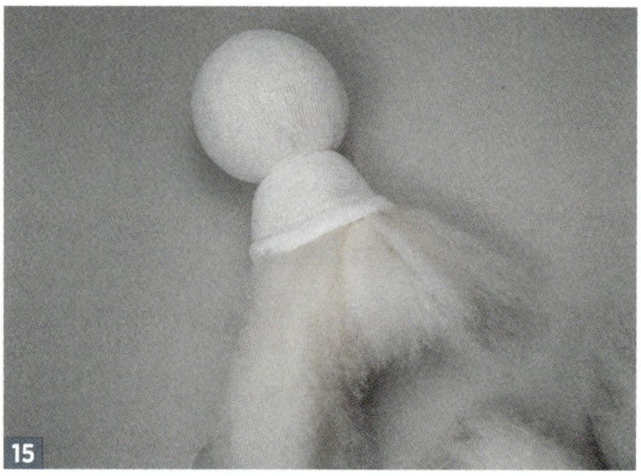

15

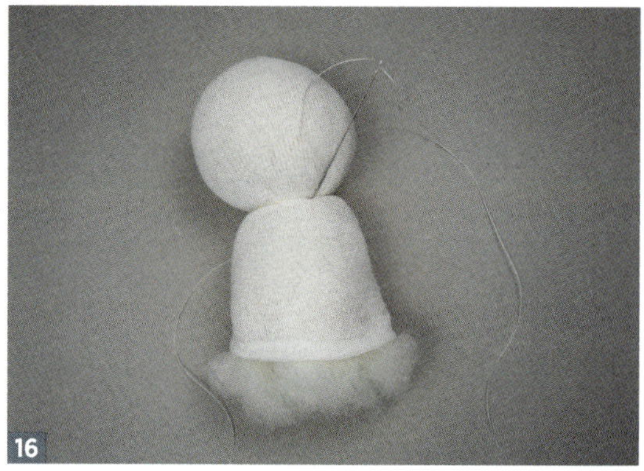

16

13 Jetzt wird für einen Abbindeknoten das Abbindegarn zweimal um die Kopfkugel gelegt und am Ende der Kugel positioniert. Dann wird ein Fadenende unter BEIDE Fäden hindurchgeschoben und festgezogen. (Weitere Details zum Abbindeknoten, siehe Seite 29.)

14 ACHTUNG: Wichtig ist, dass das Garn beim Zusammenziehen des Knotens nicht nach unten wandert, sondern eng unterhalb der Kugel verbleibt, um später einen Wackelkopf oder ein „fliehendes Kinn" zu vermeiden. Je größer die Puppe, umso wichtiger ist die Stabilität des Halses und somit die Exaktheit der Ausführung dieses Schrittes. Im gezeigten Beispiel ist der Kopf zu locker abgebunden.

15 Hier ist das Abbinden korrekt. Die Wolle, die locker unter der abgebundenen Kugel aus dem Mullschlauch herausschaut, wird leicht abgezupft, sodass sie komplett in den verbleibenden Mullschlauch passt.
HINWEIS: Je nach Puppe (Schmusetuchpuppe, Schlamperle oder Gliederpuppe) wird mehr oder weniger Wolle für das Mullsäckchen benötigt. Bitte an diesem Punkt in die Anleitung des jeweiligen Puppenprojekts schauen.

16 Die Fäden des Abbindeknotens werden in eine Puppennadel gefädelt ...

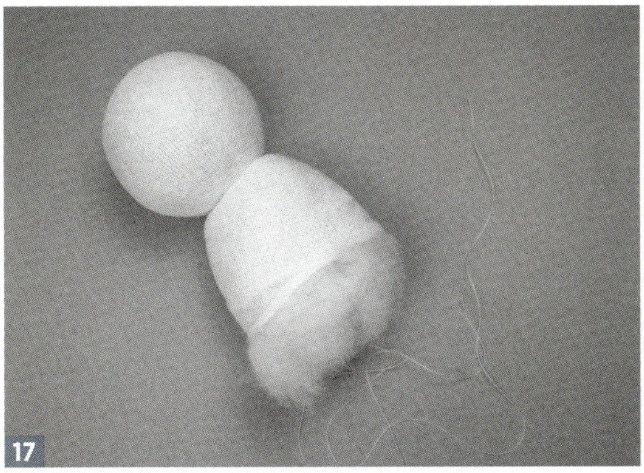

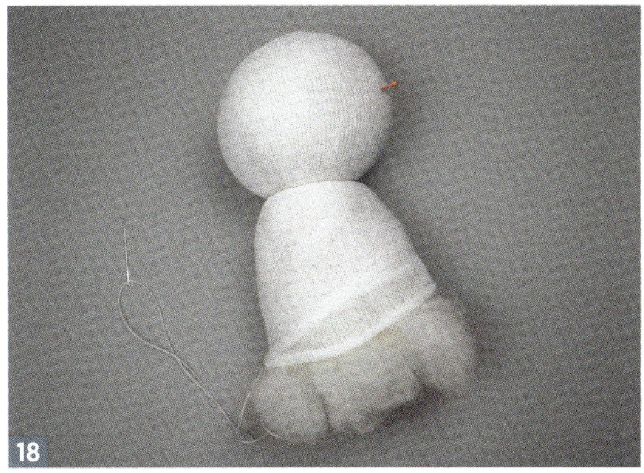

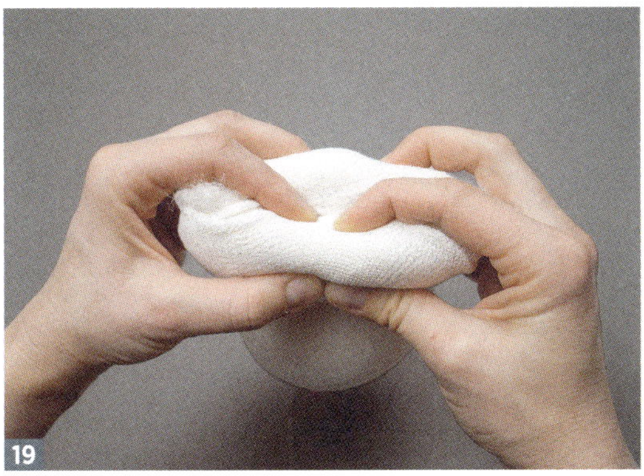

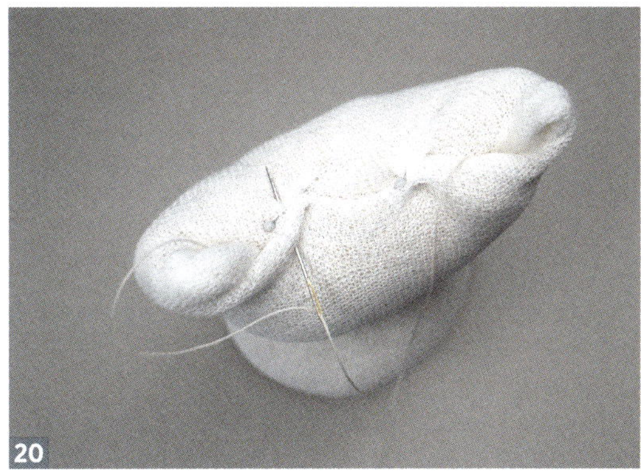

17 ... und nach unten geführt.

18 Jetzt schau dir den Kopf genau an und entscheide, welche Seite das Gesicht werden soll. Es sollte rund und möglichst glatt sein. Es ist hilfreich, sich diese Seite mit einer Stecknadel zu markieren. (Für die Schmusetuchpuppe ist dieser Schritt der Festlegung des Gesichtes noch nicht relevant.)
Die Form des Mullsäckchens in Schritt 19–22 bezieht sich auf die Gliederpuppe. Für die Schmusetuchpuppe und das Schlamperle sind Abbildungen zur Form des Mullsäckchens im entsprechenden Projekt zu finden.

19 Für eine stabile Schulterpartie wird der Mullschlauch seitlich zusammengefasst. Dazu legst du den Kopf nach unten und die Stecknadel/Nase schaut zu dir. Der untere Rand des Mullschlauchs wird nach innen geschlagen. Die Wolle wird fest zusammengedrückt ...

20 ... und mit Stecknadeln gesichert.

SO GEHT'S WEITER

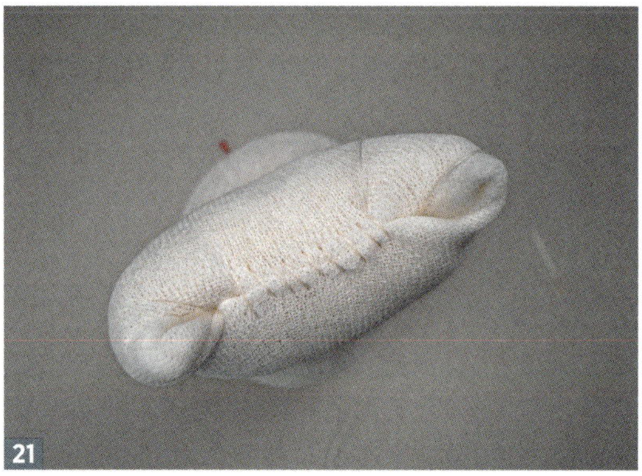

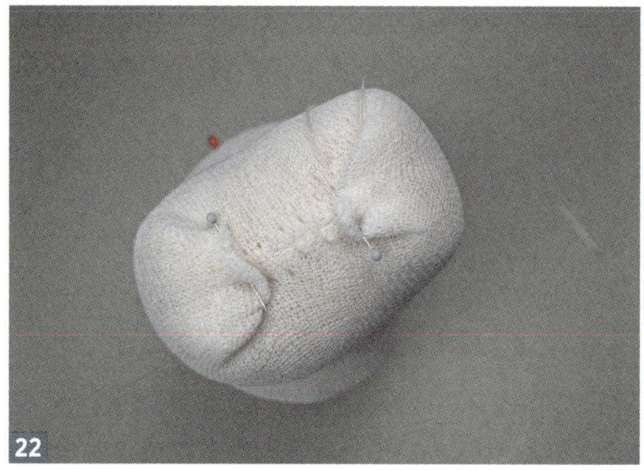

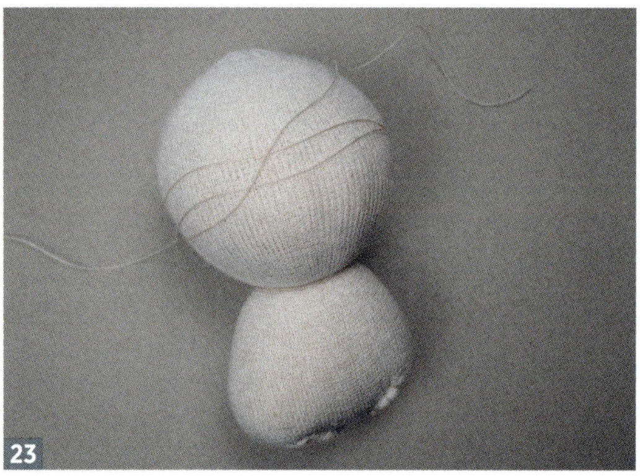

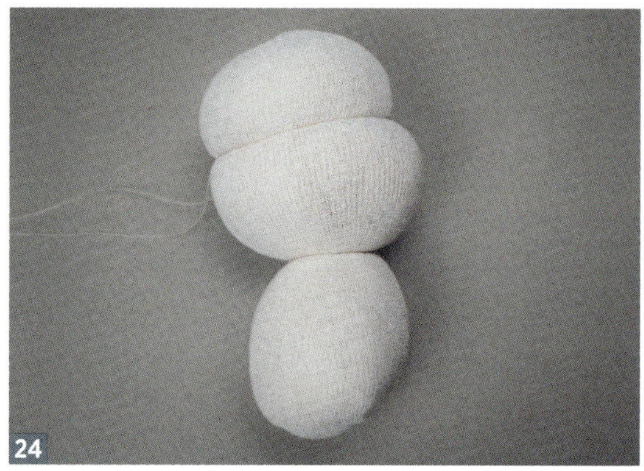

21 Jetzt wird der untere Rand des Mullschlauchs mittig mit wenigen Überwendlichstichen zusammengenäht.

22 Anschließend werden die beiden seitlichen Zipfel nach innen eingeschlagen und ebenfalls mit Überwendlichstichen vernäht. Die Naht verschwindet später im Inneren der Puppe und muss daher nicht schön aussehen. Die Fäden werden gesichert und in den Rumpf verstochen, beide Fäden nochmal verknotet und abgeschnitten.
Als grobe Orientierung: Das Rumpfteil ist bei einer 40 cm Gliederpuppe etwa 7 cm breit und 6 cm hoch.

23 Mit **Abbindegarn** wird horizontal auf der Kopfmitte mit einem Puppenknoten abgebunden.

24 Dabei kann der Knoten erst leicht angezogen und dann die Position nochmals korrigiert werden. Schlussendlich wird so fest zugezogen, dass eine deutliche Kerbe entsteht.

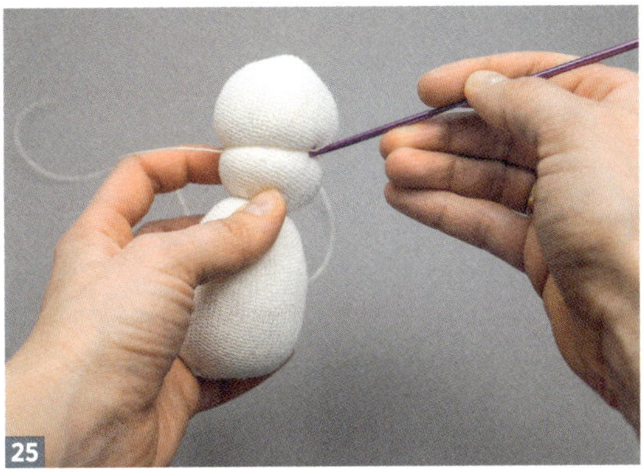

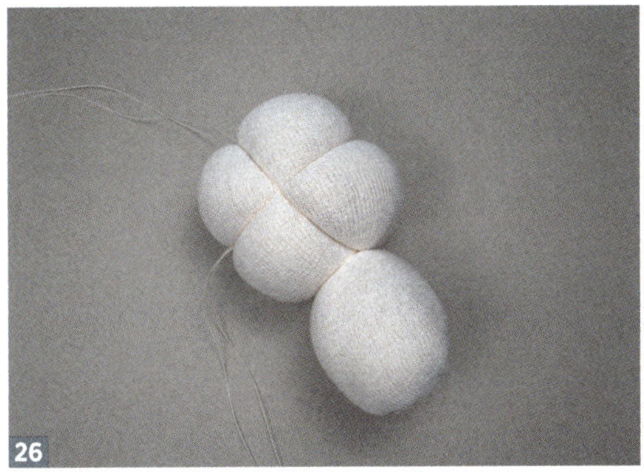

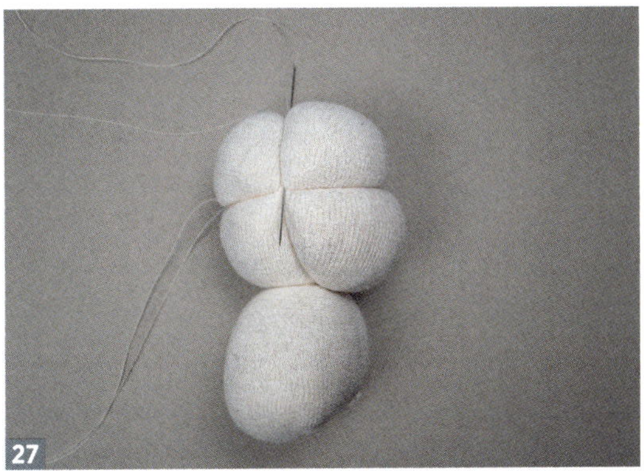

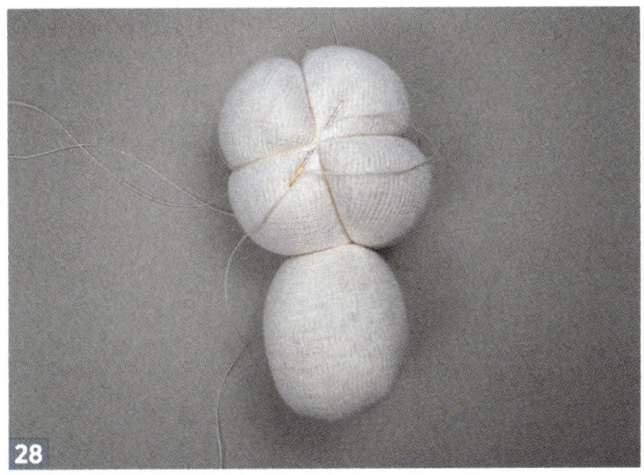

25 HINWEIS: Nach dem Festziehen des Knotens ist immer noch eine Korrektur der Position nach oben und unten mittels Häkelnadel möglich. Wenn die Puppe babyhaft wirken soll, kann der Faden noch etwas weiter unten sitzen, um die Stirn noch etwas mehr zu betonen. Im gezeigten Beispiel wird der Faden nach oben korrigiert. Der Knoten vom Abbinden sollte sich schlussendlich am Hinterkopf befinden.

26 Jetzt wird nach dem gleichen Prinzip mit **Abbindegarn** eine senkrechte Linie von oben nach unten abgebunden. Ob der Faden über das Kinn oder den Nacken geführt wird, ist Geschmackssache. Für dickere Wangen wird der Faden über das Kinn geführt. Die Position des Abbindeknotens ist oben auf dem Kopf.

27 Die Endfäden des senkrechten Abbindens werden mit einer Puppennadel jeweils zu einem Fadenkreuz geführt.
TIPP: Sind die Fäden einmal sehr kurz, die Puppennadel in den Körper stechen, sodass nur noch das Nadelöhr aus dem Stoff schaut, und dann erst den Faden einfädeln. So werden ein paar Zentimeter gewonnen.

28 Dort wird mit einer kleineren Nadel das Kreuz mit wenigen diagonalen Stichen in beide Richtungen fixiert. Dann werden die Fäden in den Hinterkopf verstochen, verknotet und abgeschnitten.

SO GEHT'S WEITER

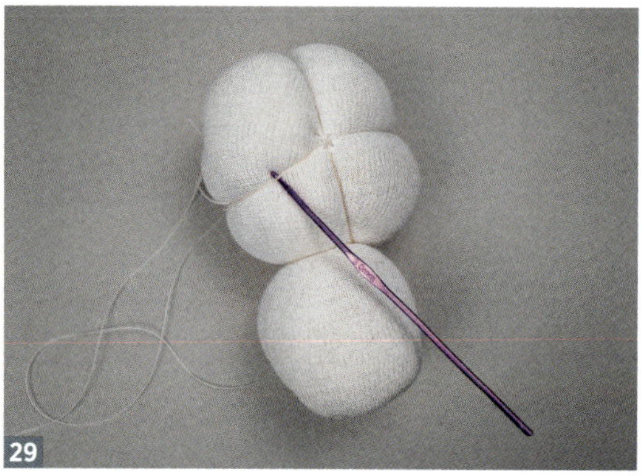

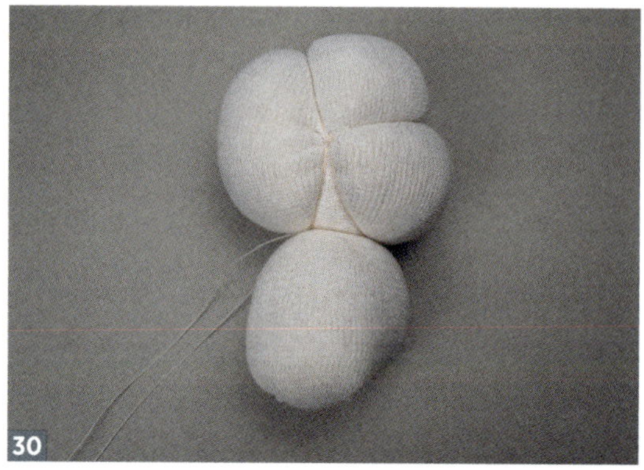

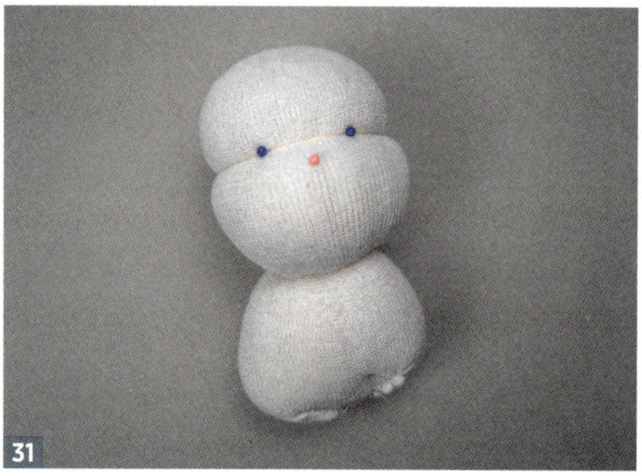

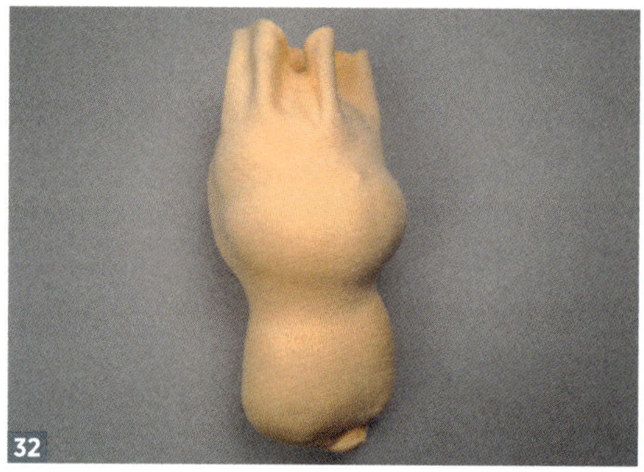

29 Mit einer Häkelnadel wird mit hin- und hergehenden Bewegungen der Faden des Hinterkopfes in Richtung Nacken bewegt.

30 Zur Fixierung des Fadens werden die Fadenenden noch einmal um den Hals geschlungen und verknotet. Anschließend werden beide Fäden in den Hinterkopf oder Rumpf verstochen, verknotet und abgeschnitten.

31 Wenn gewünscht, wird eine Nase ausgearbeitet, sonst weiter mit Schritt 37.

HINWEIS: Nachteilig ist bei einer Nase, dass sie als erstes Körperteil Schmutz annimmt und so einer der „wundesten" Punkte sowie die größte Verschleißstelle einer Puppe ist.

Es wird die Nasenposition mit einer Stecknadel knapp unter dem Augenfaden markiert. Zur besseren Visualisierung sollten auch die Augen mit Stecknadeln markiert werden.

32 Nun wird probeweise das Trikot angehalten, um die Position zu prüfen.

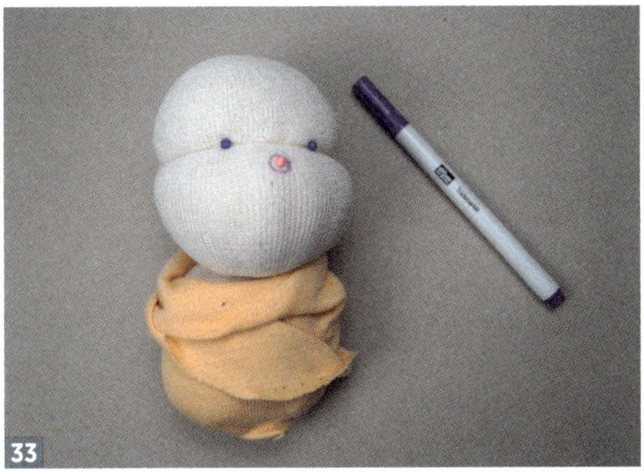

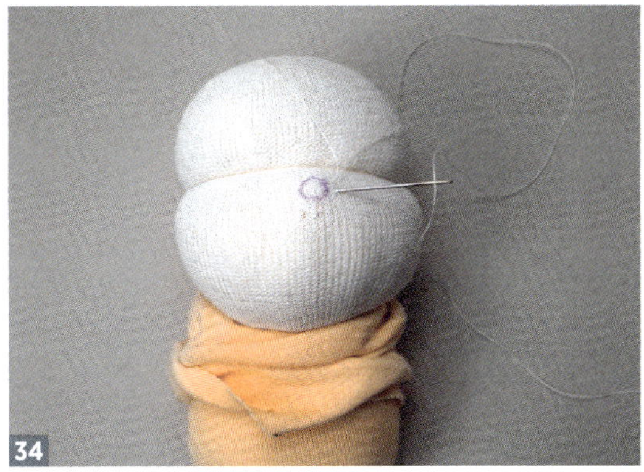

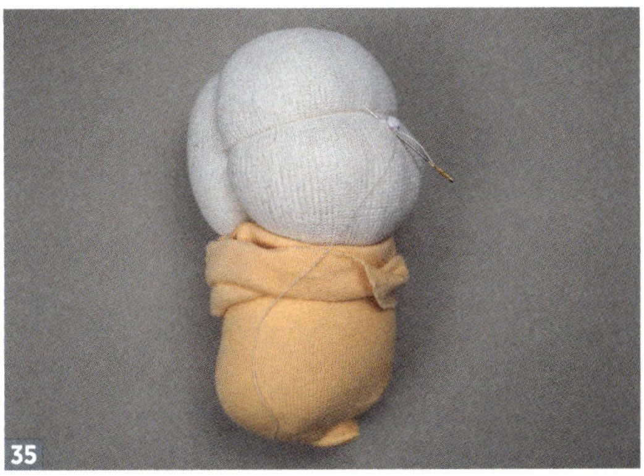

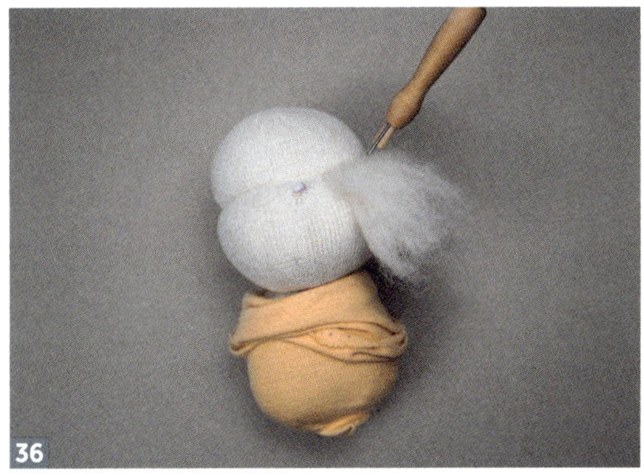

33 Ist das Ergebnis zufriedenstellend, wird mit Trickmarker um die Nasen-Stecknadel gezeichnet und dann alle Stecknadeln entfernt. Mit Nähgarn wird je nach gewünschter Nasengröße mit kleinen Vorstichen auf oder 1–3 mm außerhalb der Linie einmal rundum genäht, aber noch nicht zugezogen.

34 Mit einer Nadel wird etwas Wolle in die Nase „gehebelt" und dann die beiden Fadenenden zugezogen und verknotet. Für die Größe der Nase ist zu beachten, dass sie mit übergezogenem Trikot kleiner wirkt und dass die Größe der Nase auch im Puppenleben etwas schwinden wird - also eher etwas größer anlegen.
TIPP: Es kann auch eine kleine Perle als Nase an den Mullschlauch genäht werden.

35 Durch einige hin- und hergehende Stiche mit der Nadel die Fäden unter der Nase durchführen, um die Wolle in der Nase zu fixieren. Anschließend die Fäden in den Hinterkopf verstecken, verknoten und abschneiden.

36 Jetzt wird der Trikot anprobiert und die Wangen geprüft. Wirkt das Gesicht zu schmal, können die Wangen aufgefilzt werden, um ein runderes Gesicht zu erreichen. Dazu wird ein kleines Stück Wolle aufgelegt und beginnend von der Augenlinie angefilzt.

SO GEHT'S WEITER

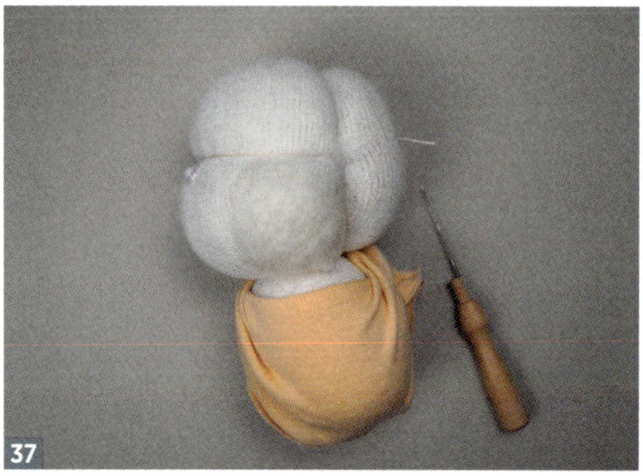

37

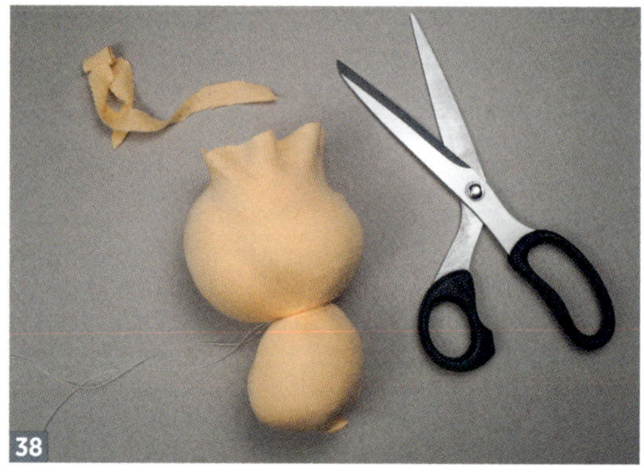

38

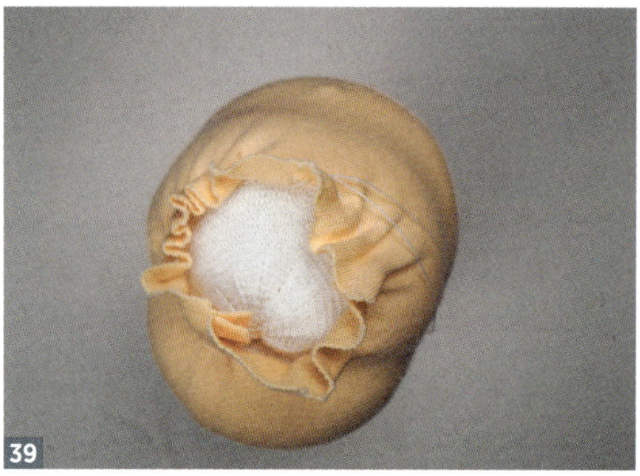

39

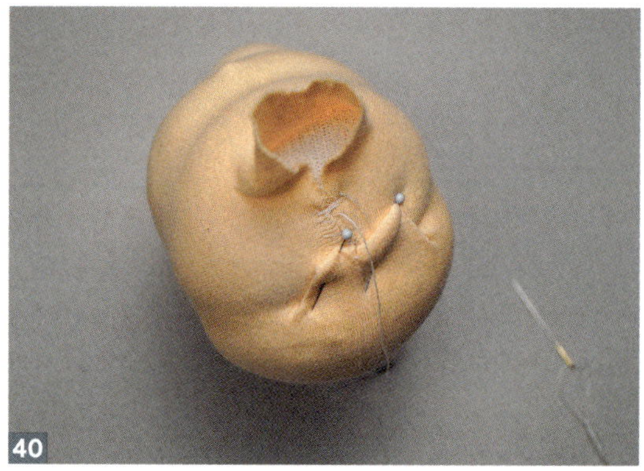

40

37 Ist das Ergebnis zufriedenstellend, wird der Trikot über den Kopf gezogen und am Hals mit einem Puppenknoten abgebunden. Es ist darauf zu achten, dass im Trikot in der Halsgegend keine Falten entstehen.

38 Das Trikotsäckchen des Kopfes sollte den Kopf gut umschließen. Falls sich die Maße der Kopfkugel am Minimum befinden, kann es nötig sein, den Trikot etwas zu kürzen.

39 Wichtig ist beim Zusammennähen des Trikots, dass er stramm über das Gesicht gespannt ist und die Nähte außerhalb der Gesichtspartie liegen, sodass diese schlussendlich vom Haarkäppchen oder der angenähten Mütze verdeckt werden.
Es gibt verschiedene Möglichkeiten:
Entweder wird der Trikotrand mit Vorstichen umrundet, zusammengezogen und anschließend mit Überwendlichstichen am Kopf festgenäht.

40 Oder der Trikotrand wird auf den Kopf eingefaltet und ebenfalls mit dem Überwendlichstichen festgenäht. Begonnen wird mit dem Falten von „Ohr zu Ohr“, und der Trikot dann mittig auf dem Kopf mit Überwendlichstichen geschlossen. Nach dem Festnähen wird der Zipfel des Hinterkopfs zur Kopfmitte gefaltet, ...

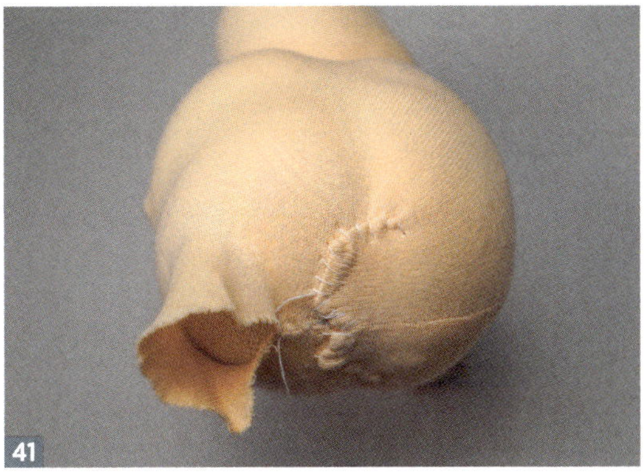

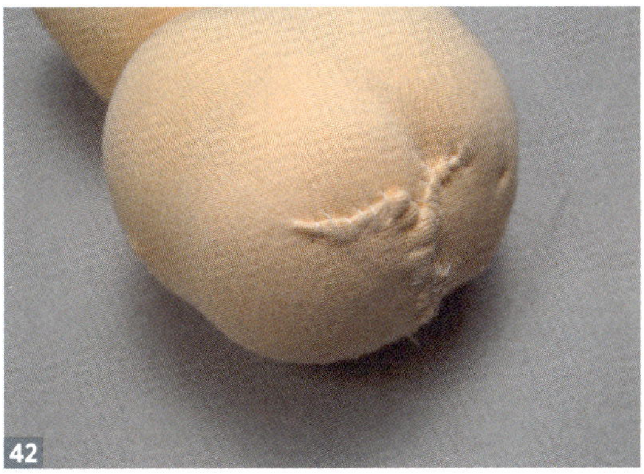

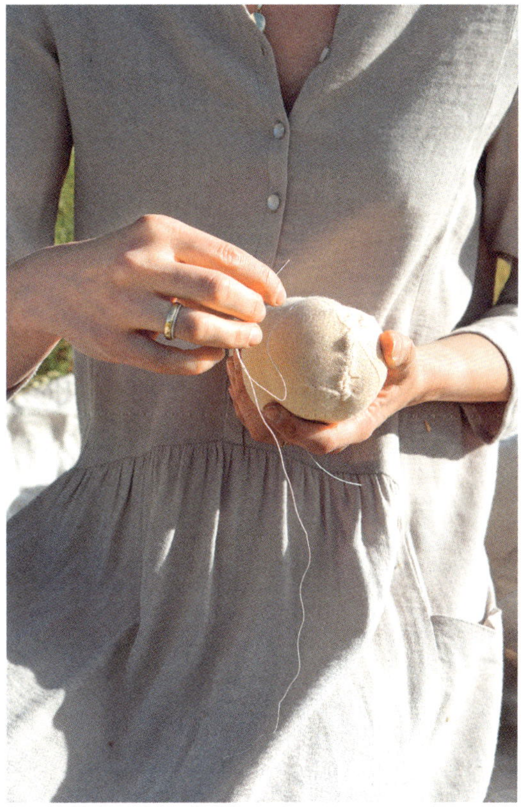

41 … es folgt das Festnähen des Zipfels auf der Kopfmitte.

42 Zuletzt wird auch der Zipfel des Vorderkopfs zur Kopfmitte gefaltet und vernäht – dabei unbedingt auf Faltenfreiheit in der Gesichtspartie achten. Weiterhin darauf achten, dass alle Nähte später unter dem Haarkäppchen bzw. der angenähten Mütze verschwinden werden.

„Dem eigenen Kind eine Puppe zu machen, ist Ausdruck von Liebe."

Leimuco

HERSTELLUNG DES KÖRPERS

Je nach Projekt – Schmusetuchpuppe, Schlamperle oder Gliederpuppe – wird jetzt der entsprechende Puppenkörper angefertigt und der Kopf an den Körper genäht. Details zum Nähen des Körpers befinden sich in der jeweiligen Puppenanleitung ab Seite 80.

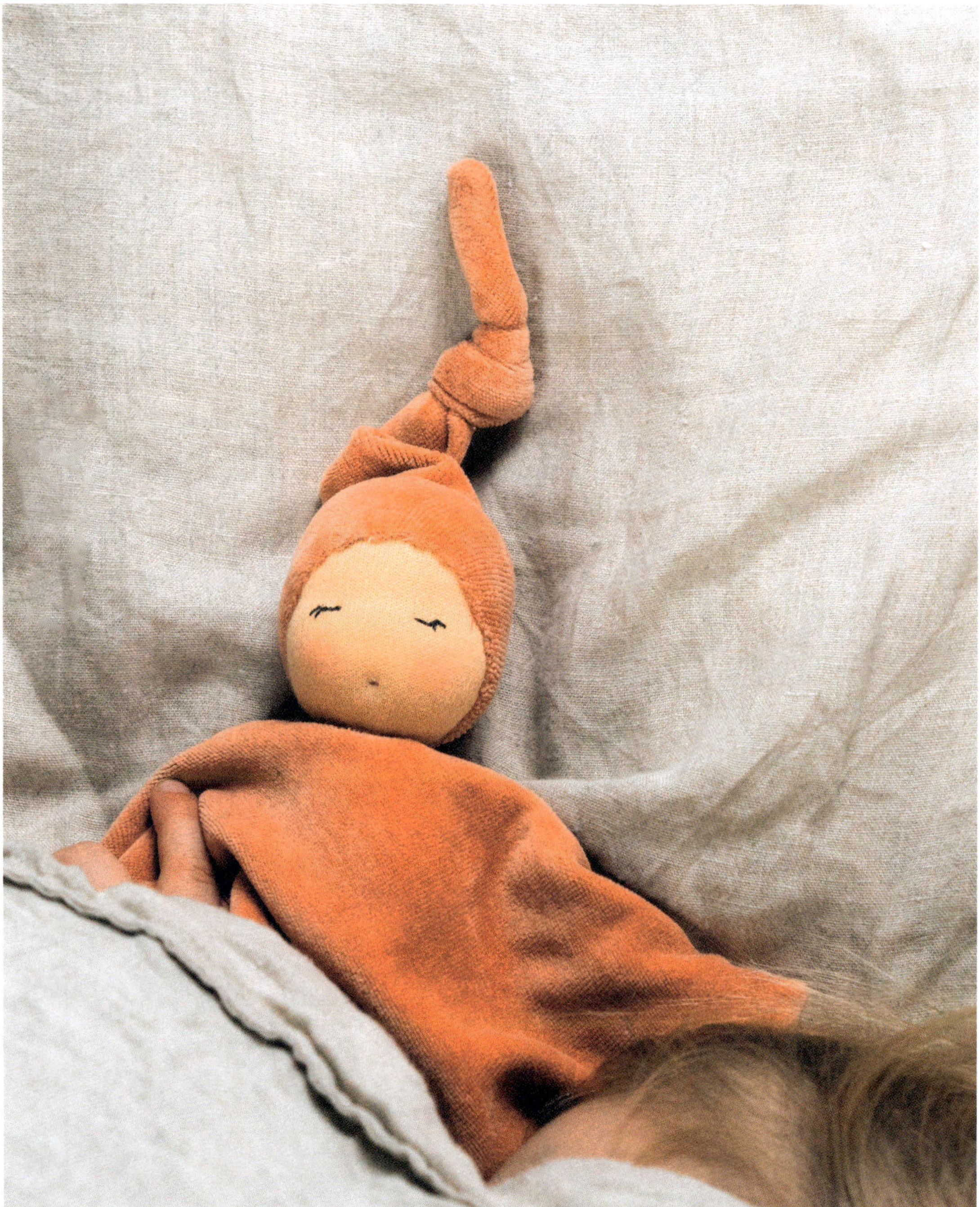

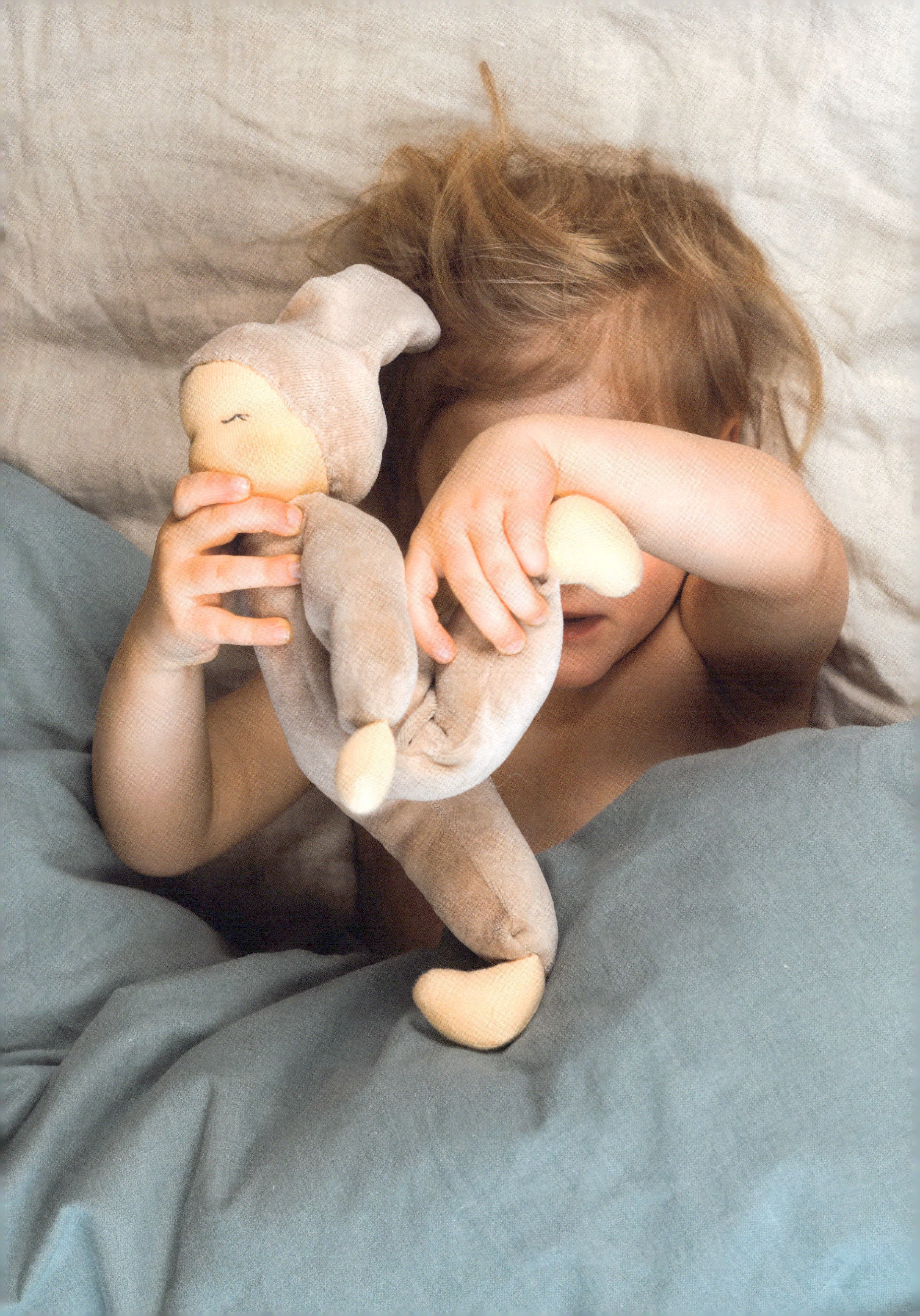

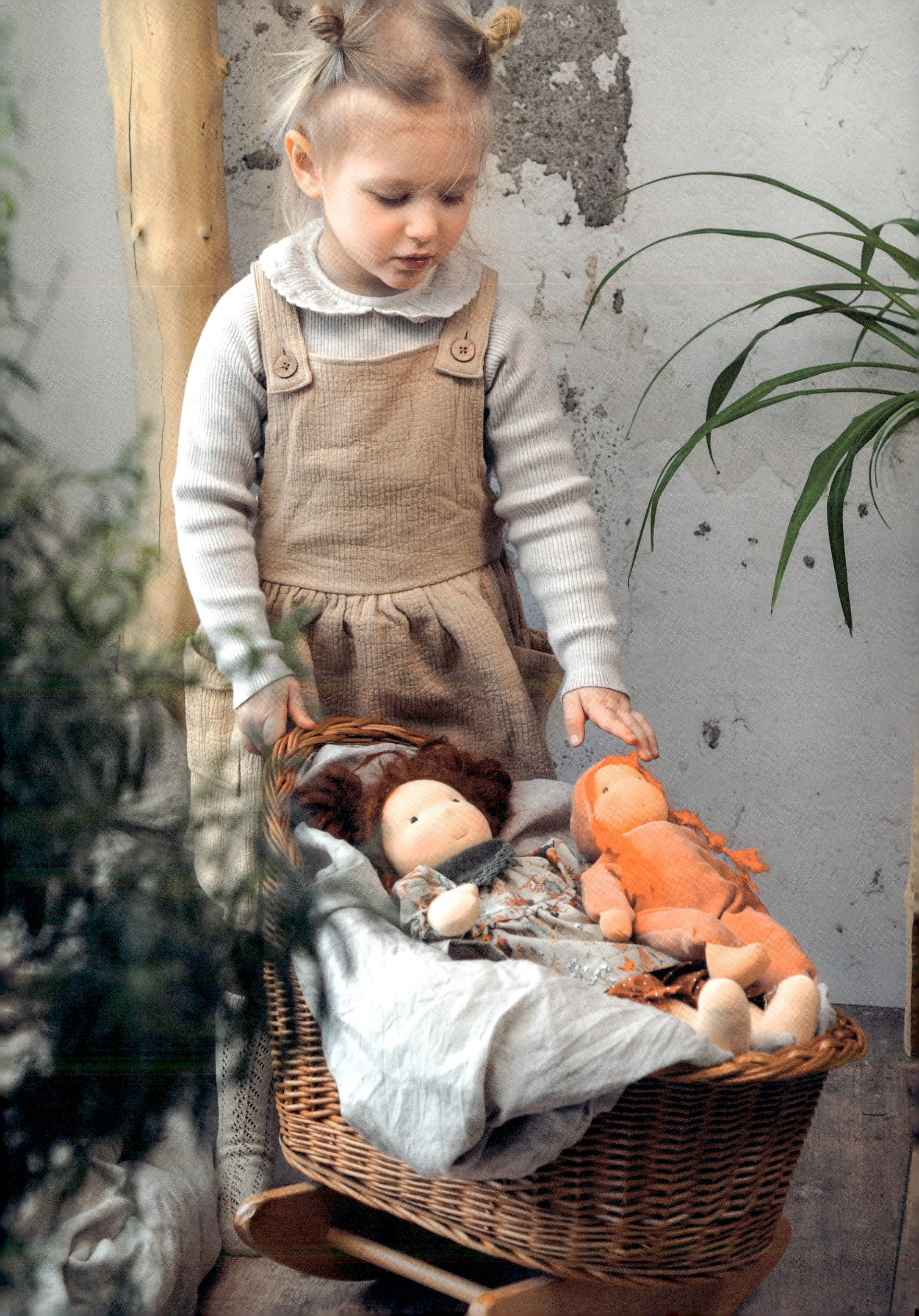

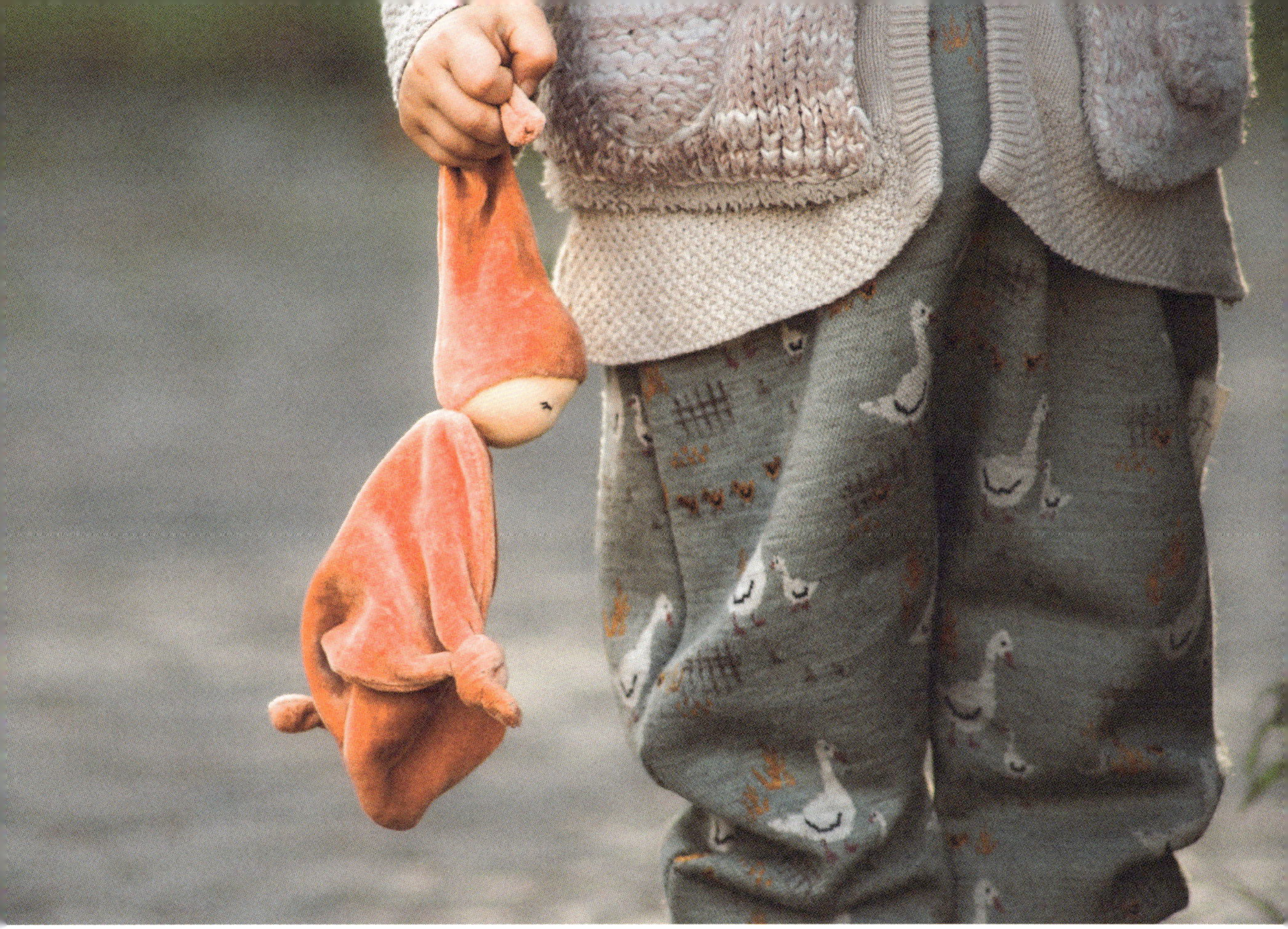

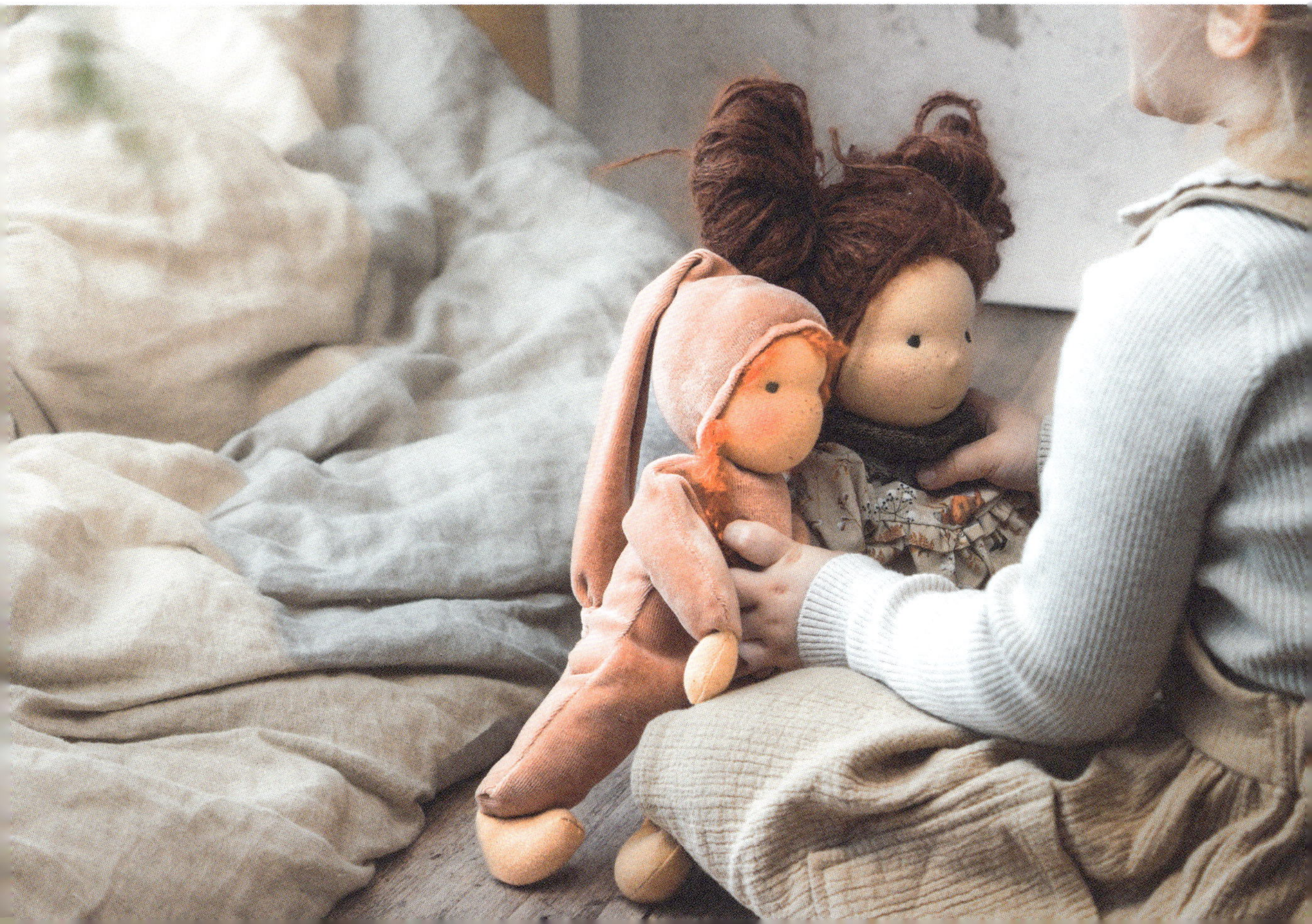

Häkeln des Haarkäppchens (nur für Gliederpuppen)

WICHTIG! Haare sind nur für Gliederpuppen vorgesehen, da diese für Kinder ab 3 Jahre gedacht sind. Bei Puppen für Säuglinge und Kleinkinder besteht aufgrund der Mohairfasern Erstickungsgefahr! Hier ist eine festgenähte Zipfelmütze vorgesehen.
Soll die Gliederpuppe auch von kleineren Kindern bespielt werden, sind die Haare durch eine festgenähte Mütze zu ersetzen.
Das Prinzip ist auf Seite 69 beschrieben. Später kann die Mütze durch Haare ausgetauscht werden.

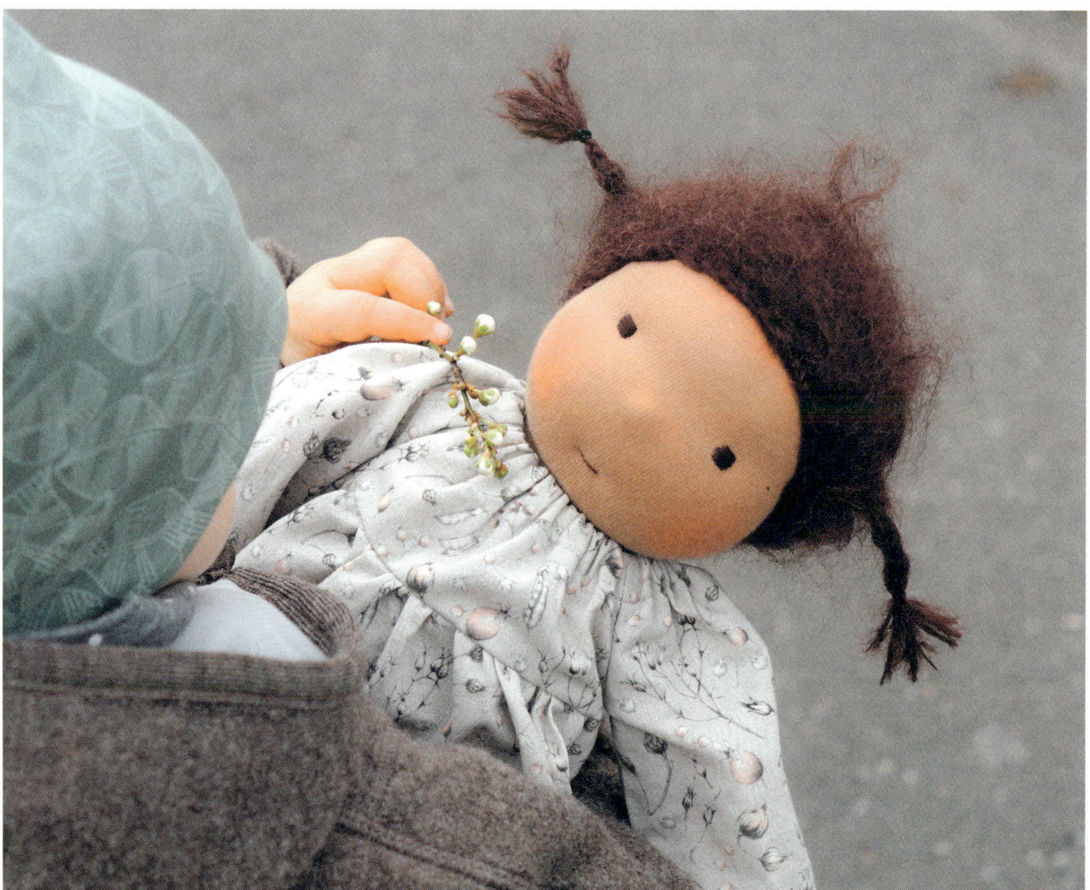

SO WIRD'S GEMACHT

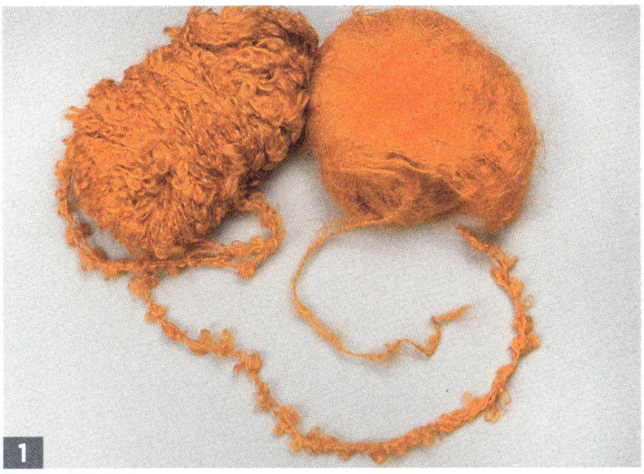
1

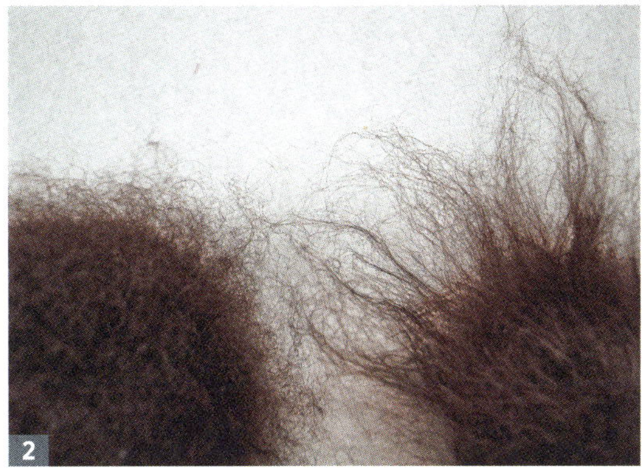
2

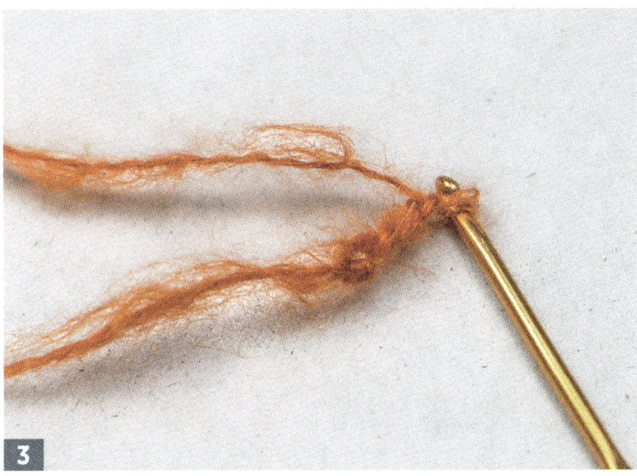
3

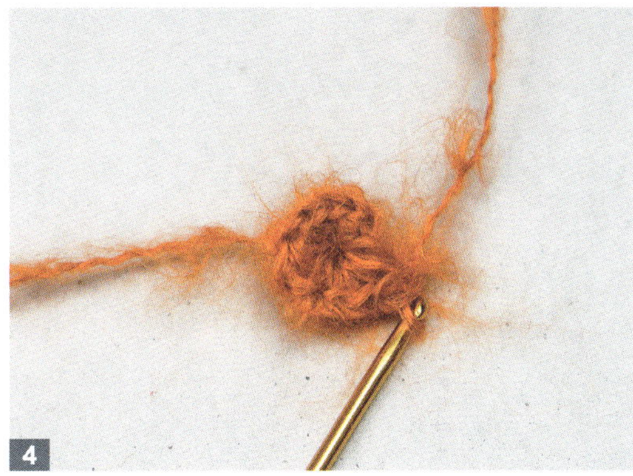
4

1 Die Grundfläche der Haare bildet eine gehäkelte Kappe aus Mohair, in die später beliebig lange Haarsträhnen eingeknüpft werden können. Mohairwolle gibt es in glatter oder in lockiger Struktur (Bouclé). Für das Häkeln des Käppchens wird die glatte Wolle verwendet. Für das Einknüpfen der Strähnen sind beide Varianten möglich.

2 Ist eine Puppe mit kurzem, flauschigen Haar gewünscht, gibt es zwei Möglichkeiten:
Variante 1: Das fertige Käppchen wird anschließend mit einer Drahtbürste ausgebürstet (Ergebnis links im Bild) – siehe dazu auch Schritt 9.
Variante 2: Der Flausch wird direkt beim Häkeln „separiert" (Ergebnis rechts im Bild) – siehe dazu auch Schritt 10. In diesem Fall wird der Flausch etwas länger als beim Ausbürsten.

3 Jeder Puppenkopf ist individuell. Ebenso gibt es unterschiedliche Wollstärken bei Mohair und es wird individuell lockerer oder fester gehäkelt. Deshalb ist folgende Anleitung als Prinzip zu verstehen und wird nach Augenmaß angepasst. Schlussendlich ist wichtig, dass das Haarkäppchen fest am Kopf anliegt. Beginnend werden vier Luftmaschen mit einer Häkelnadel der Stärke 3.0–4.0 gehäkelt.

4 Die Luftmaschen werden mit einer Kettmasche zum Ring geschlossen, indem in die erste feste Masche gestochen wird. Dann werden in den Ring neun feste Maschen gehäkelt.
TIPP: Zur Markierung des Rundenbeginns kann eine Büroklammer oder Sicherheitsnadel dienen.

SO GEHT'S WEITER

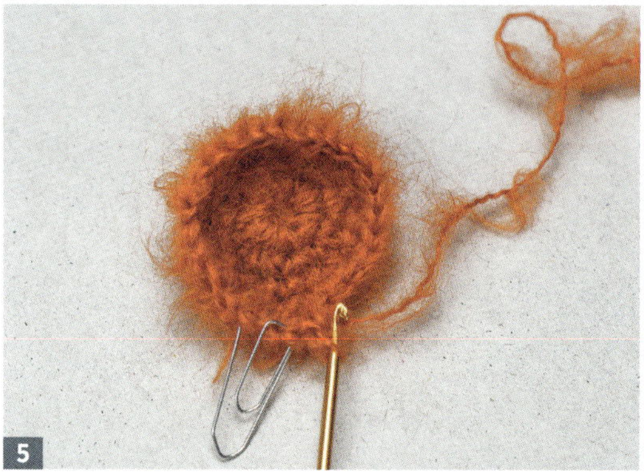

5

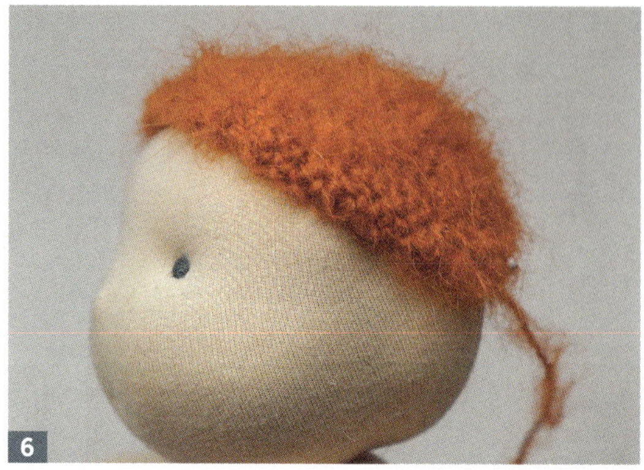

6

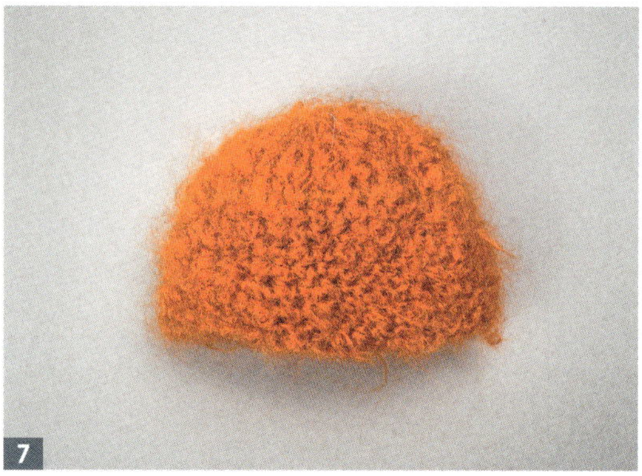

7

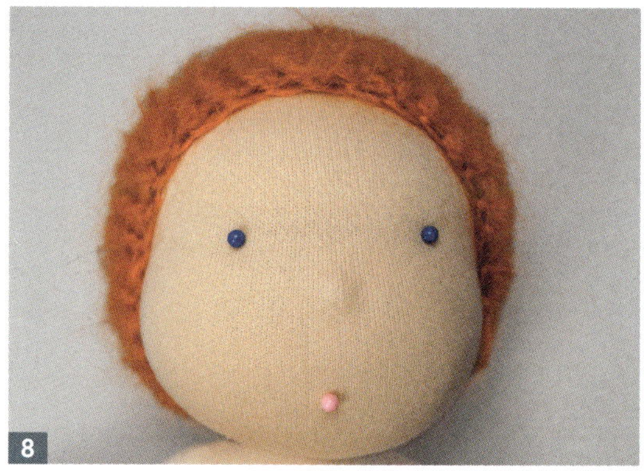

8

5 Jetzt werden in der folgenden Runde in jede Masche zwei feste Maschen gehäkelt, sodass sich die Maschenzahl verdoppelt (Zunahme).

In der 3. Runde wird in jede Masche eine feste Masche gehäkelt – es erfolgt also keine Zunahme.

In der 4. Runde werden in jede 2. Masche zwei feste Maschen gehäkelt.

In der 5. Runde wird in jede Masche eine feste Masche gehäkelt.

In der 6. Runde werden in jede 4. Masche zwei feste Maschen gehäkelt.

6 Dann wird nach Augenmaß zugenommen, bis die Größe der Fontanelle erreicht ist. Anschließend wird nicht mehr zugenommen, sodass das Haarkäppchen straff am Kopf anliegt. Das Haarkäppchen immer wieder aufprobieren, um die Passform zu prüfen.

Bei den letzten Runden wird nach Augenmaß wieder abgenommen, das heißt, es wird in der Runde jede 5. Masche/4. Masche/3. Masche übersprungen.

7 Das Haarkäppchen ist fertig.

8 Das Haarkäppchen dient in diesem Stadium zur Orientierung für das Festlegen der Augen- und Mundposition und wird erst nach dem Sticken von Augen und Mund angenäht.
Das Sticken von Augen und Mund ist auf den Seiten 60–66 beschrieben.

> TIPP
> Bei Schmusetuchpuppe und Schlamperle kann die Zipfelmütze bei Kindern unter 3 Jahre durch Haare ersetzt werden. Die Vorgehensweise erfolgt wie beschrieben. Die Zu- bzw. Abnahme beim Häkeln ist nach Augenmaß anzupassen.

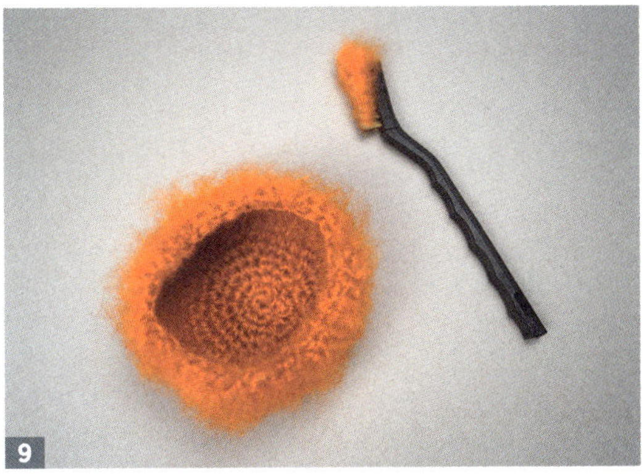

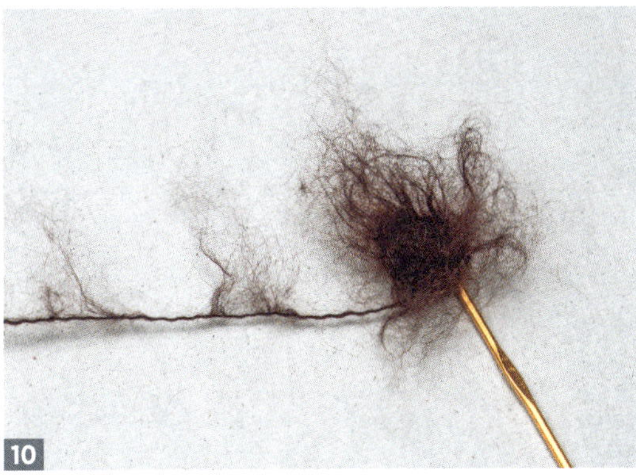

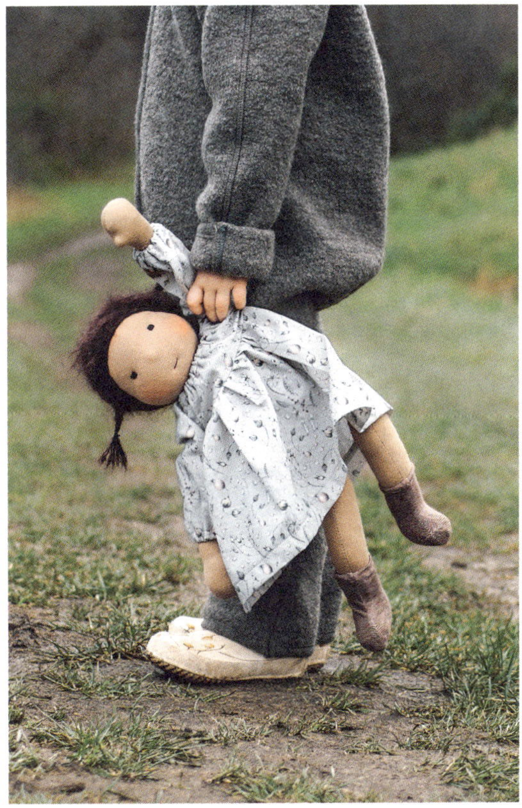

9 Flauschige Haare – Variante 1: Das fertige Haarkäppchen wird mit einer Drahtbürste ausgebürstet. Dadurch wird ein flauschiger Effekt erzielt. Diese Haarvariante verleiht der Puppe einen babyhaften Charakter.
TIPP: Dafür sind neben Bürsten für das Aufrauhen von Wollstickgarnen auch Bürsten aus dem Tierbedarf nutzbar.

10 Flauschige Haare – Variante 2: Der Ablauf beim Häkeln eines Käppchens mit langem Babyflausch erfolgt wie zuvor beschrieben – nur wird hier der Flausch während des Häkelns vor jeder Masche zur Seite gezupft und nach hinten gelegt, sodass lediglich mit dem Trägerfaden gehäkelt wird.

„Aus der Art, wie das Kind spielt, kann man erahnen, wie es als Erwachsener seine Lebensaufgabe ergreifen wird."

Rudolf Steiner

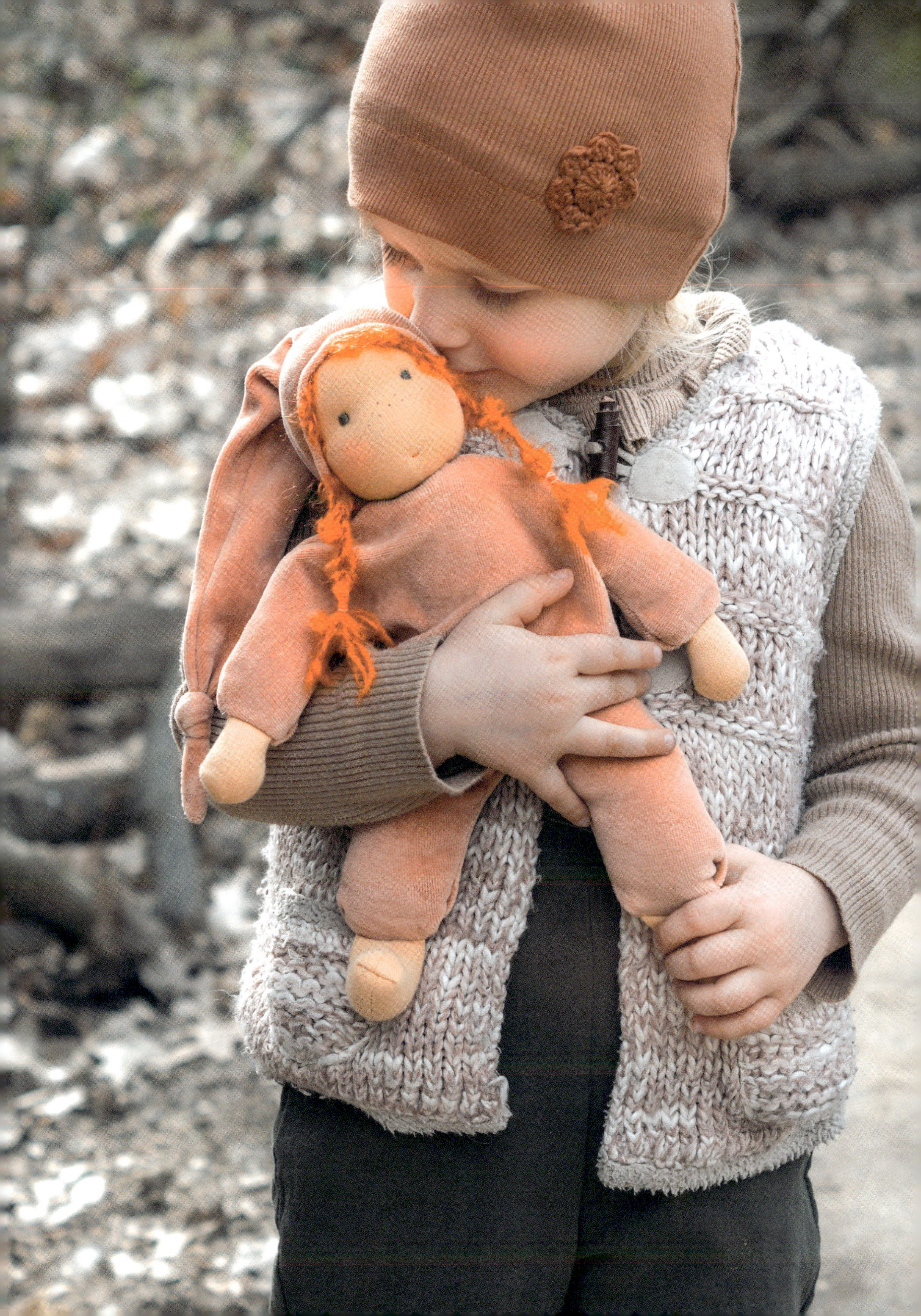

Nähen der Zipfelmütze (für Schmusetuchpuppe/Schlamperle)

Eine Zipfelmütze ist eine schöne Möglichkeit, das Gesicht der Puppe zu umrahmen und ihr eine süße Ausstrahlung zu verleihen. Der Zipfel der Mütze bietet dem Baby die Möglichkeit, spielerisch seine Feinmotorik zu entwickeln. Es kann den Zipfel greifen, daran ziehen, ihn fühlen und in den Mund nehmen. Es ist jedoch wichtig, dass die Mütze sicher befestigt ist und nicht abreißen kann, um zu verhindern, dass das Baby diese versehentlich verschluckt oder daran erstickt.

HINWEIS

Besonders bei der Stoffauswahl für Babys ist es wichtig, schadstofffreie und sichere Stoffe zu wählen. Zertifizierungen wie OEKO-TEX STANDARD 100 oder GOTS helfen bei der Auswahl.
Mohairhaare sind aufgrund der möglichen Erstickungsgefahr durch die Wollfasern bei Puppen für Kinder unter 3 Jahren nicht zulässig. Ist das Kind über 3 Jahre, können bei der Schmusetuchpuppe bzw. beim Schlamperle Haarsträhnen im Haaransatz eingenäht werden.

VORLAGE

Schnittmusterbogen A
Schnittteil 1–Zipfelmütze Schmusetuchpuppe
Schnittteil 4–Zipfelmütze Schlamperle

MATERIAL

- Nicki, aber auch andere weiche Stoffe, die zum Kuscheln einladen, sind möglich: Zipfelmütze Schmusetuchpuppe 20 x 30 cm, Zipfelmütze Schlamperle 25 x 40 cm

ZUSCHNITT

- 1x Zipfelmütze (im Stoffbruch + 1 cm NZG, Saumzugabe ist enthalten)

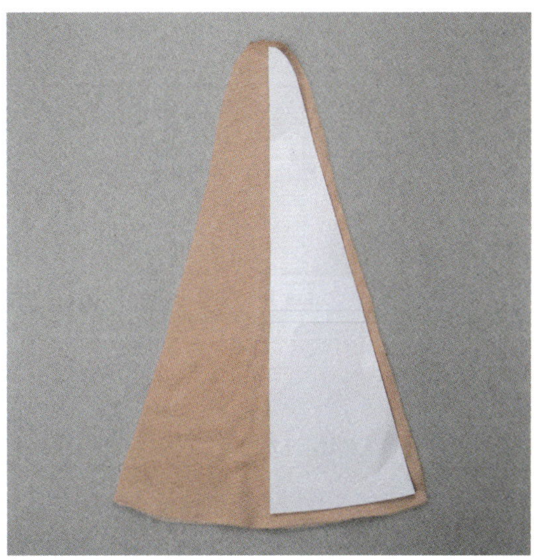

SO WIRD'S GEMACHT

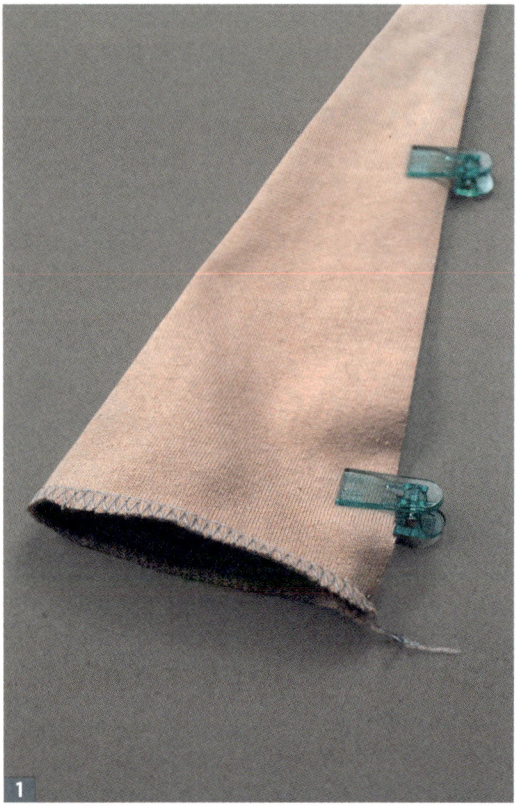
1

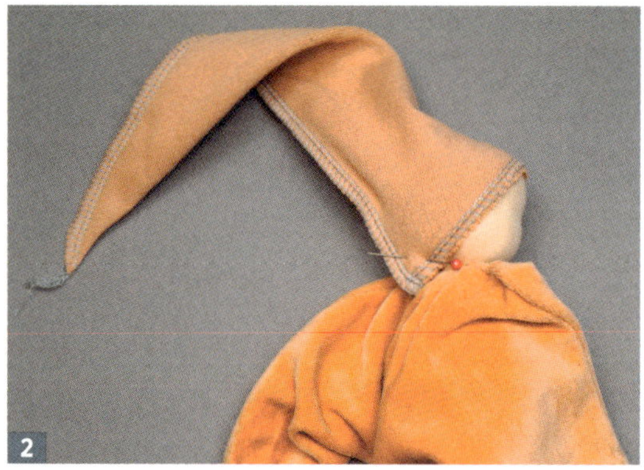
2

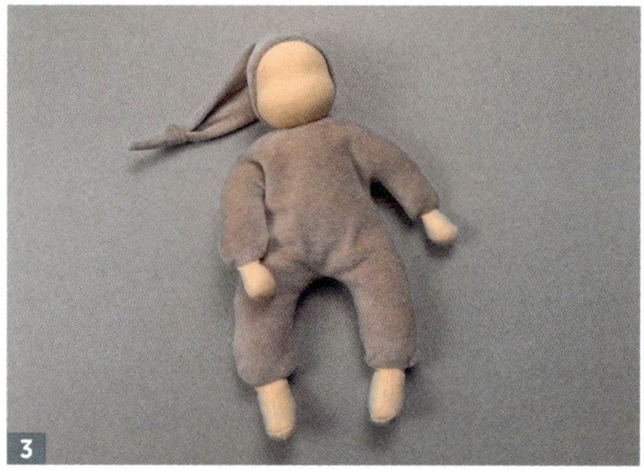
3

1 Je nach Stoffqualität wird die kurze Kante der Zipfelmütze versäubert. Die Zipfelmütze wird an den langen Kanten r-a-r gelegt, sodass die Schnittkanten sich treffen; dann werden die langen Kanten zusammengenäht.

2 Nun wird die Zipfelmütze auf links anprobiert. Je nach Kopfgröße und Mützenstoff muss ggf. die Naht enger gesetzt werden. Passt die Mütze, kann sie gewendet und mittels Stopfholz o. Ä. ausgeformt werden.

3 Nun die Mütze provisorisch aufsetzen. Sie dient in diesem Stadium zur Orientierung für das Festlegen der Mund- und Augenposition und wird erst nach dem Sticken von Mund und Augen angenäht.

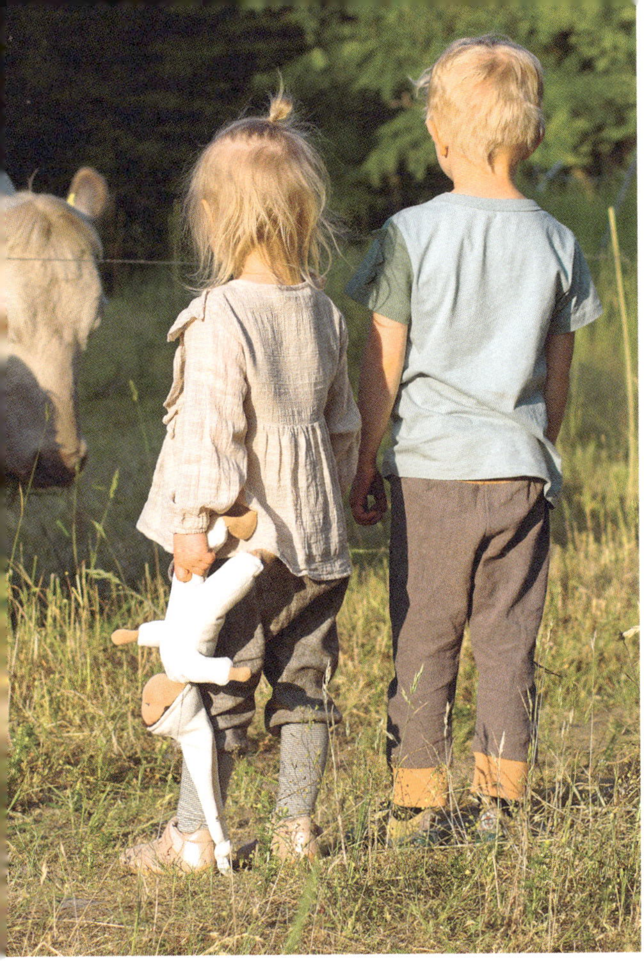
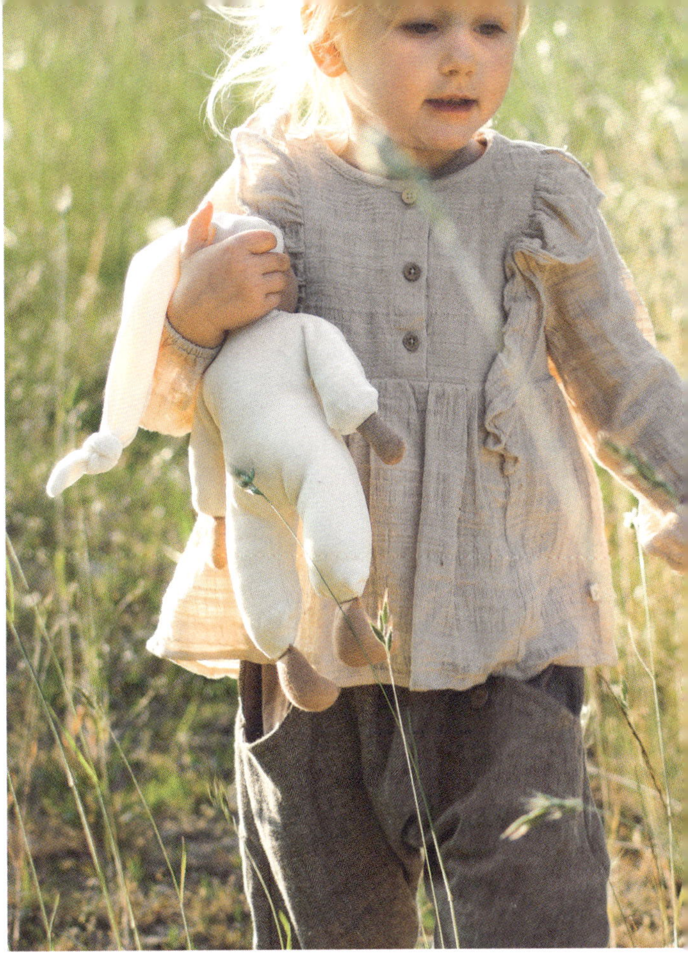
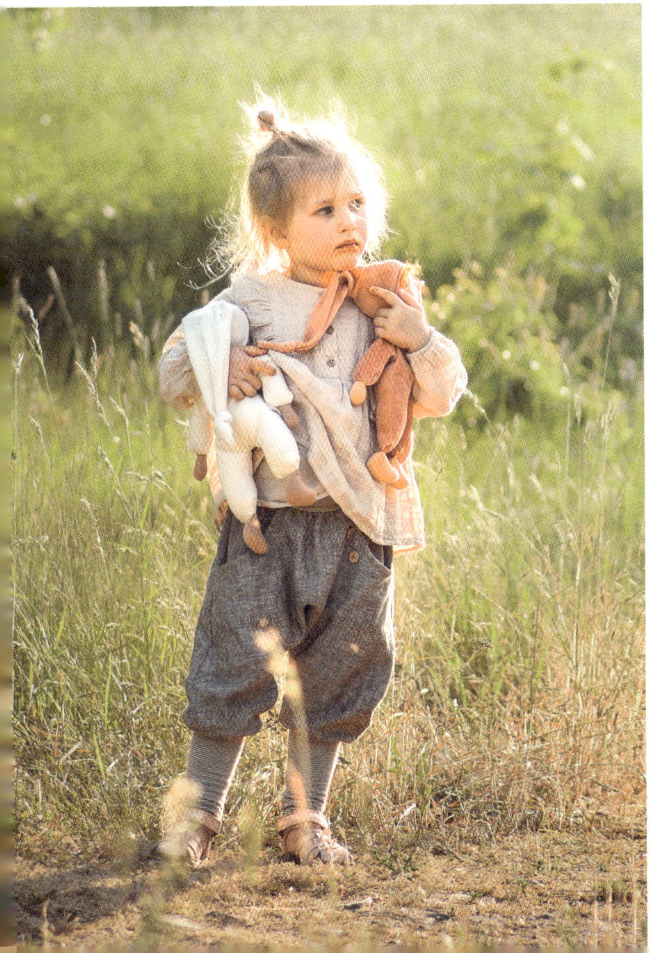
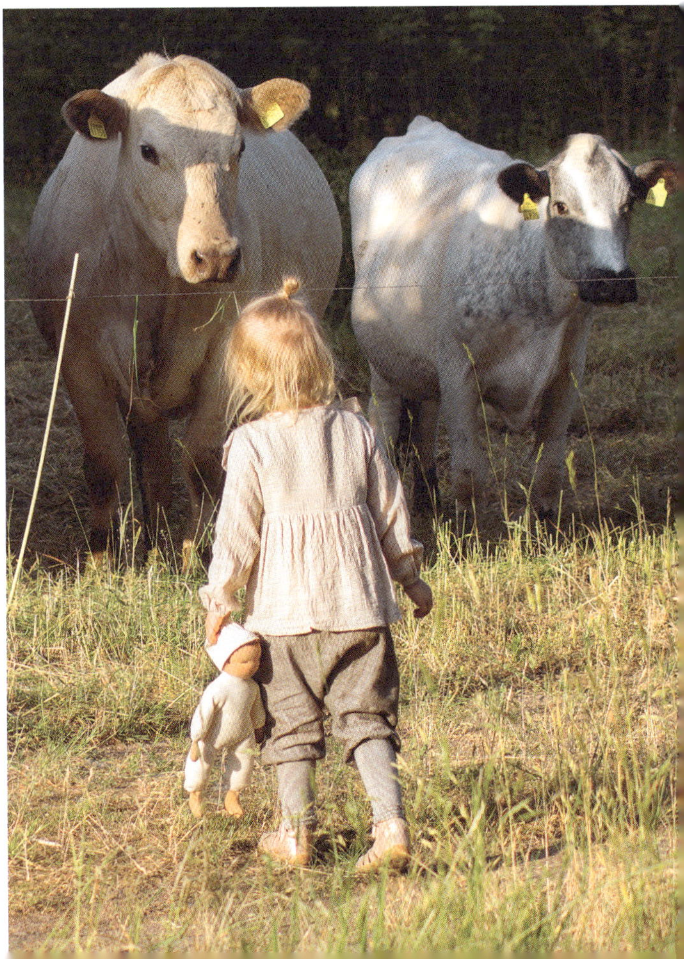

Sticken der Augen

Die Augen spielen eine entscheidende Rolle für den Ausdruck der Puppe. Sie sollten nicht zu eng beieinander liegen, aber auch nicht zu weit auseinander. Der Abstand Nase-Mund und jeweils Nase-Auge ist in etwa gleich und bildet ein gleichschenkliges Dreieck. Auch die Farbwahl der Augen bestimmt den Charakter. Besonders natürlich wirkt es, wenn die Augenfarbe auf Trikot- und Haarfarbe abgestimmt wird.

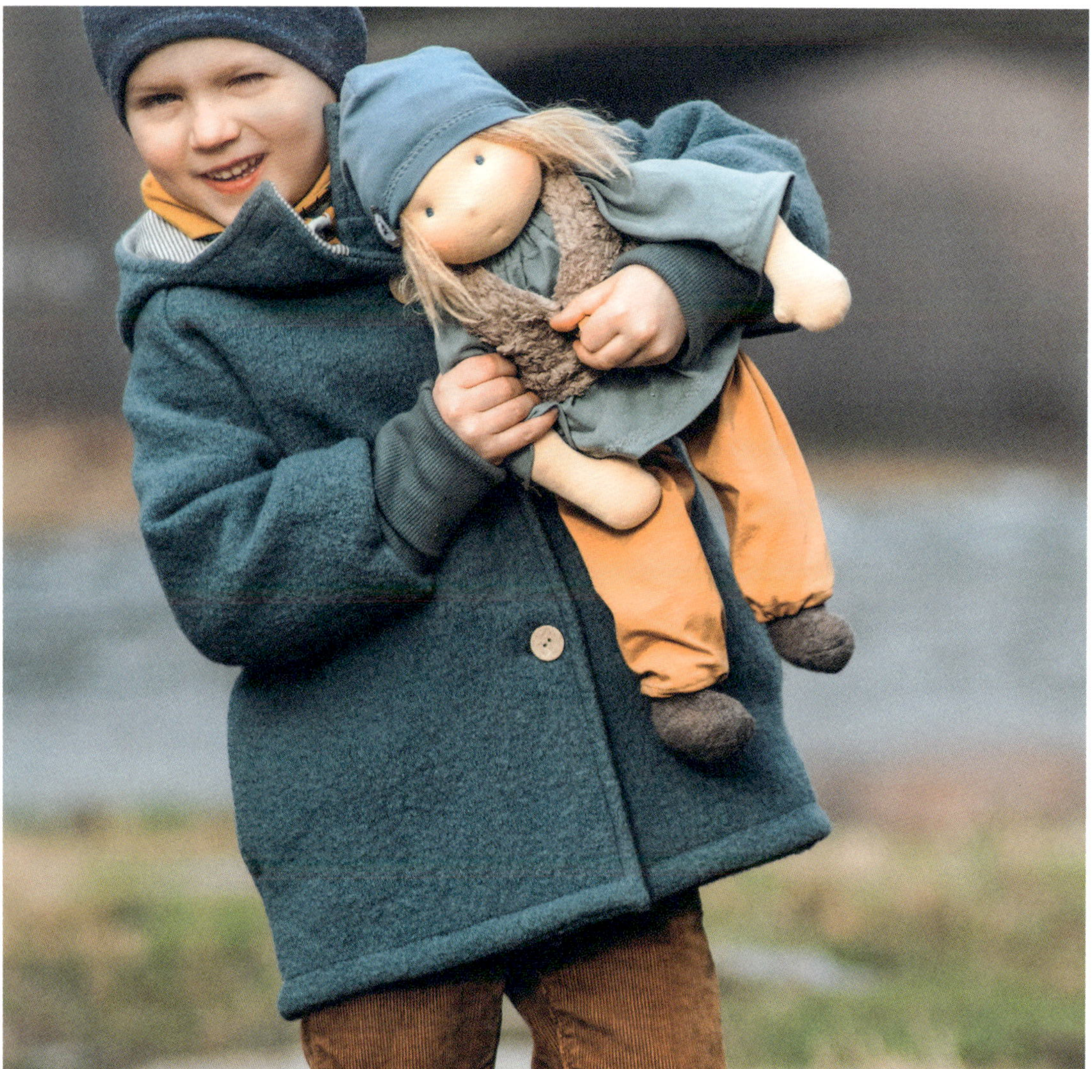

SO WIRD'S GEMACHT

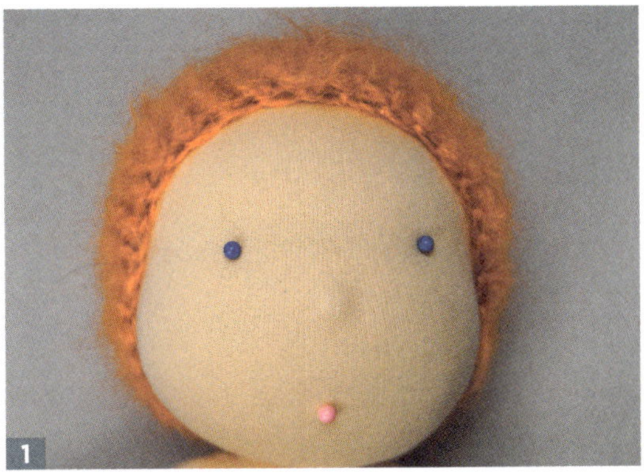

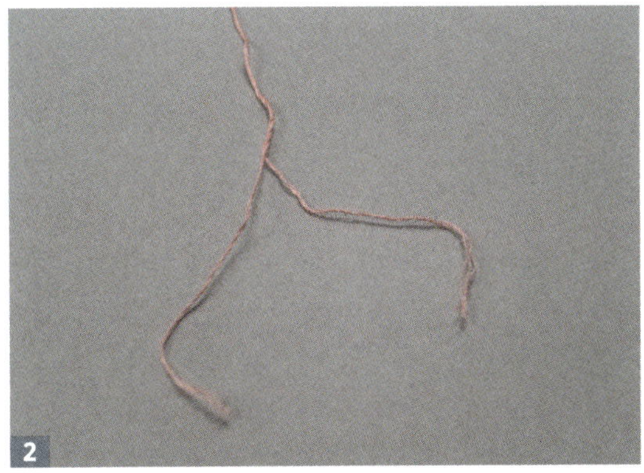

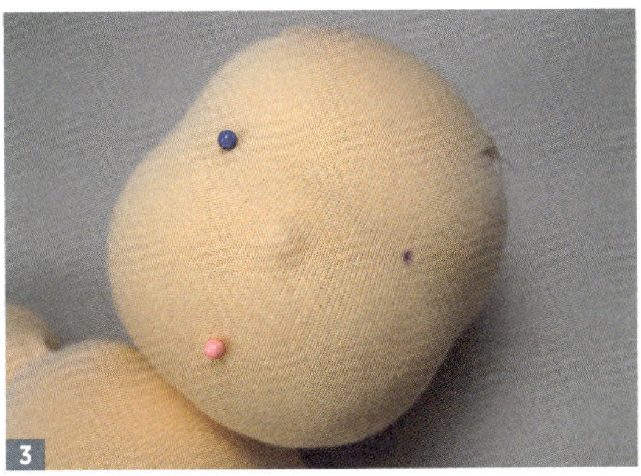

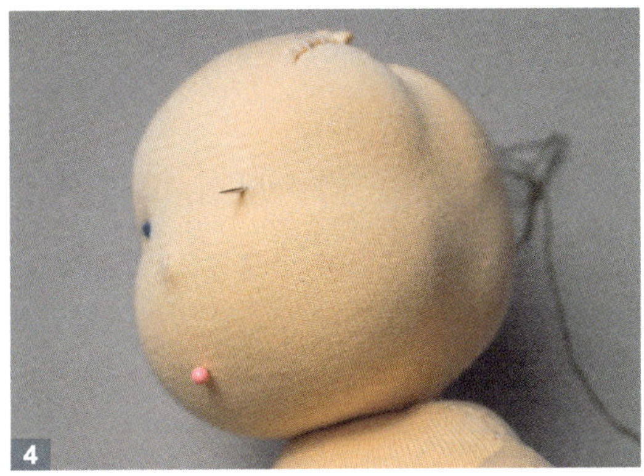

1 Zum Festlegen der Position von Augen und Mund werden Stecknadeln verwendet. Die Position der Augen sollte auf der Abbindelinie liegen. Da die Kopfform individuell ist, können keine genauen Maße zur Augenposition angegeben werden.
TIPP: Probeweise kann das Haarkäppchen oder die Mütze aufgesetzt werden, um sich die Gesichtsproportionen besser vorstellen zu können.

2 Das Stickgarn für Augen und Mund sollte zwei- bis dreifädig sein. Je nach Stickgarn ist dafür das Trennen des Garns notwendig.

3 Die finale Position des Auges wird mit dem Trickmarker markiert.

4 Mit der Puppennadel wird der Stickfaden am Hinterkopf gesichert, durch den Kopf geführt und exakt an der markierten Stelle ausgestochen. Es sollte noch genug Faden am Hinterkopf verfügbar sein, um abschließend beide Fadenenden am Hinterkopf verknoten zu können.

SO GEHT'S WEITER

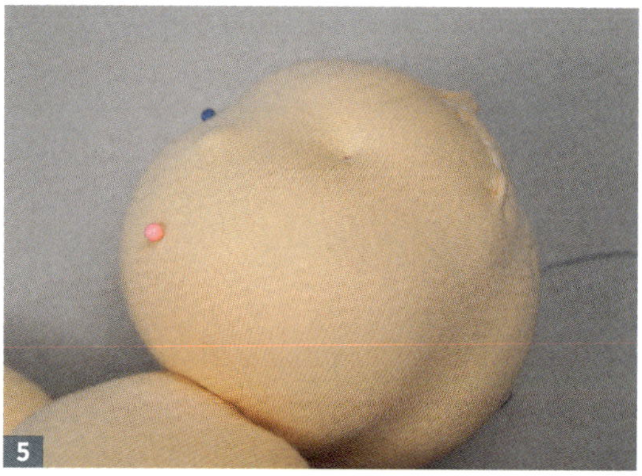

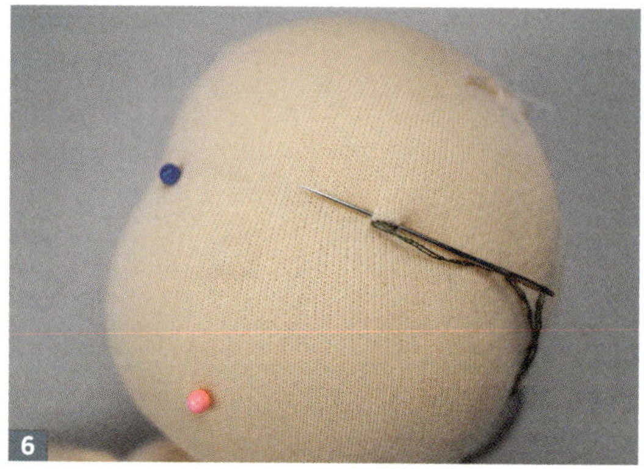

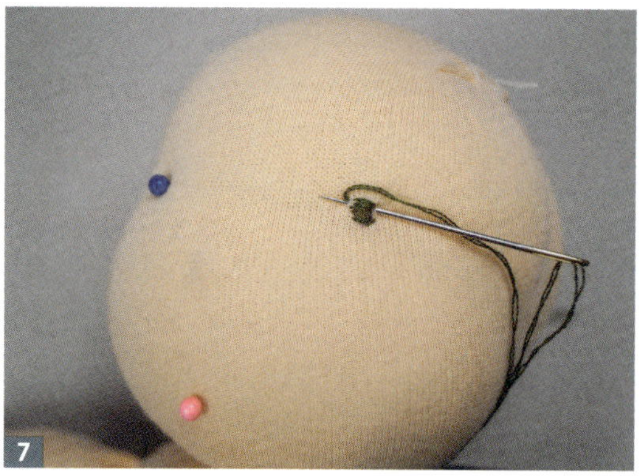

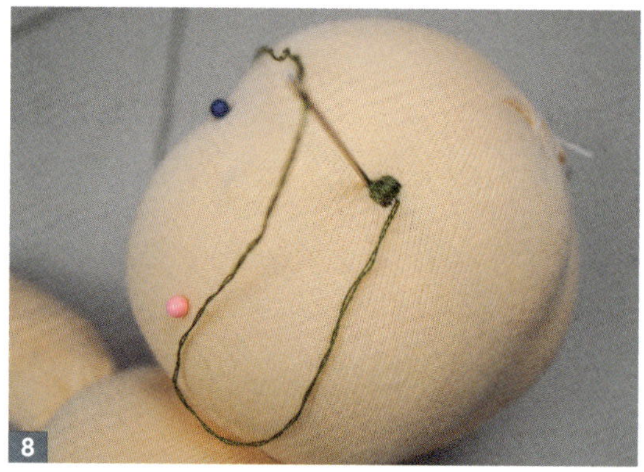

5 TIPP: Für tieferliegende Augenhöhlen kann der Faden nochmal zurückgezogen werden. Dieser Schritt kann bei offenen Augen auch nach dem Sticken durchgeführt werden – hierbei wird die Nadel dann unterhalb der gestickten Lage eingestochen zurückgezogen.

Offene Augen

6 In zwei Schichten wird mit waagerechten Stichen (Plattstichen) das Auge ausgestickt. Der Faden sollte gleichmäßig gespannt werden – nicht zu fest und nicht zu locker. Eine gute Orientierung für gleichmäßig breite Augen sind die Rippen des Trikots.
TIPP: Das Sticken der Augen kann zuvor am Hinterkopf geübt werden, da dieser anschließend mit Haarkäppchen oder Zipfelmütze bedeckt wird.

7 Die Augenform sollte nach der ersten Schicht noch etwas kleiner sein als die finale Augenform.

8 Anschließend wird mit einer zweiten Schicht die finale Augenform festgelegt und Unregelmäßigkeiten ausgeglichen.

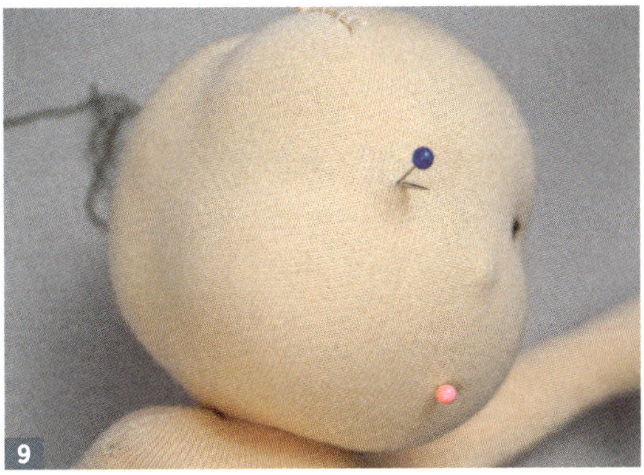

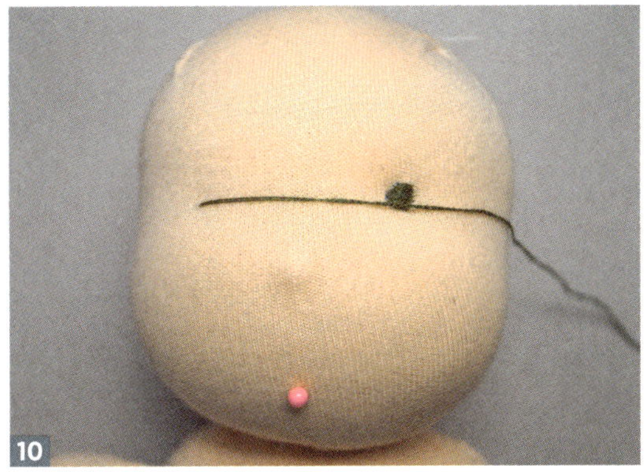

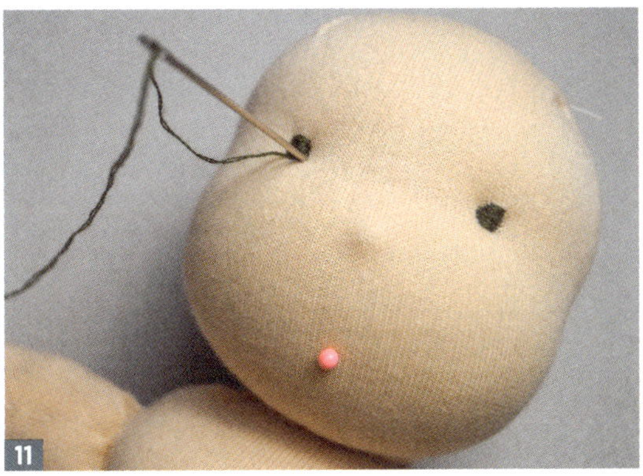

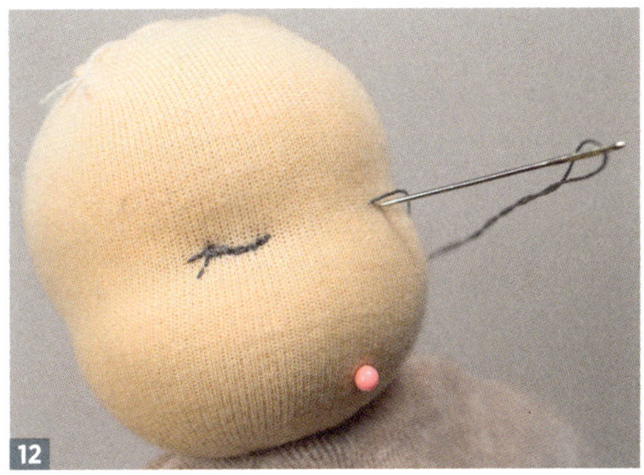

9 Mit einer Puppennadel wird der Faden in den Hinterkopf geführt und anschließend exakt an der markierten Stelle für das zweite Auge ausgestochen.

10 Das Sticken des zweiten Auges erfolgt analog zum ersten. Zur Orientierung für die Höhe des Auges kann der Faden waagerecht zum ersten Auge gelegt werden.

11 Nach zwei Stickschichten wird der Faden in den Hinterkopf geführt, gesichert, mit dem anderen Fadenende verknotet und anschließend abgeschnitten.

Geschlossene Augen

12 Geschlossene Augen werden mit Rückstichen von der Kopfmitte aus nach außen gestickt. Die angedeuteten Wimpern sind einfach gestickt, dann wird in einer zweiten Schicht das geschlossene Lid zurück Richtung Kopfmitte gestickt. Mit der Puppennadel wird der Faden in den Hinterkopf geführt und anschließend wieder nach vorn zum zweiten Auge. Nach dem Sticken des zweiten Auges wird der Faden wieder in den Hinterkopf geführt und mit dem Anfangsfaden verknotet, gesichert und abgeschnitten.

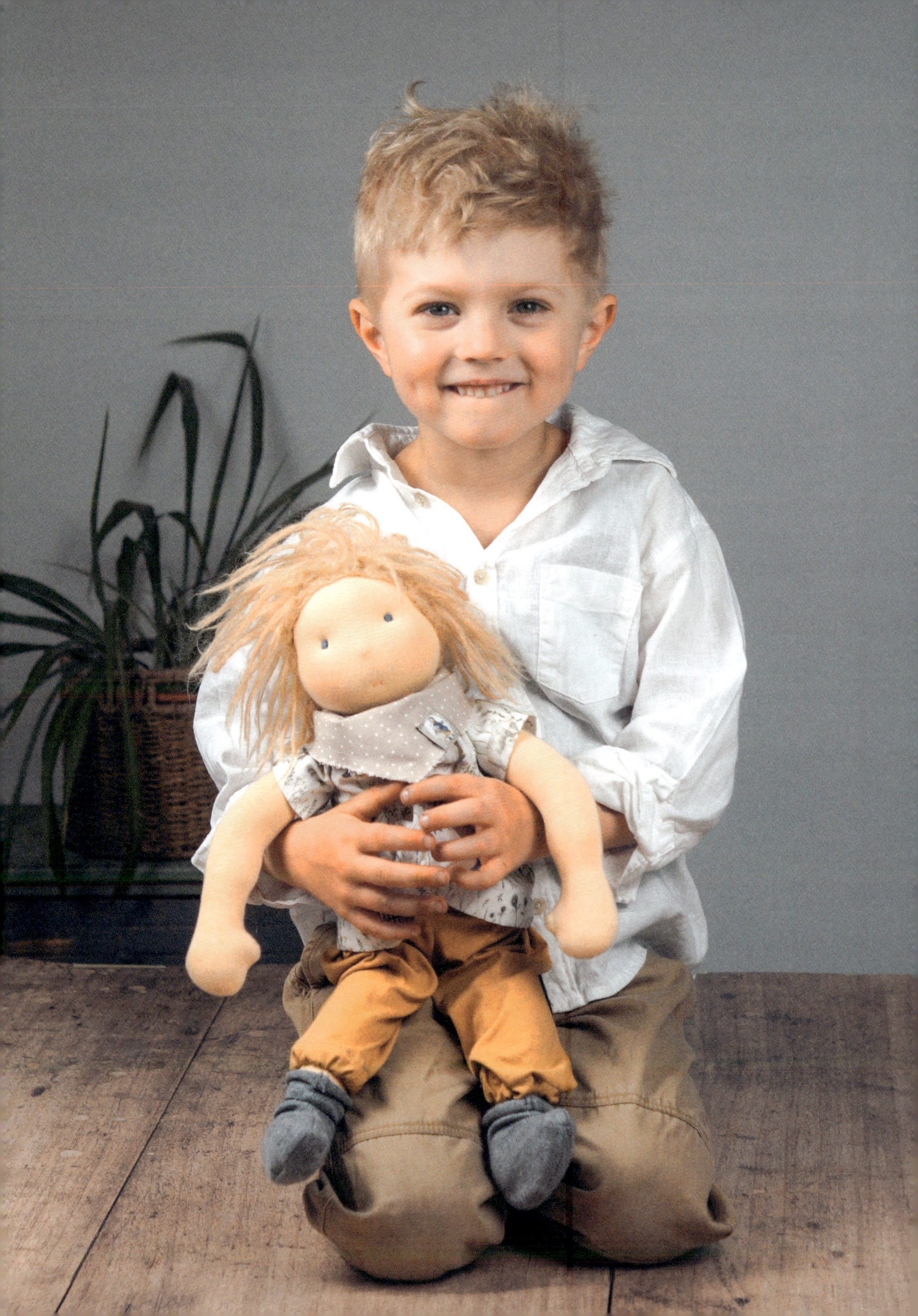

Sticken des Mundes

Der Mund der Puppe ist ein wichtiger Bestandteil, der ihren Ausdruck ausmacht. Die Mundpartie einer Puppe im Waldorf-Stil ist in der Regel eher zurückhaltend gestaltet und zeichnet sich durch einen Punkt oder eine kleine, sanft geschwungene Linie aus. Dieses Merkmal verleiht der Puppe eine reduzierte Ausdrucksstärke und ermöglicht es so dem Kind, seiner Fantasie freien Lauf zu lassen und eigene Geschichten und Charaktere zu entwickeln. Ob die Wahl auf einen ganz kleinen Mund fällt oder ein breiter, lachender gestickt wird, liegt einzig und allein bei der Puppenmacherin oder beim Puppenmacher. Du wirst sehen, wie durch wenige Millimeter mehr oder weniger bei der Puppe ein ganz unterschiedlicher Ausdruck entsteht.

SO WIRD'S GEMACHT

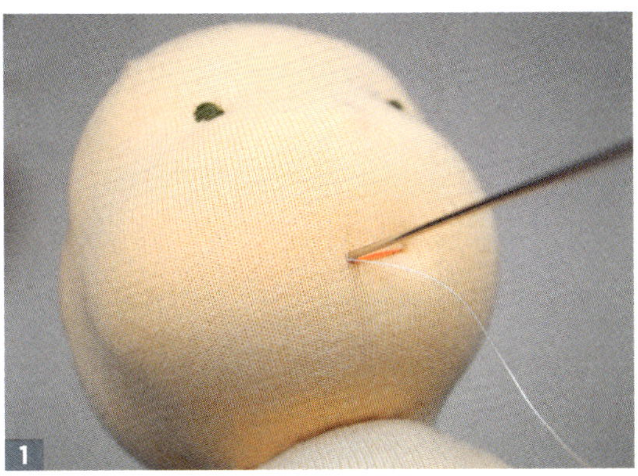

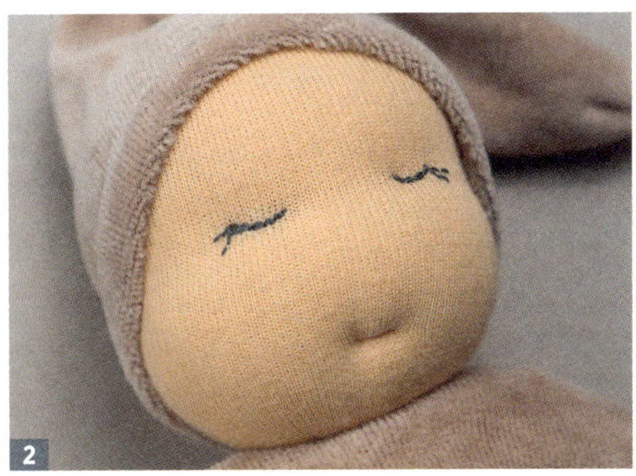

1 Für den Mund wird zwei- bis dreifädiges Stickgarn in eine Puppennadel gefädelt und durch den Kopf gestochen. Es sollte noch genug Faden am Hinterkopf verfügbar sein, um abschließend beide Fadenenden dort verknoten zu können. Nach der gewünschten Breite des Mundes wird der Faden in den Hinterkopf geführt. Dort werden die beiden Fadenenden nun verknotet.

2 Der Mund sollte nicht zu stark nach innen gezogen werden, da das „gebisslos" wirken kann – es sei denn, es ist eine gebisslose Wirkung, bspw. bei einer Oma-/Opa-Puppe, gewünscht.

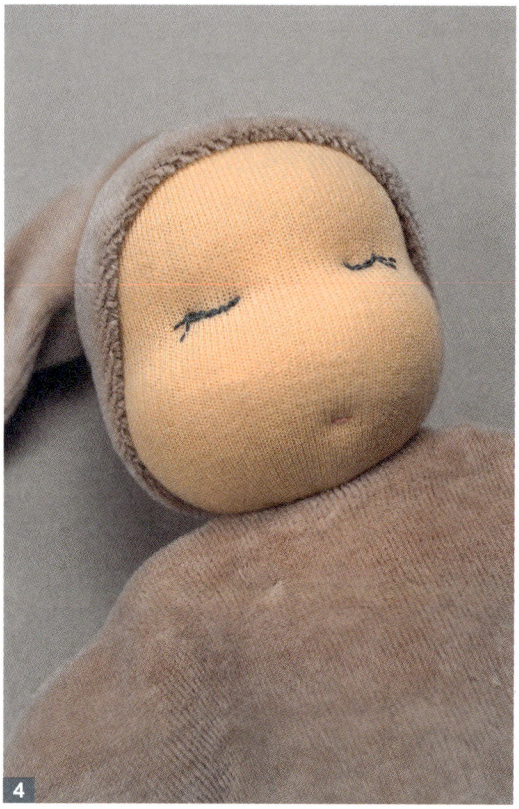

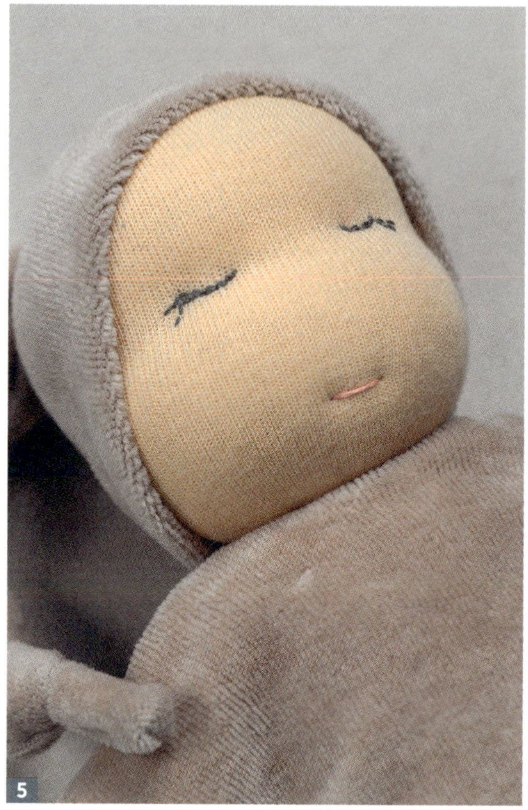

4 Kleiner, fast punktförmigen Mund.

5 Schon ein leichter Versatz der Mundwinkel ergibt einen verschmitzten Gesichtsausdruck.

TIPP: Um die Wirkung der jeweiligen Mundformen zu testen, kann ein Stück Test-Faden in unterschiedlicher Länge an die Mundposition gelegt werden.

„Was man als Kind geliebt hat, bleibt im Besitz des Herzens bis ins hohe Alter."

Khalil Gibran

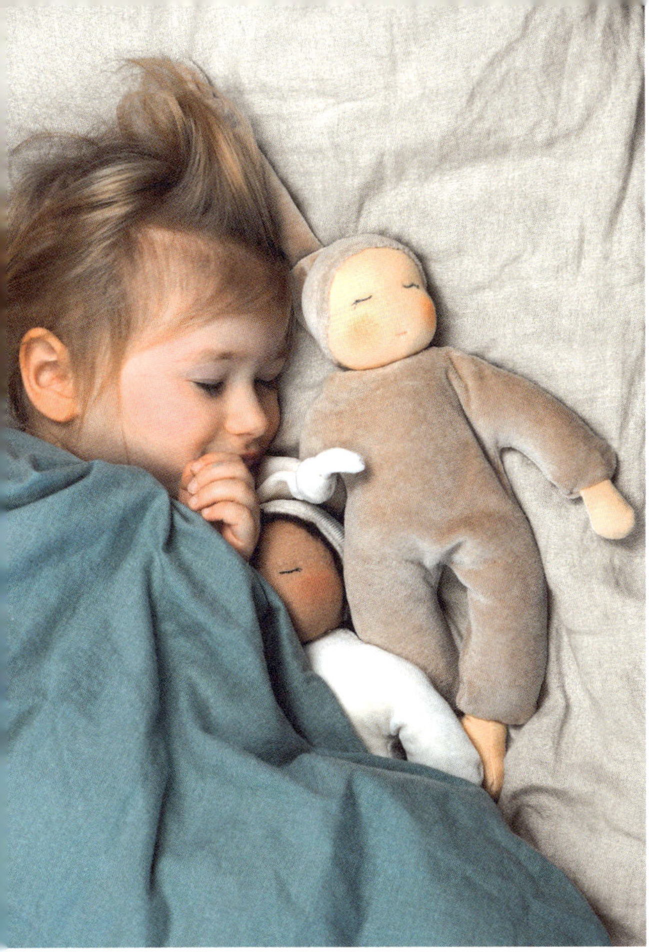
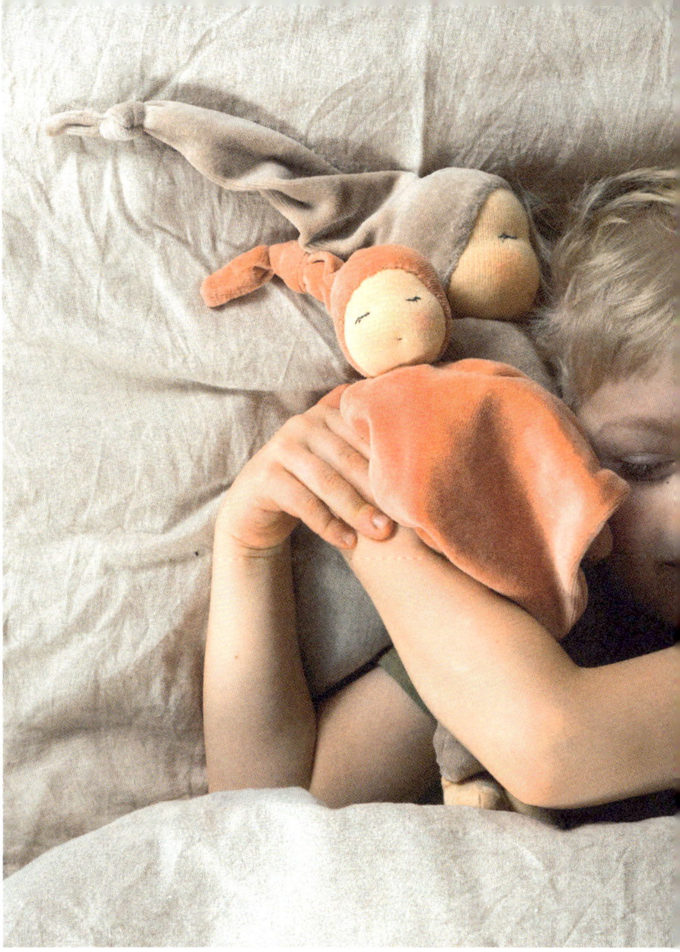
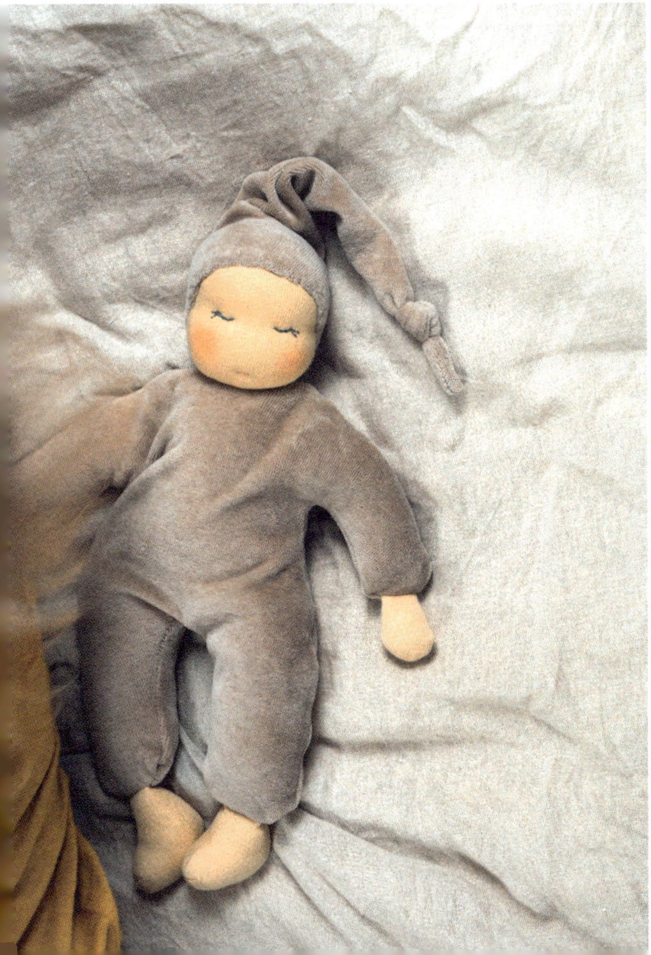
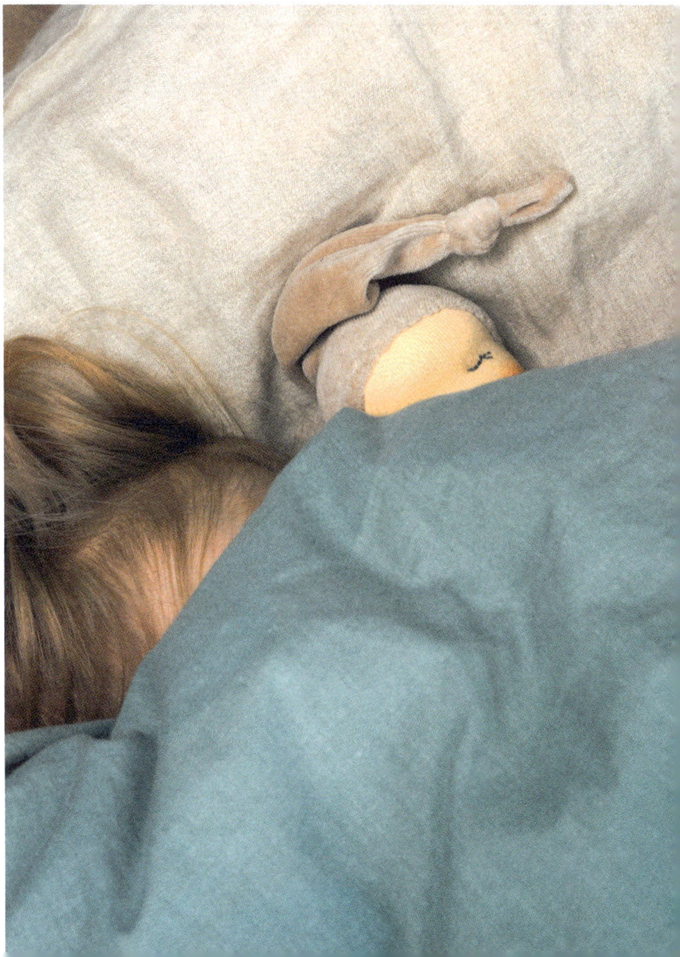

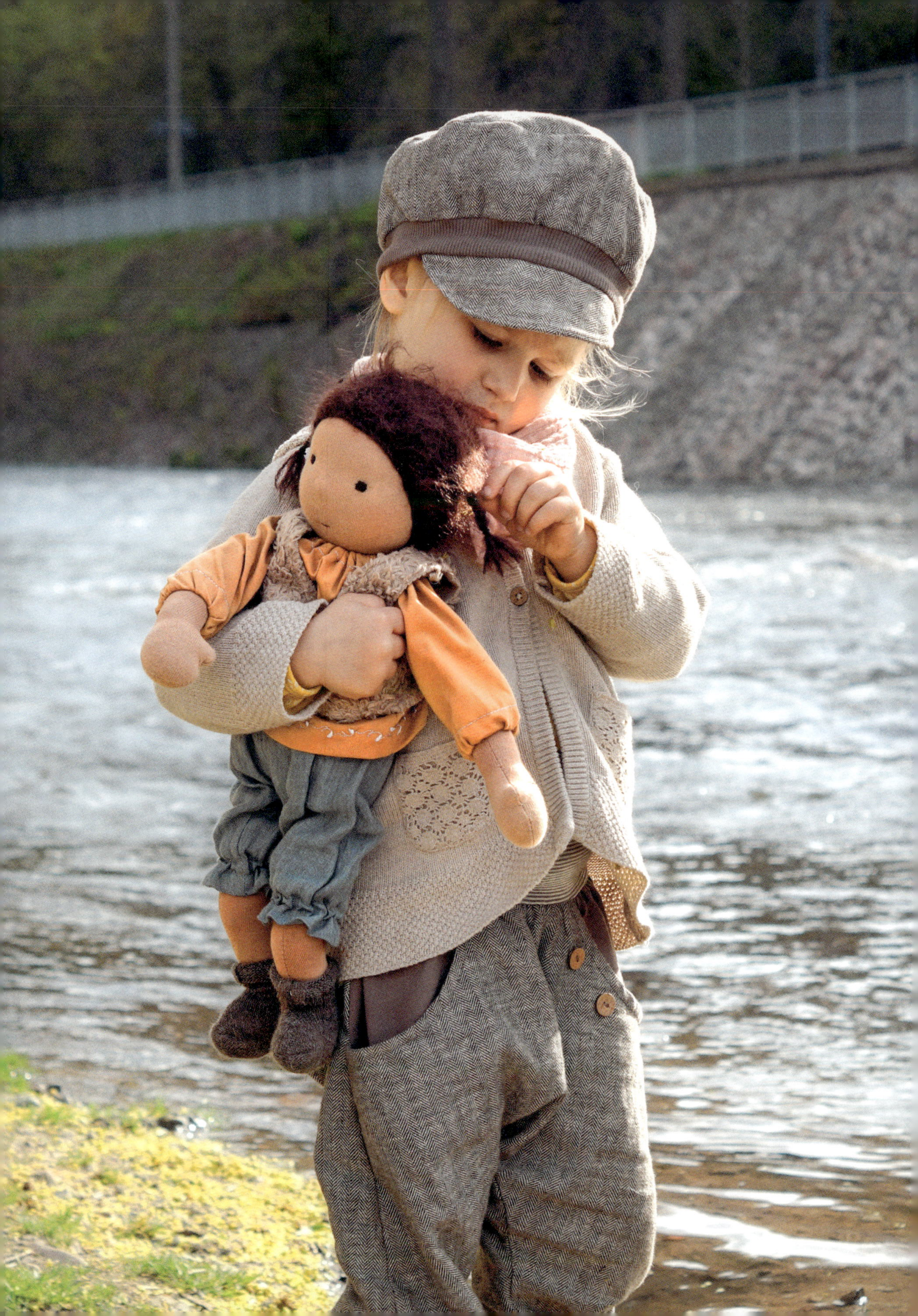

Annähen von Haarkäppchen bzw. Zipfelmütze

Bei der Schmusetuchpuppe und beim Schlamperle für Kinder unter drei Jahren werden aufgrund der Erkundung der Dinge durch den Mund und der damit verbundenen möglichen Erstickungsgefahr durch Kleinteile, keine Haare angebracht, sondern eine Zipfelmütze fest angenäht. Bei der Gliederpuppe für Kinder ab drei Jahren sind Haare und somit das Annähen eines Haarkäppchens vorgesehen. Sind Schmusetuchpuppe und Schlamperle auch bei Kindern über drei Jahren beliebt, können hervorschauende Haarsträhnen unter der Zipfelmütze hinzugefügt werden. Dazu sind ab Schritt 7 zwei Varianten für die Umsetzung beschrieben.

HINWEIS

Das Annähen der Zipfelmütze erfolgt analog zum Annähen des Haarkäppchens.

SO WIRD'S GEMACHT

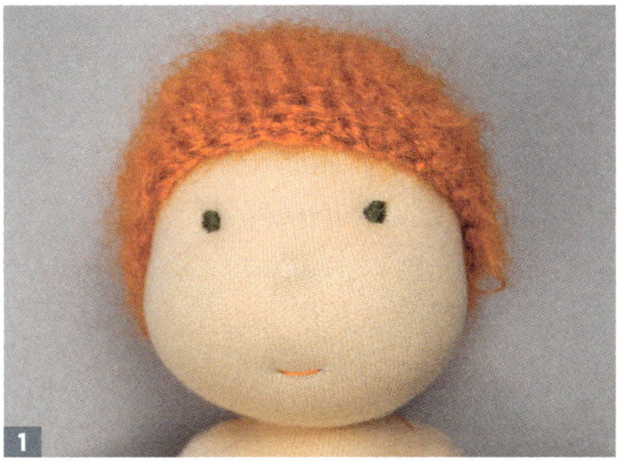

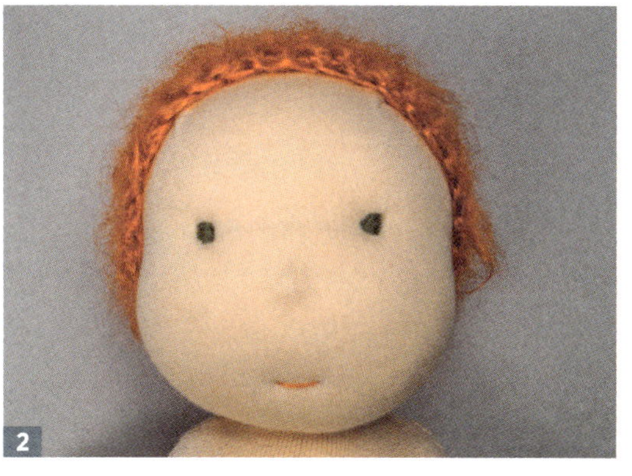

1 Beim Aufsetzen des Haarkäppchens ist darauf zu achten, dass das Käppchen nicht zu weit unten sitzt …

2 … oder zu weit oben. Weiter ist zu beachten, dass keine „Spuren" (Falten, Nähte) vom Zusammennähen des Kopftrikots zu sehen sind.

SO GEHT'S WEITER

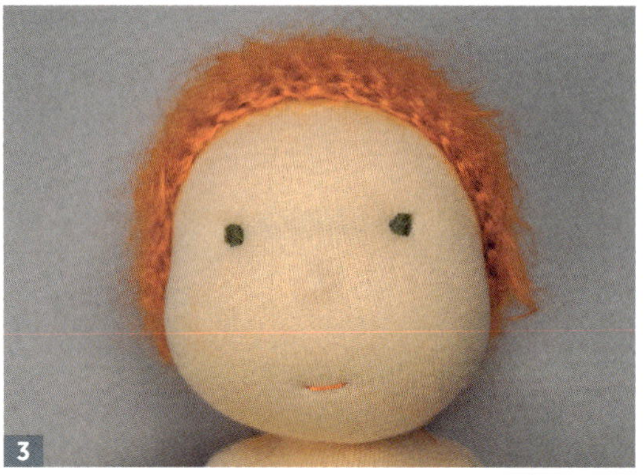

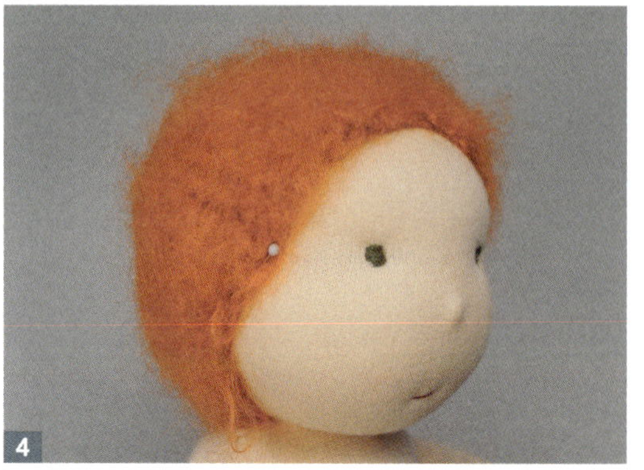

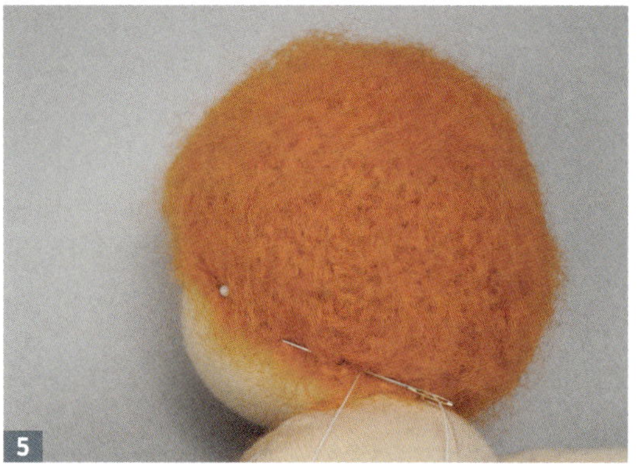

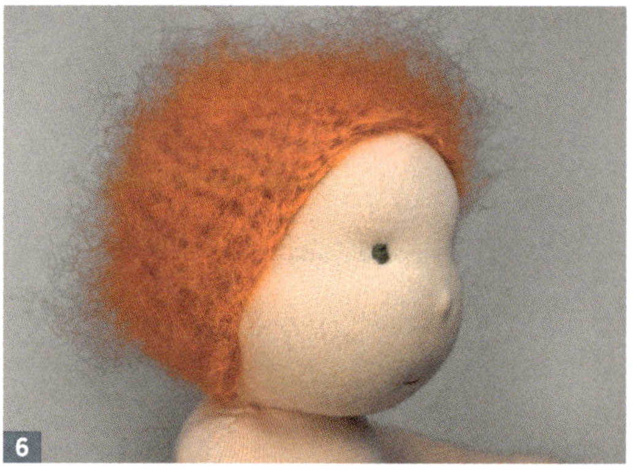

3 Ist der Sitz des Haarkäppchens korrekt, ...

4 ... wird es mit Stecknadeln am Kopf befestigt. **ACHTUNG:** Nach dem Annähen ALLE Stecknadeln wieder entfernen.

5 Das Annähen des Käppchens beginnt im Nacken. Der Faden wird durch drei kleine Stiche auf der Stelle fixiert. Anschließend wird die gesamte Runde im Rückstich angenäht. Es ist zu beachten, dass der Faden sehr straff gehalten wird, damit er sich später nicht lockert. Für sicheren Halt des Käppchens werden zwei bis drei Runden genäht. Anschließend wird die Naht gesichert und der Faden in den Hinterkopf verstochen und abgeschnitten.

6 Falls eine Puppe mit babyhaftem Flauschhaar gewünscht ist, können die Haare jetzt nochmals aufgebürstet werden.

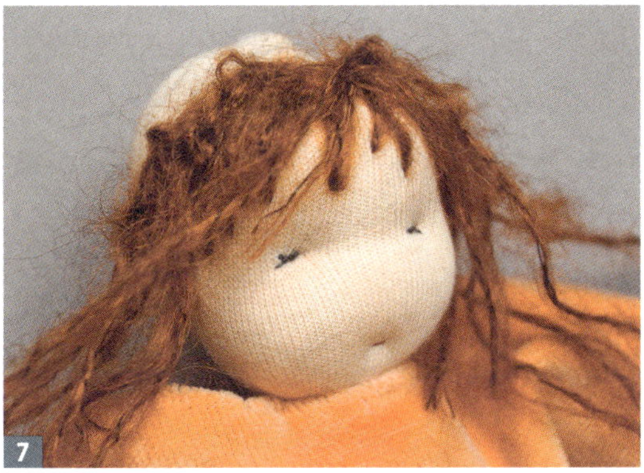
7

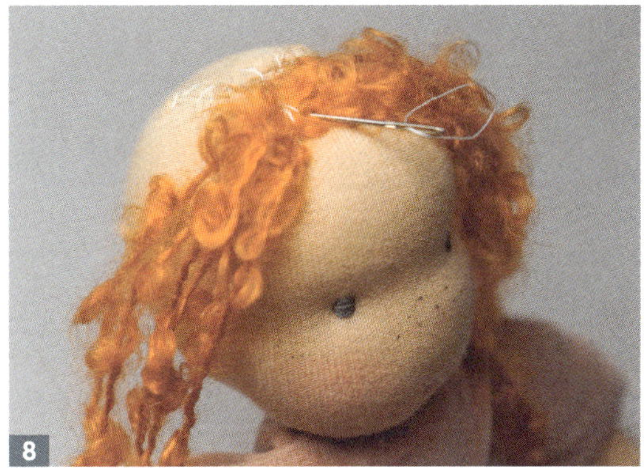
8

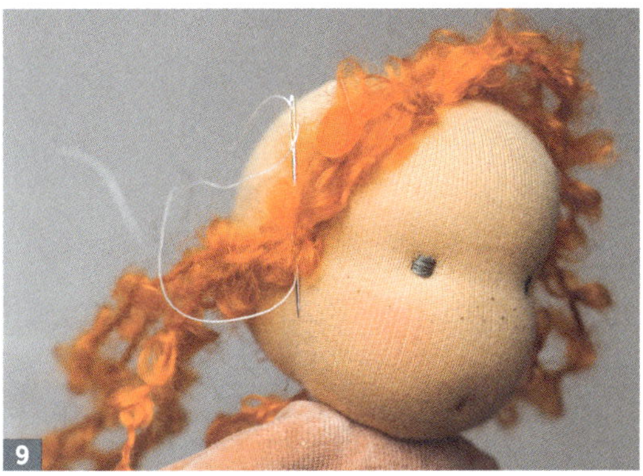
9

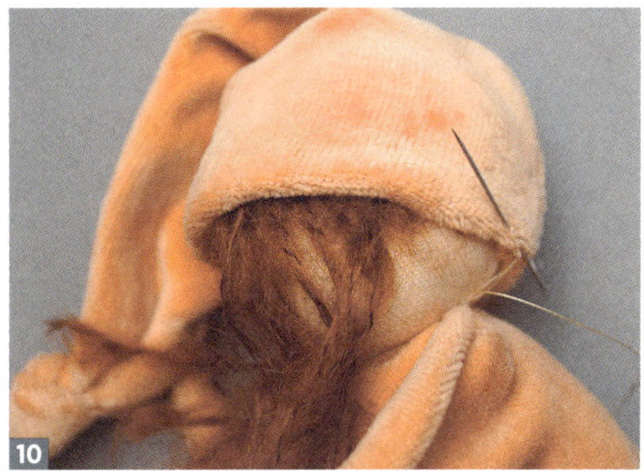
10

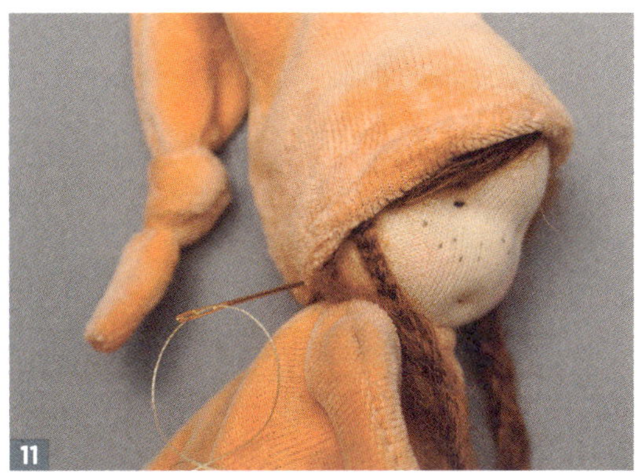
11

Hinzufügen von Haaren unter der Zipfelmütze (für Kinder über drei Jahre):

7 Variante 1 (HINWEIS: bei Bouclégarn ist nur Variante 2 möglich.)
Die Strähnen werden in gewünschter Länge in eine Nadel gefädelt und direkt durch das Trikot und etwas tiefer durch die Wolle gestochen. Anschließend wird die Strähne verknotet. Es können auch kleine Strähnen als Pony aufgestickt werden.

8 Variante 2
Die Haarsträhne wird ab der Gesichtskontur um den Kopf gelegt und, beginnend am Scheitel, mit Nadel und Nähgarn fixiert.

9 Die Fixierung wird im Abstand von 2–3 cm wiederholt.

10 Schlussendlich wird die Mütze mit Rückstichen angenäht, wie vorangehend beschrieben.

11 Beim Annähen der Mütze können die Haare in entsprechender Frisur mit eingenäht und somit fixiert werden.

Aufmalen von Sommersprossen & Wangenrot

Die Wangen einer Puppe nach Waldorf-Art sind oft in einem zarten Rotton gehalten, der dem Gesicht der Puppe eine lebendige und warme Ausstrahlung verleiht. Diese sanfte Röte erinnert an die natürliche Gesichtsfarbe von Babys und Kleinkindern und soll die Puppe besonders freundlich und einladend wirken lassen. Sommersprossen verleihen der Puppe eine besondere Note. Durch die unregelmäßige Verteilung der kleinen braunen oder roten Flecken im Gesicht wirkt sie besonders frech.

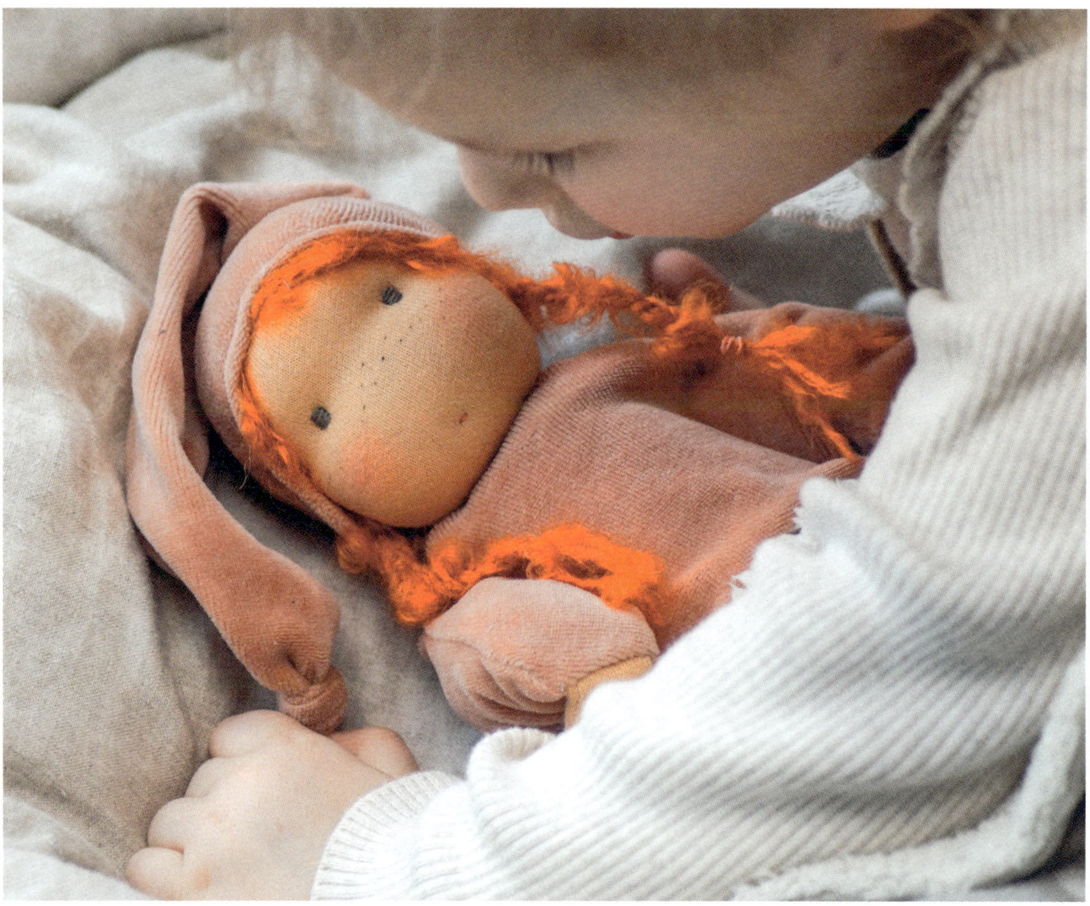

SO WIRD'S GEMACHT

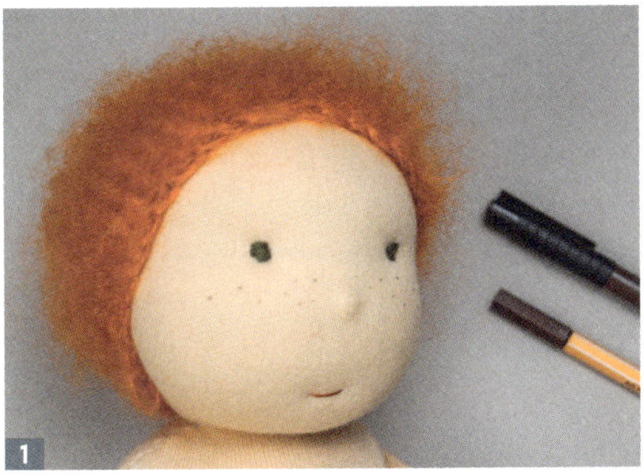

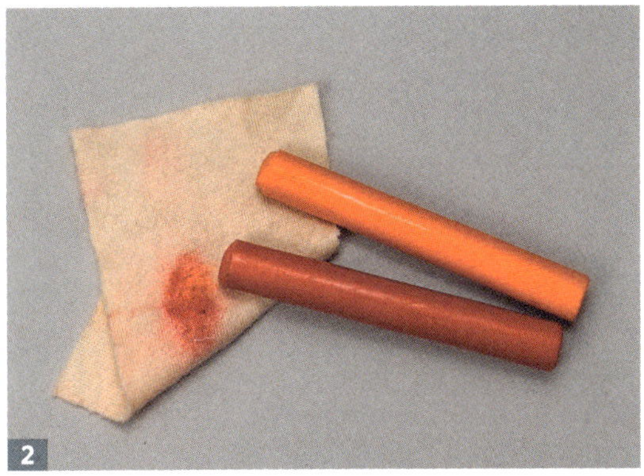

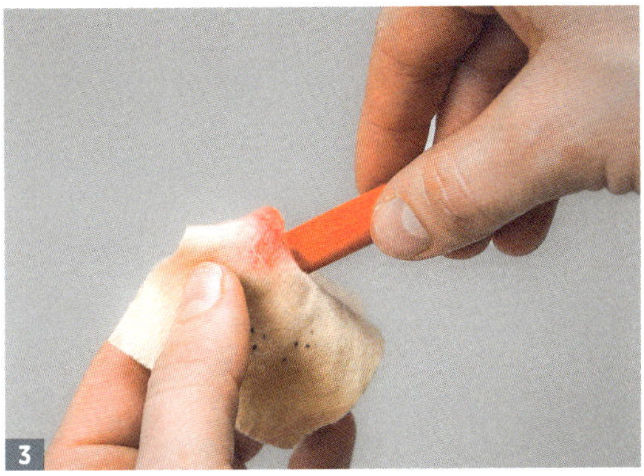

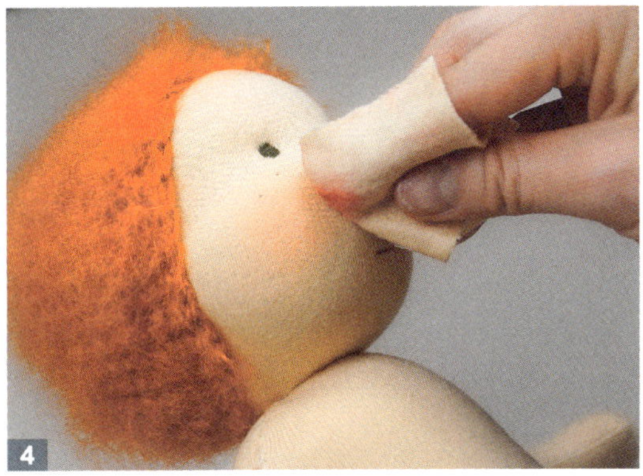

1 Sind **Sommersprossen** gewünscht, werden diese mit Buntstift oder mit Fineliner aufgetragen.
HINWEIS: Es sollte immer erst auf einem Stück Trikot getestet werden, ob der Stift evtl. ausläuft und wie große und kleine Punkte wirken.

2 Die einfachste Variante, **Wangenrot** aufzutragen, erfolgt mithilfe von Wachsmalkreide. Welche Farbe am besten zum Hauttyp passt, sollte auf einem Stück Trikot getestet werden.
TIPP: Es ist auch möglich, die Wangen mit wasserfestem Aquarellstift oder dauerhaft mit Stoffmalfarbe zu färben. Das braucht jedoch ein geübtes Händchen, da Fehler nicht oder nur noch schwer korrigierbar sind.

3 Die gewählte Wachsmalkreide wird auf einem Stück Trikot aufgetragen ...

4 ... und anschließend damit auf die Wangen der Puppe gerieben. Das Wangenrot verblasst mit der Zeit und sollte ab und zu nachgeschminkt werden.

TIPP: Besonders natürlich wirken die Wangen bei einem sanften Farbverlauf von der Mitte nach außen.

Es ist auch möglich, mit unterschiedlichen Farben zu arbeiten – bspw. wird Orange als Grundton aufgetragen und mit Rot die Wangenmitte gefärbt.

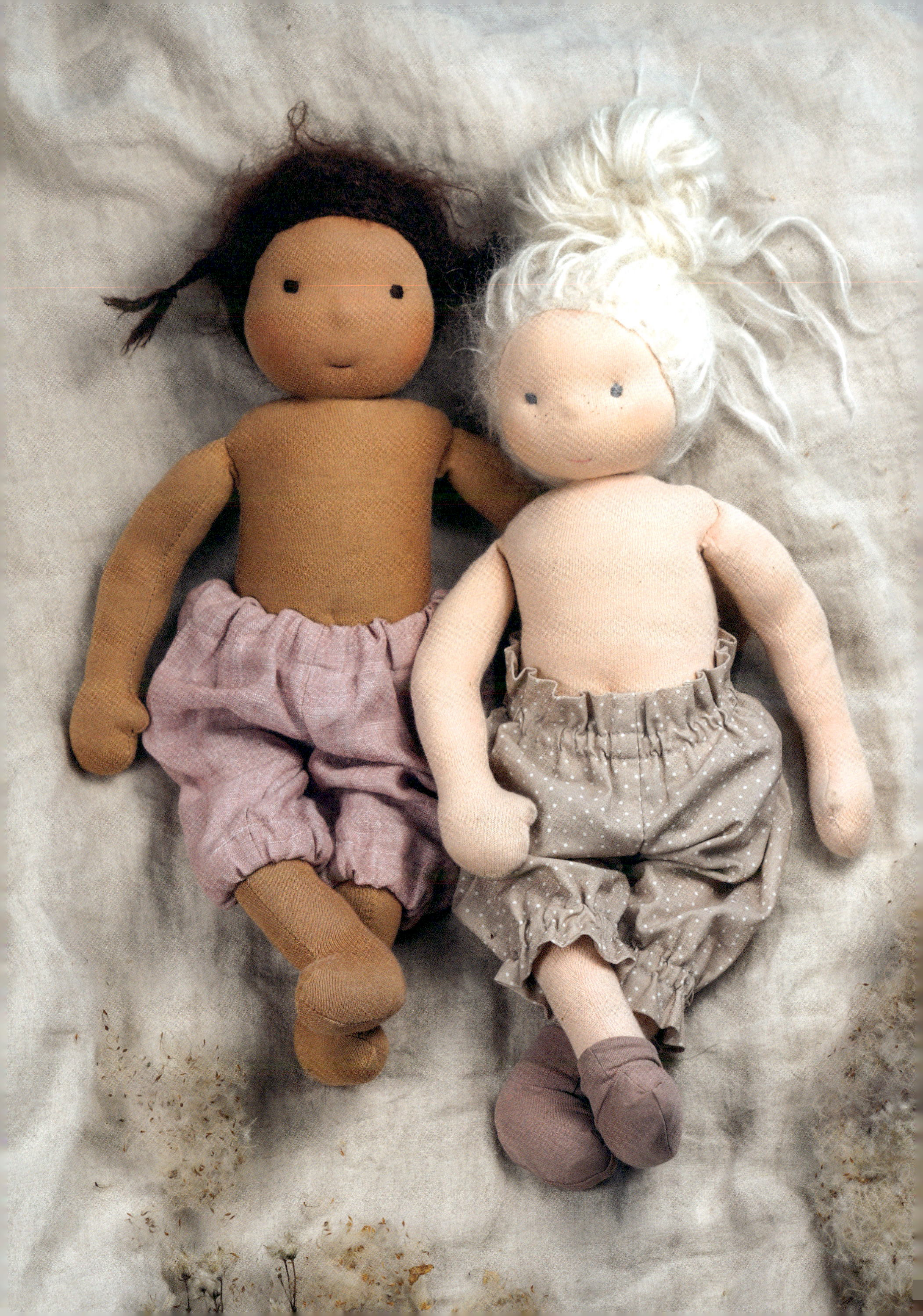

Gestaltung von Haaren und Frisuren (nur für Gliederpuppen)

Haare und Frisur der Puppe bieten eine Möglichkeit, ihre Individualität und Persönlichkeit auszudrücken, und tragen somit maßgeblich zum Charme und der Einzigartigkeit jeder einzelnen Puppe bei. Mohairwolle ist ein beliebtes Material für die Herstellung von Puppenhaaren, da sie sehr weich, fein und widerstandsfähig ist. Es gibt verschiedene Arten von Mohairwolle. Einige Sorten sind glatt, während andere eine wellige bis stark lockige Struktur aufweisen. Die Haarfarbe kann von Blond, Braun, Rot bis hin zu Schwarz gehen. Für ein natürliches Aussehen ist es wichtig, dass die Farbe harmonisch zur Hautfarbe der Puppe passt.

Flauschkäppchen (Babyflausch)
Ist eine Puppe mit kurzem, flauschigen Haar gewünscht, gibt es zwei Möglichkeiten: Das fertige Käppchen wird am Schluss mit einer Drahtbürste behandelt (Variante 1) oder der Flausch wird direkt beim Häkeln „separiert" (Variante 2). Diese beiden Herstellungsverfahren sind auf Seite 55 in den Schritten 9 und 10 beschrieben.

Flauschkäppchen mit Mini-Zöpfchen
Für kleine Zöpfe werden entweder circa drei Strähnen seitlich eingeknüpft (im Bild rechts). Das Einknüpfen der Strähnen ist unter „kurze bis lange Haare" beschrieben. Oder es ist aufgrund der Länge des Flausches möglich, kleine Zöpfe zu binden (im Bild links).

Flauschkäppchen mit kurzen bis langen Haaren
Die generelle Vorgehensweise bei der Knüpftechnik für kurze und lange Haare ist in den Schritten 1–8 für lange Haare beschrieben. Ein Designbeispiel für kurze Haare zeigen die Schritte 10 und 11.

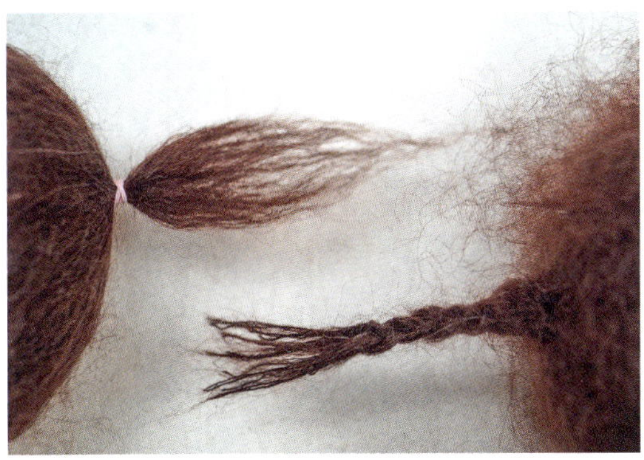

SO WIRD'S GEMACHT

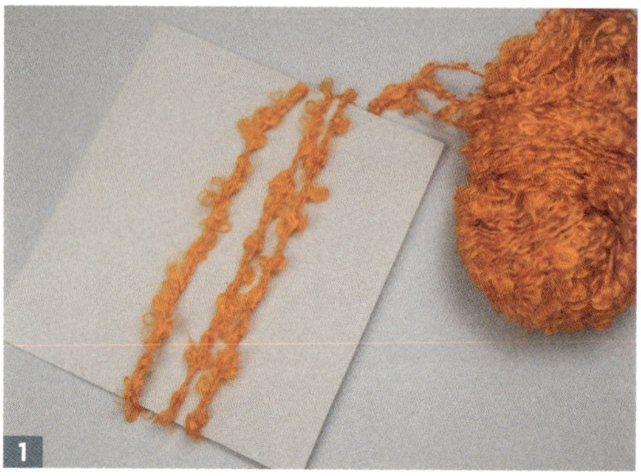

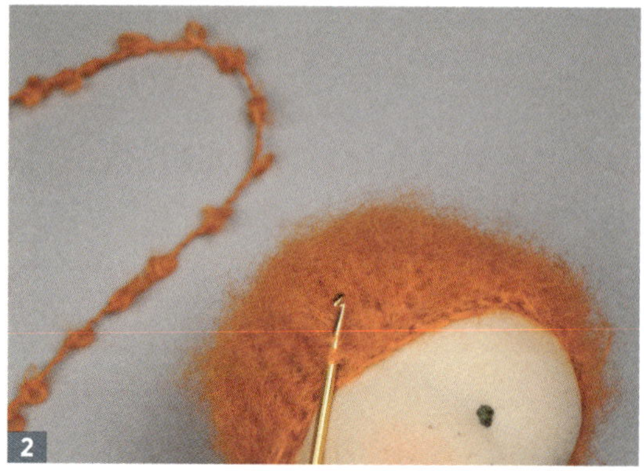

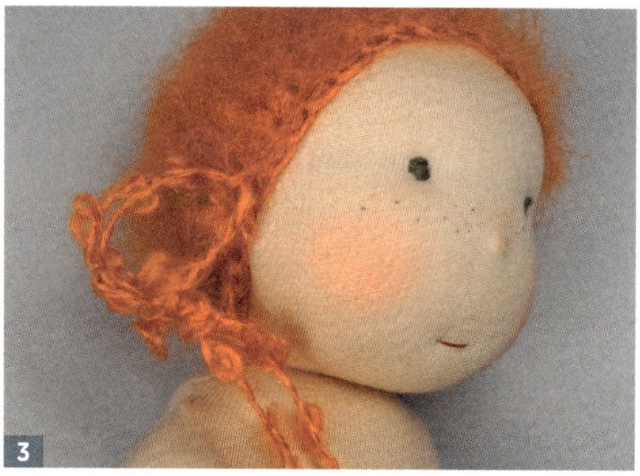

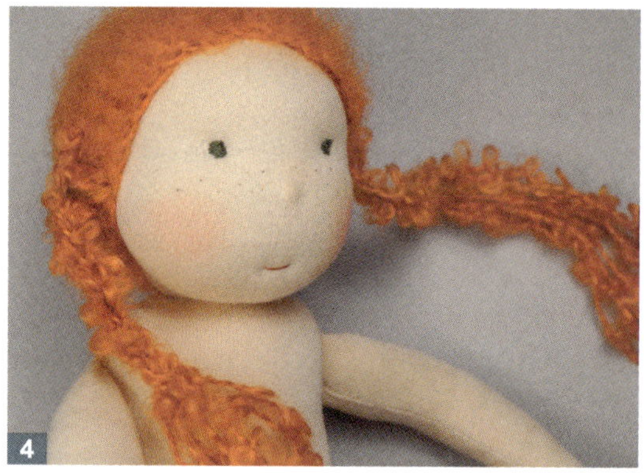

1 Für die Haarsträhnen wird Mohairwolle eingeknüpft. Dazu wird eine Pappe in der gewünschten Haarlänge zugeschnitten und die Wolle aufgewickelt. Im gezeigten Beispiel ist die Pappe 21 cm hoch. Da der Faden doppelt gelegt eingeknüpft wird, wird die Wicklung nur an EINER Seite aufgeschnitten, um die gewünschten Wollstücke zu erhalten. Bei Unsicherheit, wie lang die Haare werden sollen, lieber etwas länger zuschneiden und anschließend am Kopf kürzen. Wie viele Strähnen eingeknüpft werden, ist Geschmackssache. Die Angaben dienen der groben Orientierung bei vollem Haar: Bei lockigem Haar sind es circa 60–70 Strähnen und bei glattem 110–120.

2 Mit einer Häkelnadel wird in das Haarkäppchen eingestochen und eine in der Mitte gefaltete Strähne durch das Haarkäppchen gezogen.

3 Durch die entstandene Schlaufe werden die Garnenden gesteckt, dann wird die Schlaufe zugezogen. Jetzt ist die Strähne am Käppchen befestigt.

4 Frisieren die Kinder noch nicht, so ist es auch möglich, zunächst nur wenige Haarsträhnen links und rechts in Form von Zöpfen einzuknüpfen und später gegebenenfalls die restlichen Haare zu ergänzen.

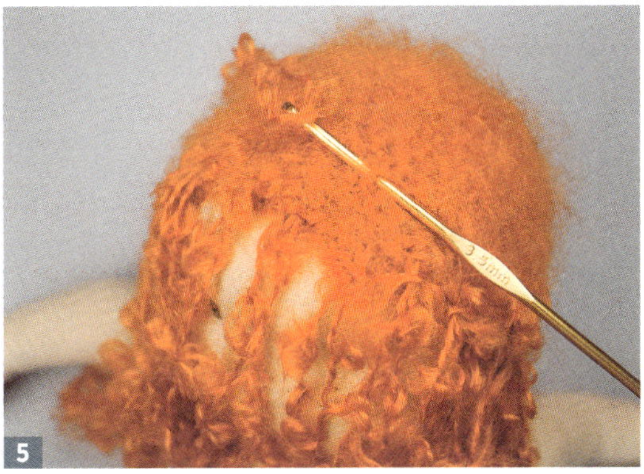
5

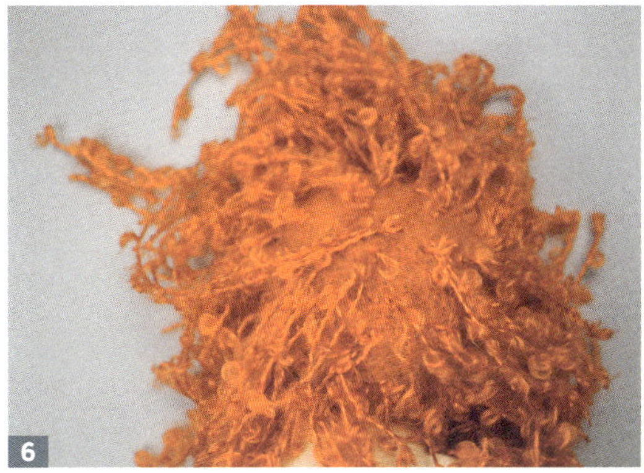
6

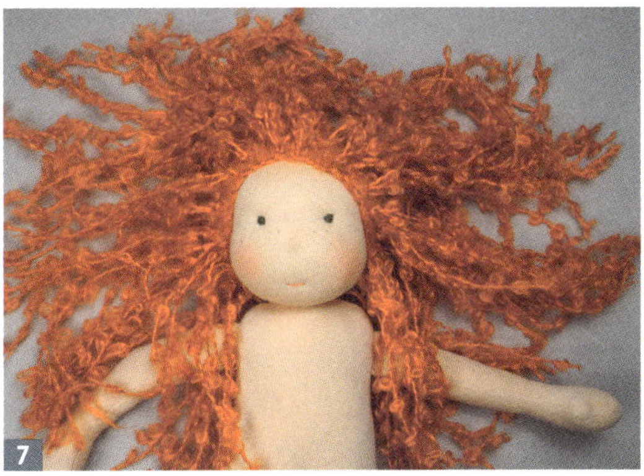
7

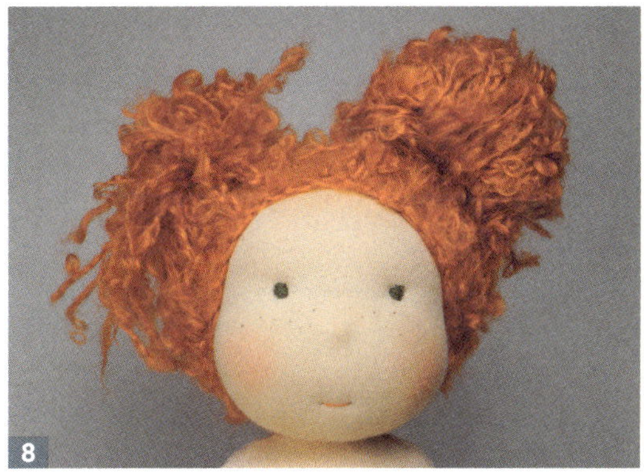
8

5 Bei vollem Haar werden in der ersten Runde die Strähnen in Abständen von circa 1–1,5 cm gesetzt. In der zweiten Runde dann entsprechend auf Lücke. Anschließend können die Abstände vergrößert werden.

6 Die Strähnen sollten nicht zu eng und nicht zu viel eingesetzt werden, da sonst keine Frisuren mehr gemacht werden können. Lieber erst weniger einknüpfen und später, wenn nötig, die Lücken auffüllen.

7 Fertig ist der Lockenkopf …

8 … und bereit zum Frisieren. Hier wurden die Haare mit Haargummis zu zwei Knötchen gebunden.

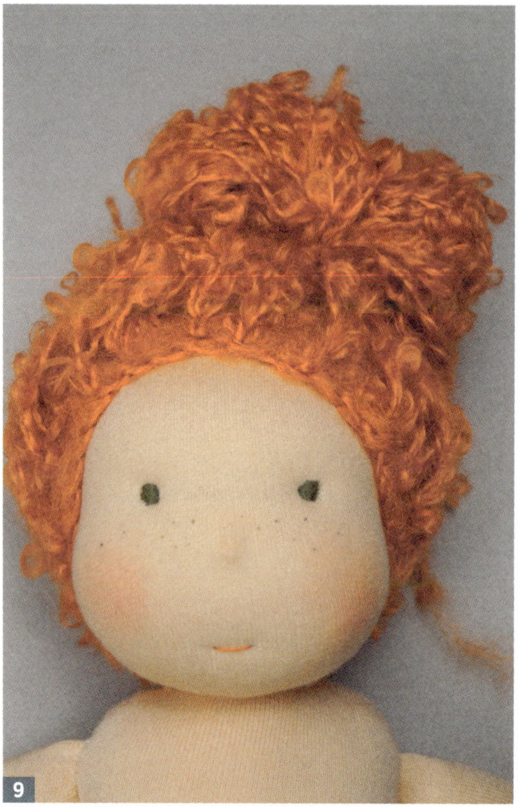

9

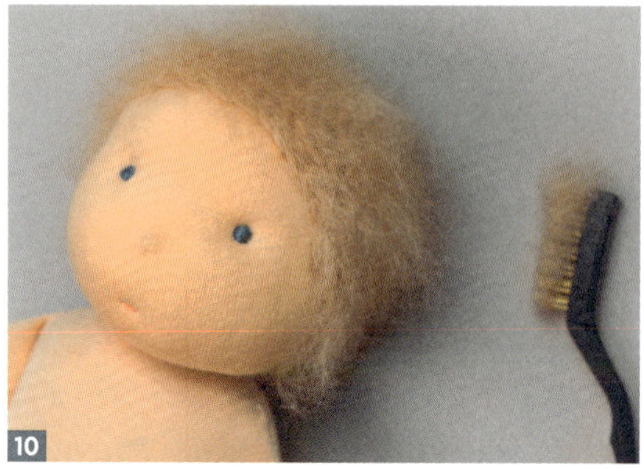

10

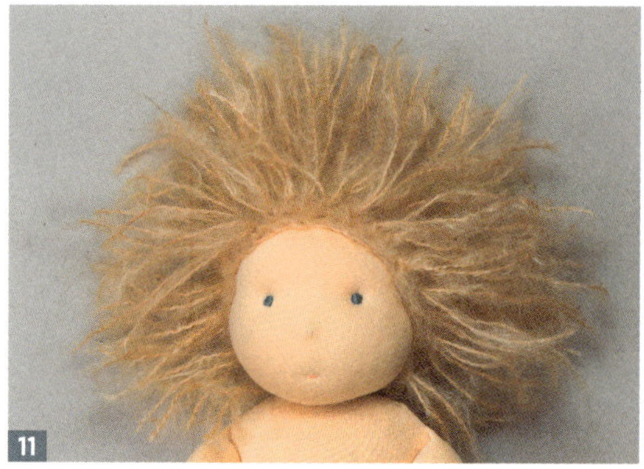

11

9 Auch ein Dutt ist eine beliebte Puppenfrisur.

10 Designbeispiel für kurze Haare: Gerade bei kurzen Haaren wirkt es besonders natürlich, wenn das Haarkäppchen vor dem Einknüpfen der Strähnen aufgebürstet wird, sodass die Häkelstruktur des Käppchens nicht mehr sichtbar ist.

11 Fertig ist der Kurzhaarschopf, welcher noch nach Belieben zurechtgeschnitten werden kann.

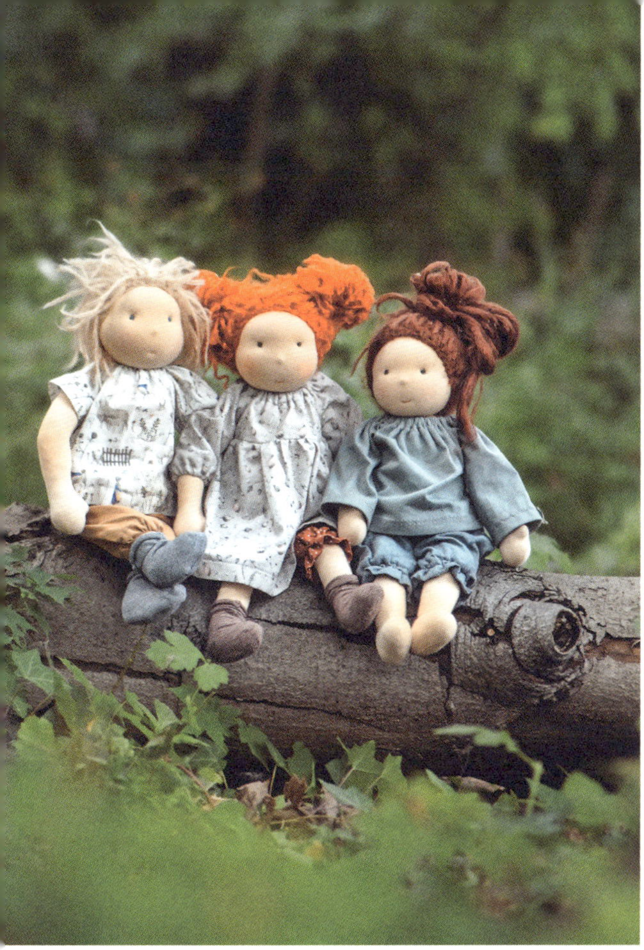
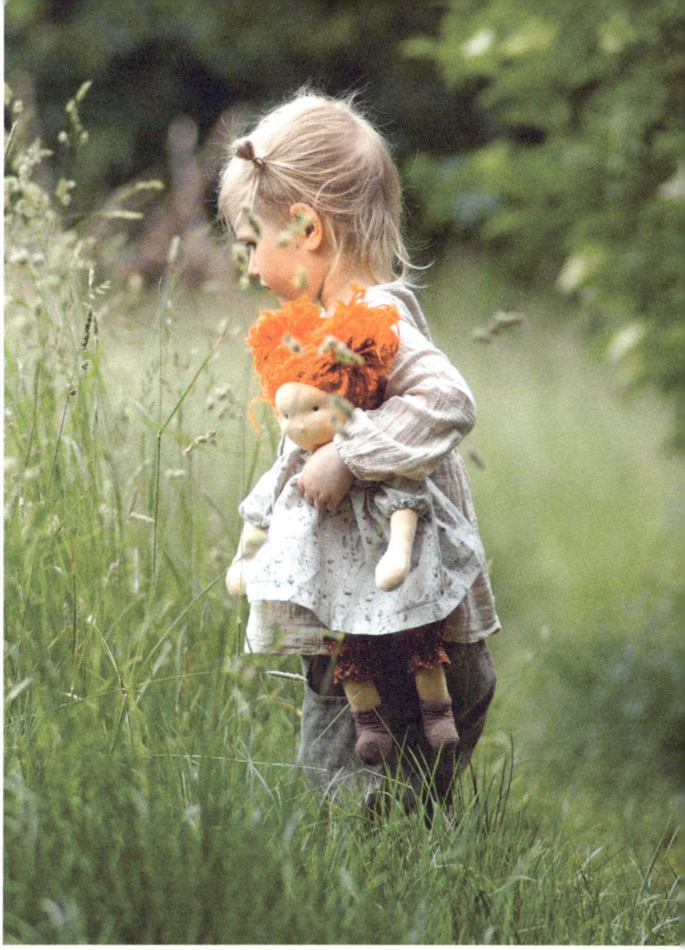
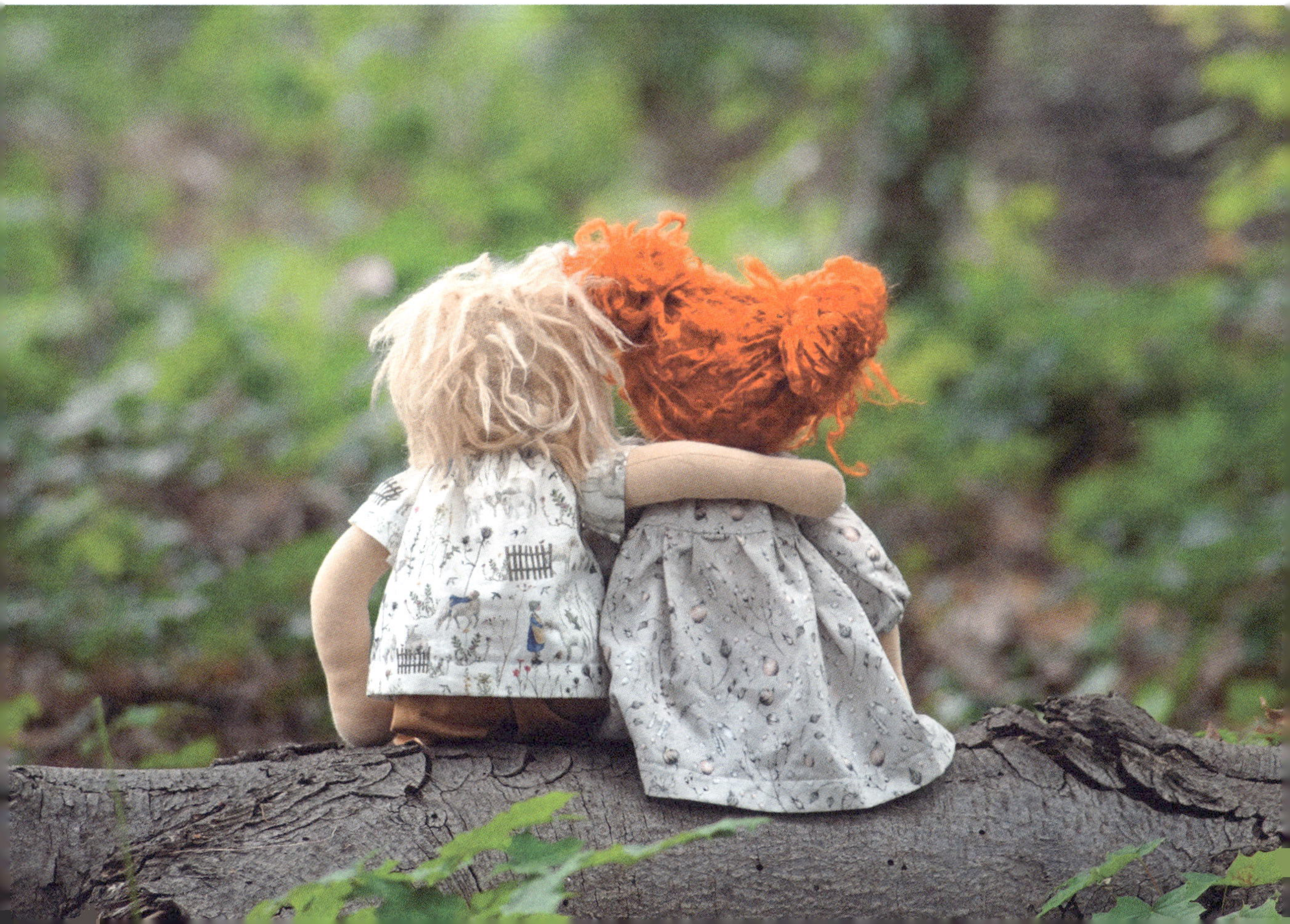

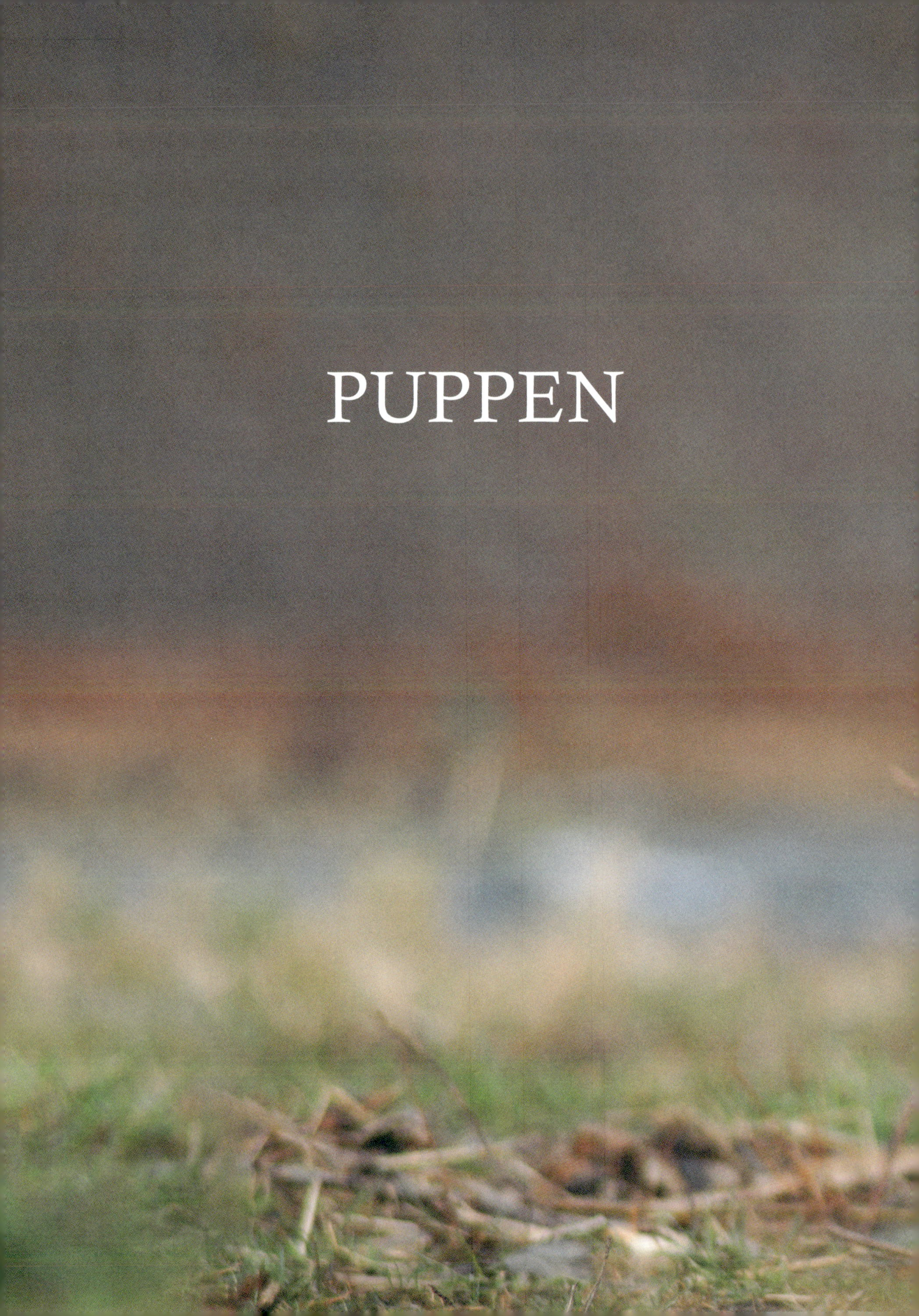

PUPPEN

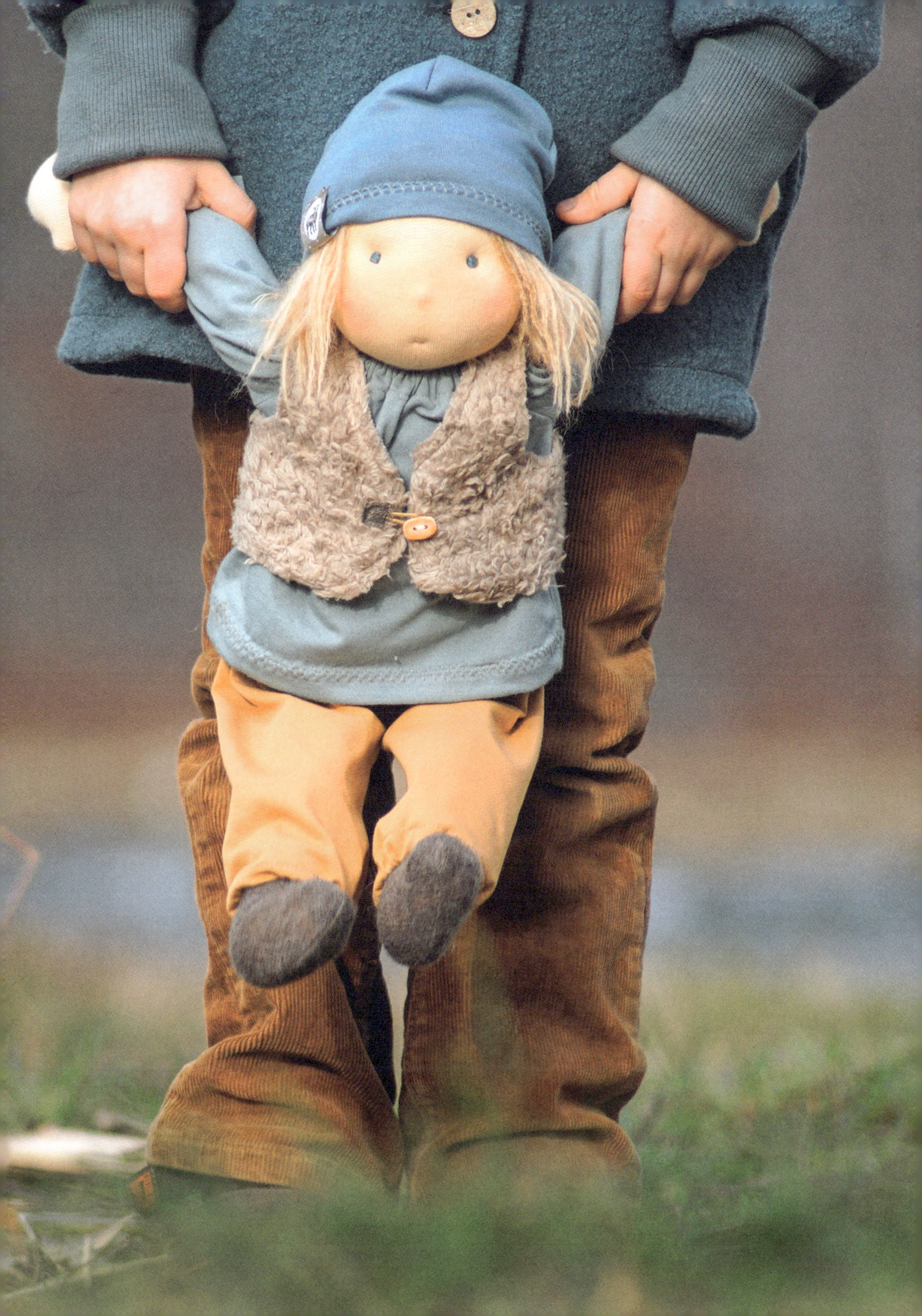

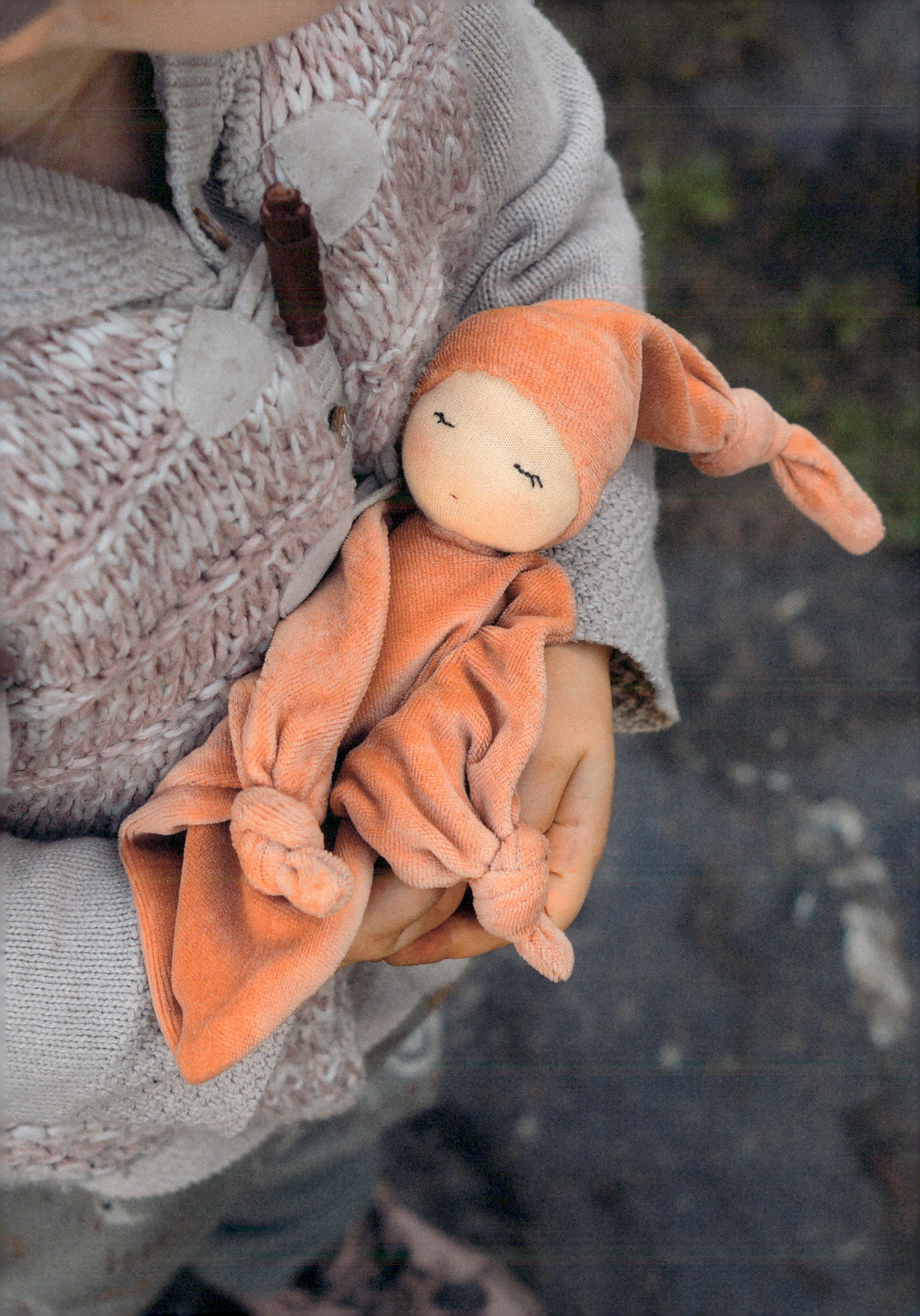

Schmusetuchpuppe

Diese Püppchen, mit einem Körper als Schmusetuch, sind besonders als Erstlingspuppen für Säuglinge beliebt. Die Puppe passt gut in Babyhände und die Zipfel von Mütze und Händen werden gern zum Schmusen genommen. Auch im Kleinkindalter bleibt sie ein beliebter Trostspender und ist durch die geringe Größe ein handtaschentauglicher Alltagsbegleiter.

VORLAGEN

Schnittmusterbogen A

Schnittteil 1–Zipfelmütze Schmusetuchpuppe
Schnittteil 2–Körper Schmusetuchpuppe
Schnittteil 3–Kopf Schmusetuchpuppe

MATERIAL

- Stoff für Körper und Zipfelmütze (Empfehlung Nicki, aber auch Musselin, dünner Frottee, griffiger Jersey, Baumwollstoffe oder Sweat sind möglich), 120 x 30 cm
- Trikotstoff im Schlauch, leichte Qualität für den Kopf, 15 x 20 cm
- Mullschlauch, 3,5 cm breit, 55 cm lang
- Abbindegarn
- Schafwolle im Vlies, ca. 50–70 g
- Nähgarn für Hand und Maschine
- Stickgarn für Mund und Augen

TIPP: Für akustische Reize kann ein geeigneter Quietscher ins Tuch eingefügt werden.

ZUSCHNITT

Stoff für Körper und Zipfelmütze

- 2x Körper Schmusetuchpuppe (im Stoffbruch + 1 cm NZG)
- 1x Zipfelmütze Schmusetuchpuppe (im Stoffbruch + 1 cm NZG, Saumzugabe ist enthalten)

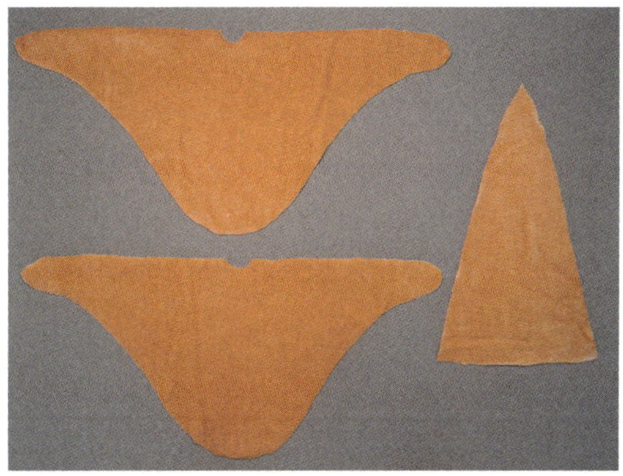

Trikotstoff

- Das Schnittmuster vom Kopf mit Trickmarker auf den r-a-r liegenden Trikotstoff übertragen. Beim Kopf ist eine Strecke eine Öffnung, sie ist im Schnitt gepunktet gezeichnet. Je nach Garn (siehe Seite 19) wird direkt auf der Linie mit einem Einfach- oder Dreifachgeradstich genäht und dann ca. 0,75 cm neben der Naht ausgeschnitten und gewendet.

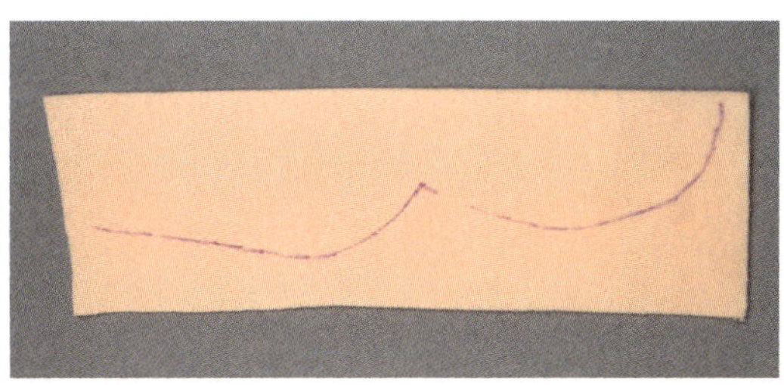

SO WIRD'S GEMACHT

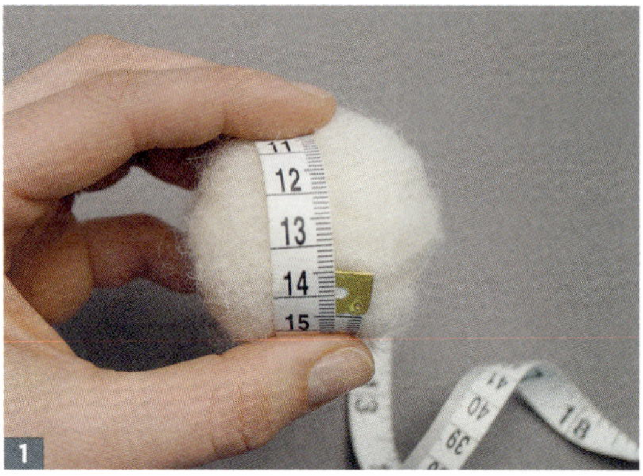

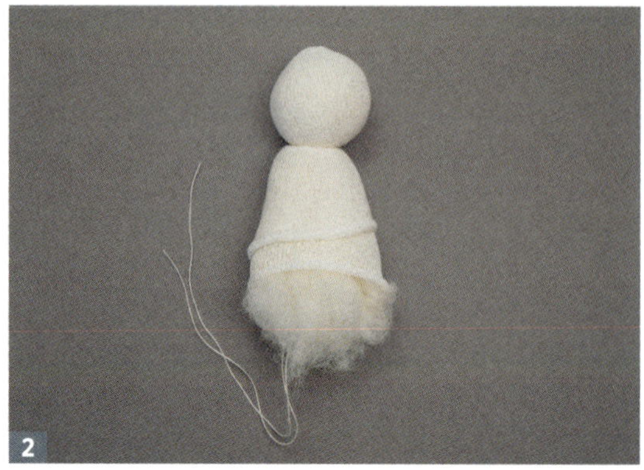

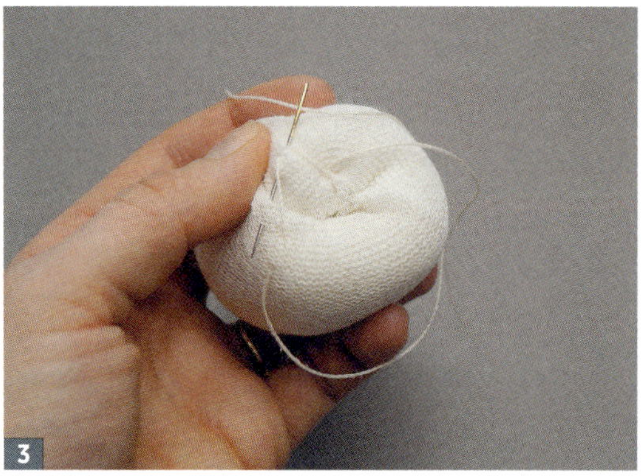

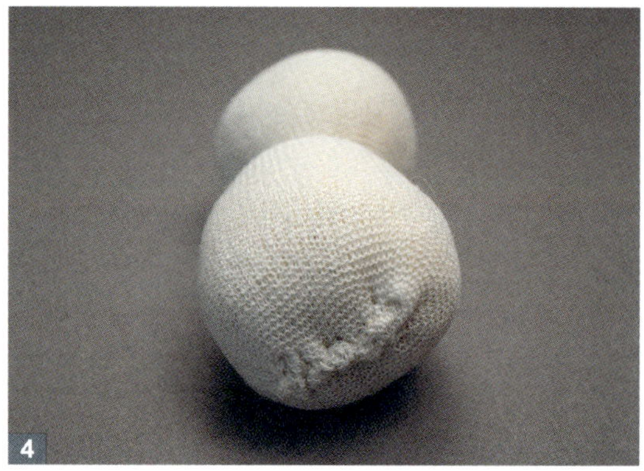

1 Herstellung des Kopfes: Siehe Grundanleitung ab Seite 37, Schritte 1–17.
Für die Schmusetuchpuppe gelten folgende Maße:

- Mullschlauch 55 cm
- Wollstrang ca. 3–4 cm breit, 40 cm lang
- Kopfkugel 13–14 cm Umfang (siehe Bild 1)
- Wollstränge für Stern, je 5–8 cm breit, 45 cm lang
- Kopfumfang 16 cm
- Abbindegarn für die Kopflinien, je 90 cm pro Linie

2 So sieht der vorbereitete Kopf für die Schmusetuchpuppe in diesem Stadium aus.

3 Der Mullschlauch wird „besenstilförmig“ zusammengefasst und mit den Enden des Abbindegarns vernäht. Der fertige Rumpf sollte eine Länge von 7–9 cm haben. Diese Form ermöglicht später dem Baby oder Kleinkind das Schnuffeltuch auch klapperförmig zu halten.

4 Die Abbildung zeigt den vernähten Körper.

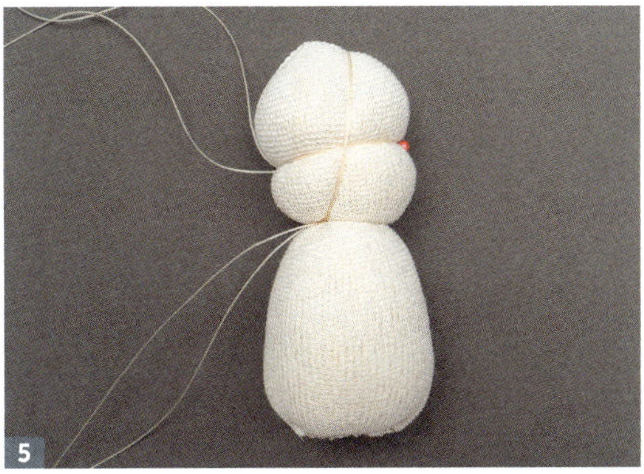

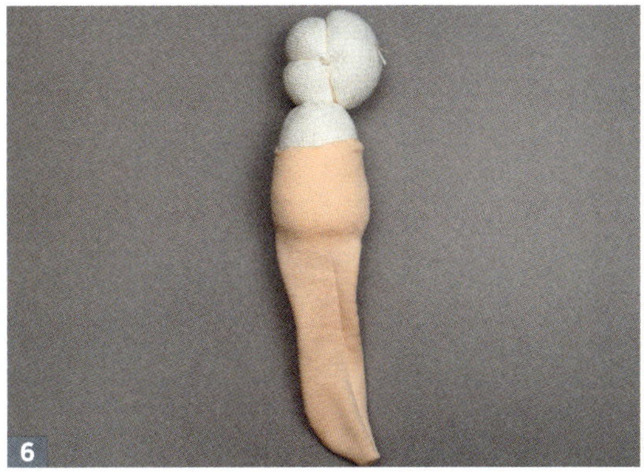

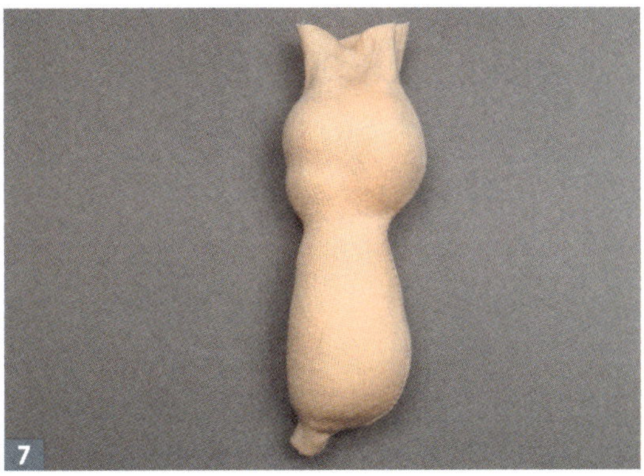

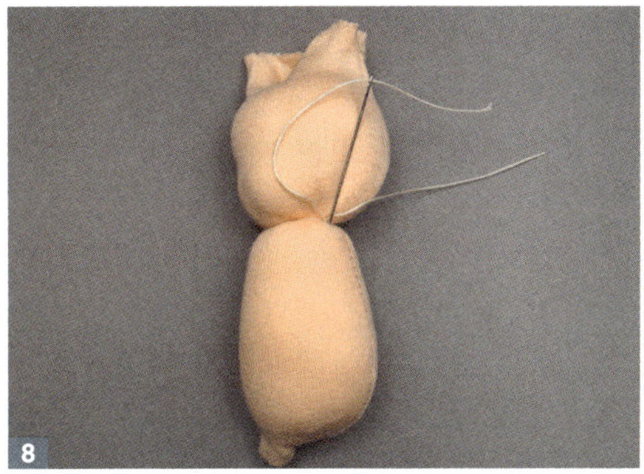

5 Das Abbinden der senkrechten und horizontalen Linie des Kopfes erfolgt nach der Grundanleitung ab Seite 37, Schritte 23–32. Ist eine Nase gewünscht, ist dies ab Schritt 31 in der Grundanleitung erklärt.

6 Der Mullkörper wird in das Trikotsäckchen gesteckt. Die Naht ist hinten.

7 Das Trikotsäckchen muss straff anliegen. Falls die Puppe zarter ausgefallen ist, entweder etwas Wolle anfilzen (siehe Grundanleitung) oder das Trikotsäckchen etwas enger nähen.

8 Wenn alles gut sitzt, wird der Hals mit einem Puppenknoten abgebunden. Die Fäden werden mit einer Puppennadel durch den Körper geführt, verknotet und abgeschnitten. Das Vernähen des Trikots ist in der Grundanleitung beschrieben.

SO GEHT'S WEITER

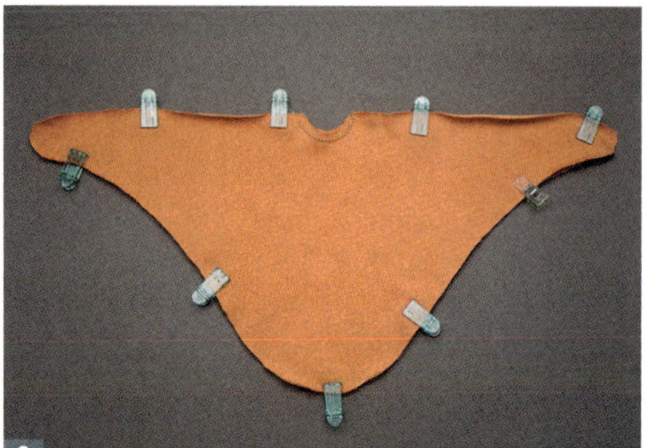
9

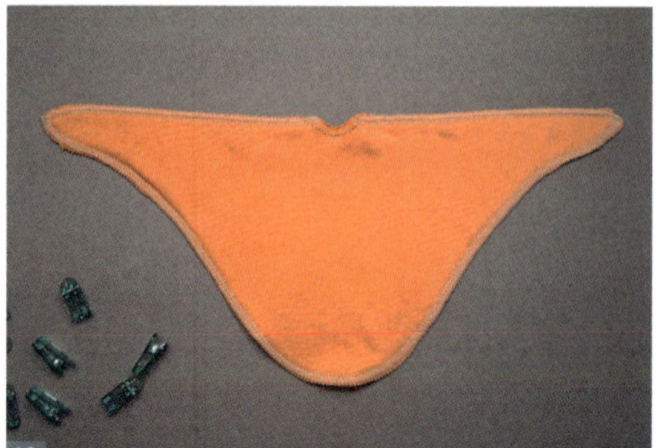
10

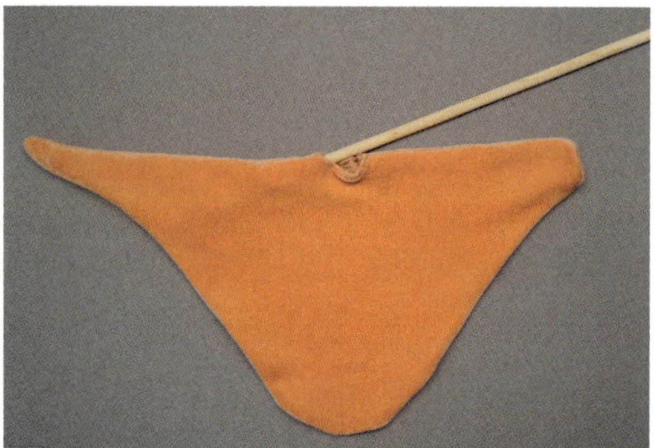
11

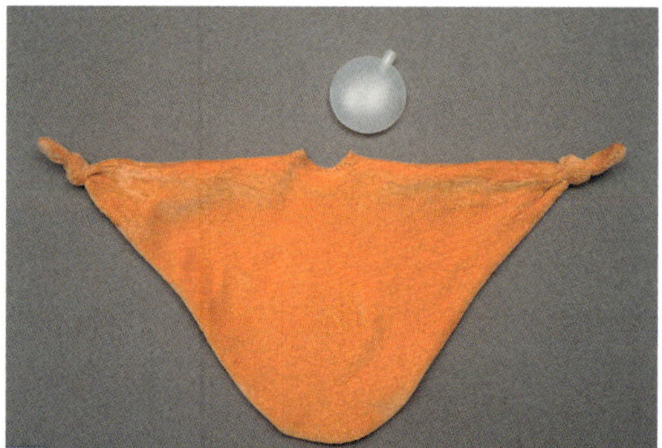
12

9 Nähen des Körpers in Schmusetuchform: (Optional: Zu Beginn wird je Schnittteil die kleine Rundung am Halsausschnitt innerhalb der Nahtzugabe mit Zickzackstichen gesichert.) Die Körperteile werden r-a-r aufeinandergesteckt ...

10 ... rundum zusammengenäht - dabei die Halsöffnung aussparen - und anschließend durch die Halsöffnung gewendet.

11 Mit einem Stopfholz (o. ä. Gegenstand) werden die Zipfel ausgeformt.

12 Die Zipfelenden werden verknotet. Darauf achten, dass es schöne, straffe, kleine Knoten werden.
TIPP: An dieser Stelle kann für sensorische Eindrücke ein Quietscher in den Schmusekörper gesteckt werden.

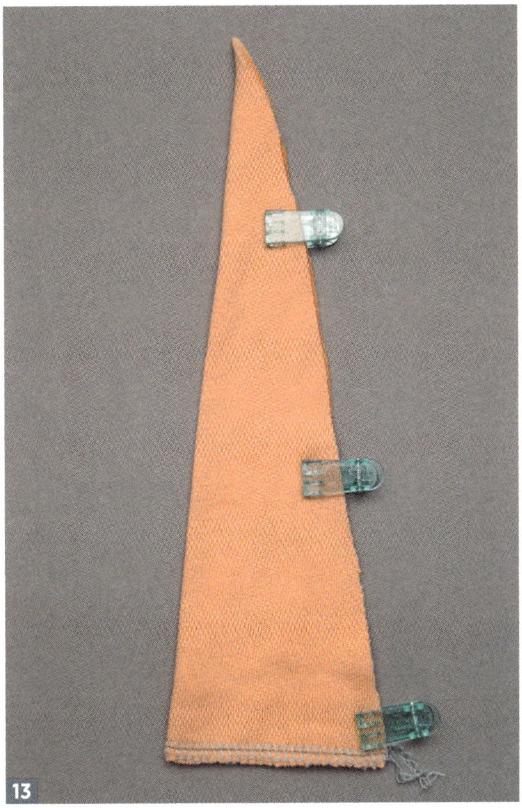

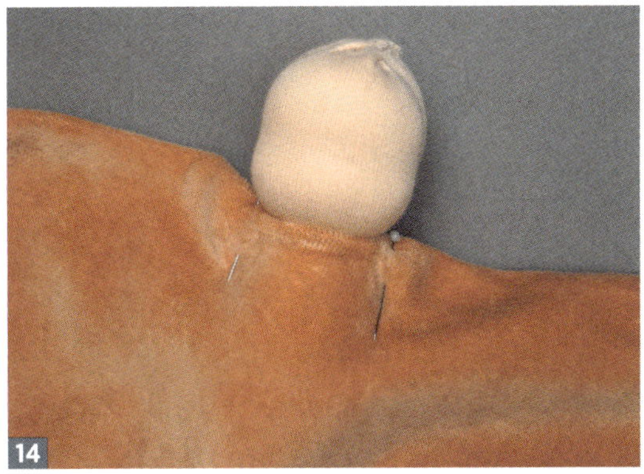

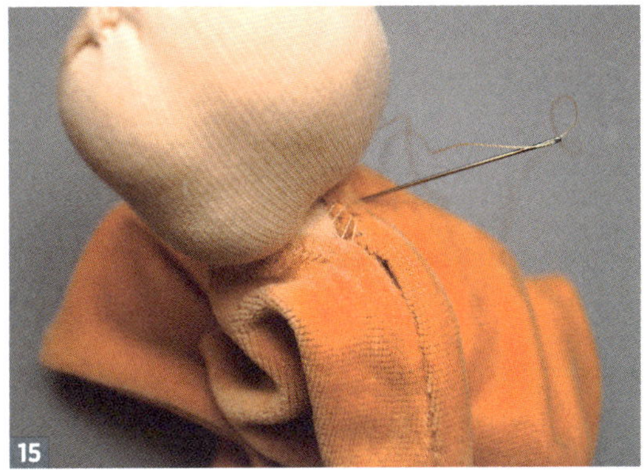

13 Nähen der Mütze: Die Anleitung zum Nähen der Zipfelmütze findest du auf Seite 57, Schritte 1–4.

14 Annähen des Kopfes an den Körper: Der Trikotkopf wird in den Schmusetuchkörper gesteckt und mit Stecknadeln fixiert.

15 Mit Matratzenstichen wird die Öffnung geschlossen. Wichtig beim Annähen des Kopfes an den Körper ist, unterhalb des Abbindegarns nur in den Stoff zu stechen und oberhalb tief in den Mullschlauch und in etwas Wolle, sodass der Kopf die notwendige Stabilität erreicht und im wilden Spiel nicht abgerissen wird. Der Stoff des Körpers sollte am Ende bündig und faltenfrei am Hals anliegen.

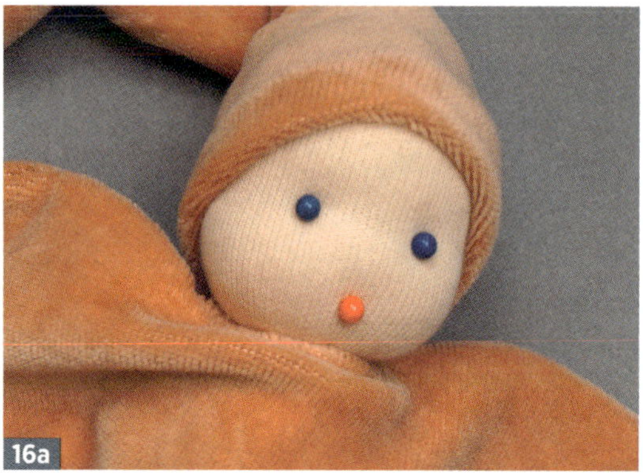

16a

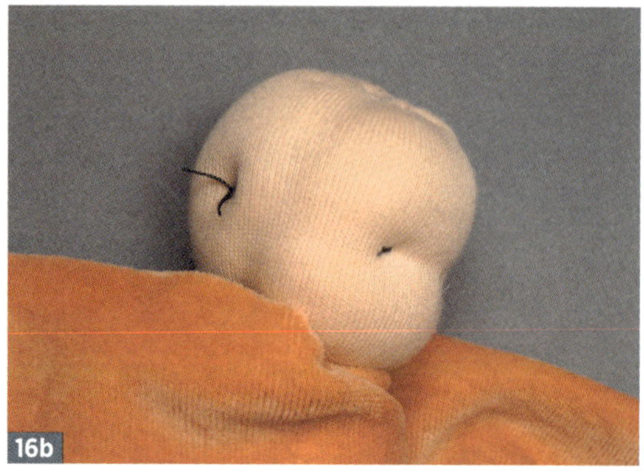

16b

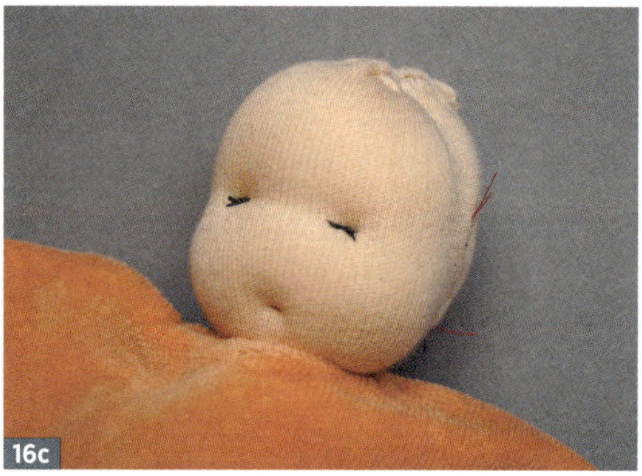

16c

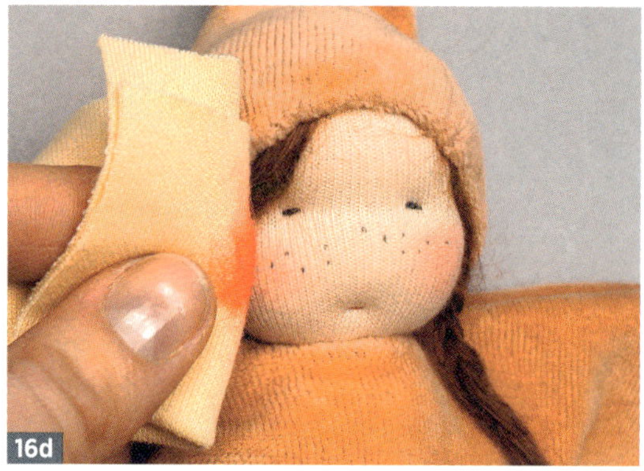

16d

16 Gesicht sticken, Annähen der Mütze & Schminken (Abbildung siehe Seite 90): Sticken der Augen (siehe Seite 60), Sticken des Mundes (siehe Seite 65), Annähen der Zipfelmütze (siehe Seite 69) und Aufmalen von Sommersprossen & Wangenrot (siehe Seite 72).

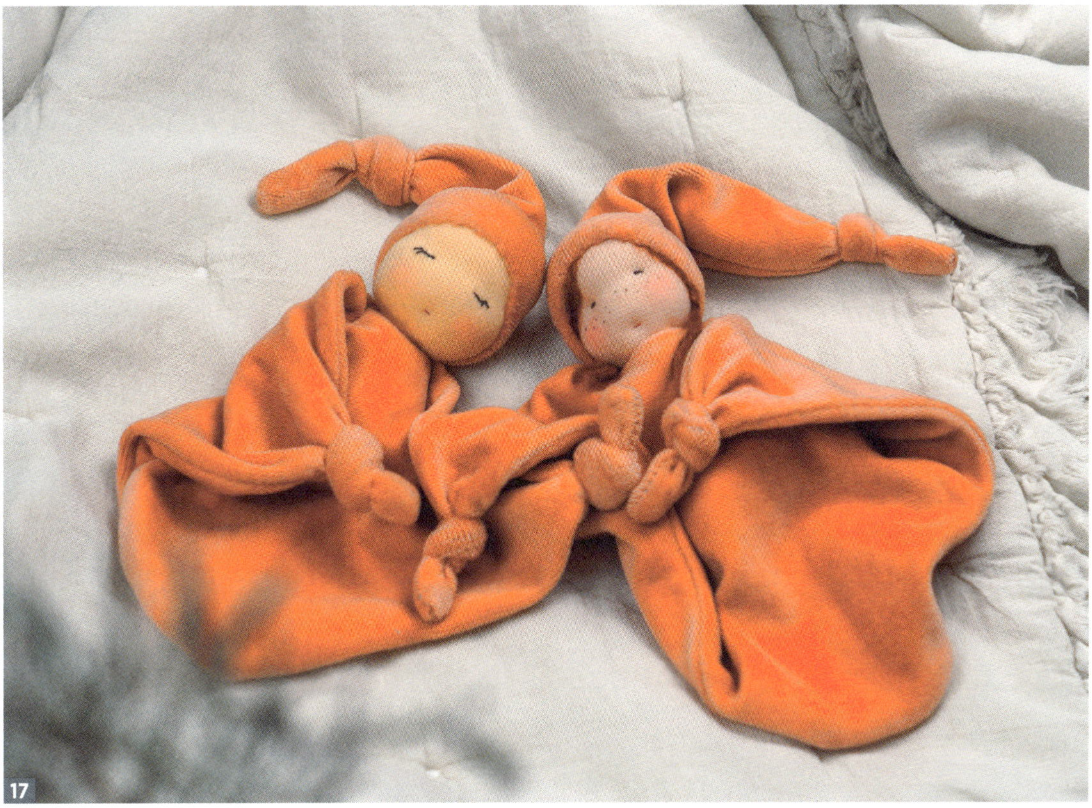

17 Fertig ist das Schmusetuchpüppchen! Je nach Farbwahl des Trikots sowie der Fertigungsweise ist die Wirkung ganz unterschiedlich:
Im Bild links: geschlossene Augen mit Wimpern – nur gestickt (ohne den Faden nochmal durch den Kopf zurückzuziehen) in der Trikotfarbe „Haut Hell“ von *Wollknoll*.
Im Bild rechts: tiefliegende, geschlossene kleine Augen ohne Wimpern, in der Trikotfarbe „Haut Natur“ von *Wollknoll*.

„Atome spalten ist ein Kinderspiel, verglichen mit einem Kinderspiel.“

Albert Einstein

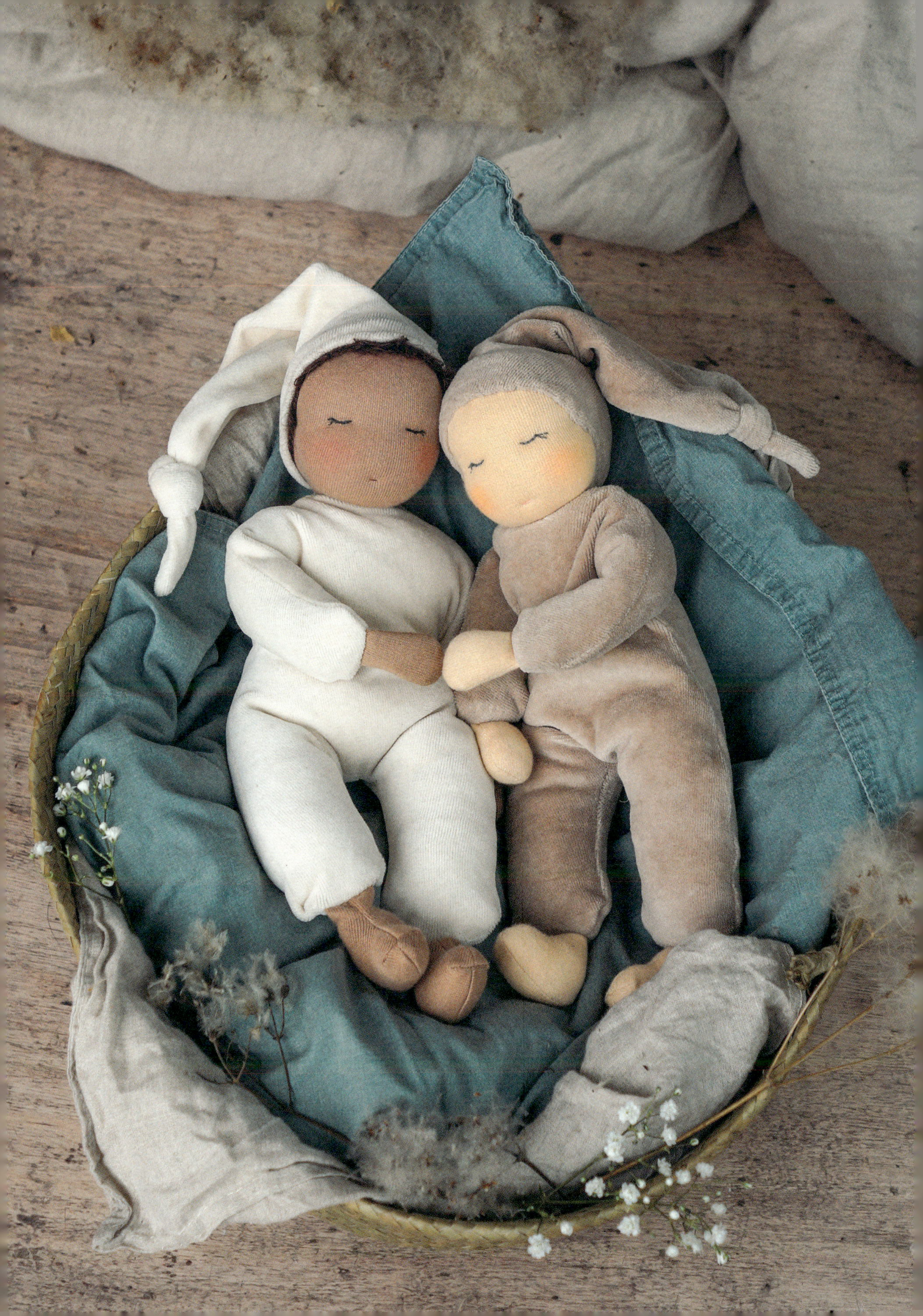

Schlamperle

Diese Puppe mit einem Körper aus Stoff ist weich gefüllt und dadurch angenehm schmusig für Säuglinge und Kleinkinder. Sie hat die richtige Größe für kleine Hände und die Form ist geeignet für erste Spielerfahrungen. Durch das weiche und bewegliche Design wird die Feinmotorik des Kindes entwickelt, indem es lernt, die Puppe zu halten und zu formen.

VORLAGEN

Schnittmusterbogen A
Schnittteil 4-Zipfelmütze Schlamperle
Schnittteil 5-Kopf Schlamperle
Schnittteil 6-Hand Schlamperle
Schnittteil 7-Fuß Schlamperle
Schnittteil 8-Körper Schlamperle

MATERIAL

- Stoff für Körper und Zipfelmütze (Empfehlung Nicki, aber auch Musselin, dünner Frottee, griffiger Jersey, Baumwollstoffe oder Sweat sind möglich), 105 x 40 cm
- Trikotstoff, leichte Qualität für Kopf, Hände und Füße, einlagig 60 x 30 cm
- Mullschlauch, 6,5 cm breit, 90 cm lang
- Abbindegarn
- Schafwolle im Vlies, ca. 250 g
- Nähgarn für Hand und Maschine
- Stickgarn für Mund und Augen

ZUSCHNITT

Stoff für Körper und Zipfelmütze

- 2x Körper Schlamperle (im Stoffbruch + 1 cm NZG)
- 1x Zipfelmütze Schlamperle (im Stoffbruch + 1 cm NZG, Saumzugabe ist enthalten)

Trikotstoff

- Die Schnittmuster von Kopf 1x, Hand 2x und Fuß 2x mit Trickmarker auf den r-a-r liegenden Trikotstoff der leichten Qualität übertragen. Beim Kopfteil ist eine Strecke eine Öffnung, sie ist im Schnitt gepunktet gezeichnet.

HINWEIS: Da die Teile erst nach dem Nähen ausgeschnitten werden, beim Anzeichnen genug Platz für die Nahtzugabe zwischen den einzelnen Teilen lassen.
Je nach Garn (siehe Seite 19) wird direkt auf der Linie mit einem Einfach- oder Dreifachgeradstich genäht und dann ca. 0,75 cm neben der Naht ausgeschnitten und gewendet.

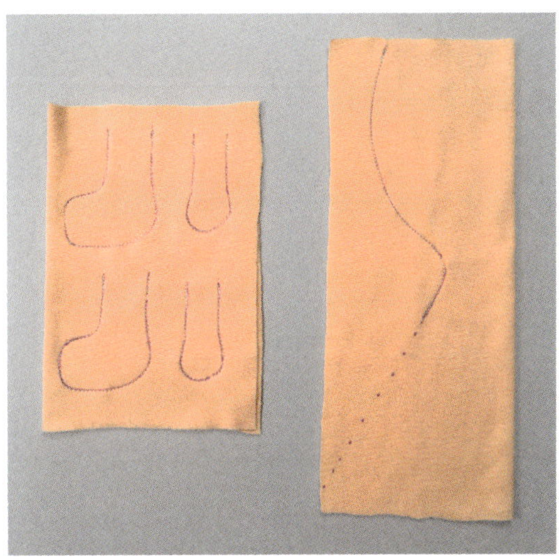

SO WIRD'S GEMACHT

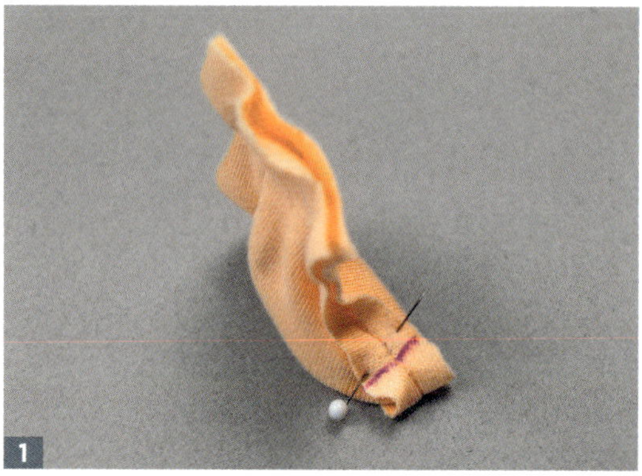

1

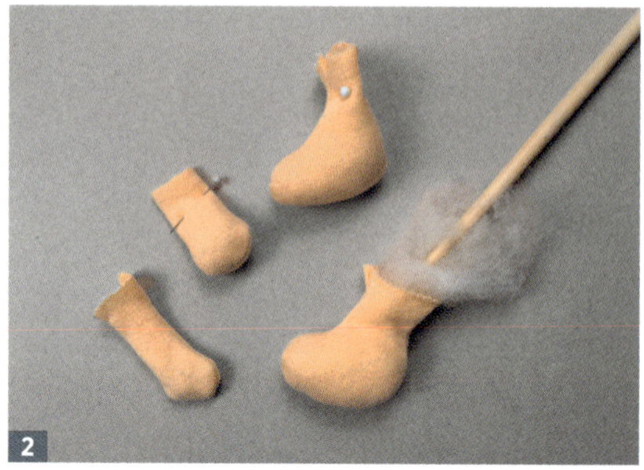

2

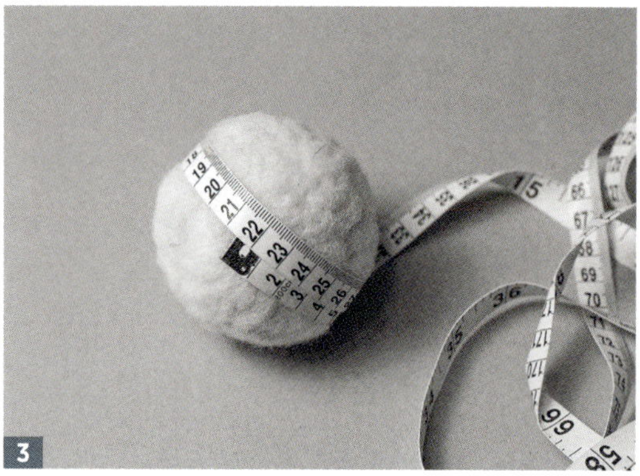

3

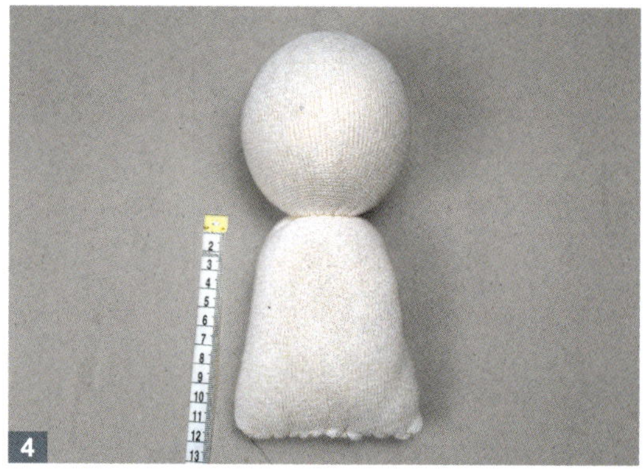

4

1 Fuß nähen: Zum Abnähen des Fußes wird dieser breit gezogen, sodass die Nähte r-a-r aufeinanderliegen, und mit einer Nadel fixiert. Ca. 1 cm hinter der Fußspitze (siehe gezeichnete Linie) wird der Fuß abgenäht.

2 Stopfen der Hände und Füße: Die Hände und Füße wenden, mit einem Stopfholz ausformen und mit Wolle füllen. Hände und Füße sollen gut, aber nicht zu hart mit Wolle gefüllt sein.

3 Herstellung des Kopfes: Siehe Grundanleitung ab Seite 37, Schritte 1–18.
Für ein Schlamperle gelten folgende Maße:

- Mullschlauch 90 cm, 6,5 cm breit
- Wollstrang ca. 8 cm breit, ca. 60–70 cm lang
- Kopfkugel 21–22 cm Umfang
- Wollstränge für Stern, je 8 cm breit, 50–60 cm lang
- Kopfumfang 24–25 cm
- Abbindegarn für die Kopflinien, je 110 cm pro Linie

4 Das Mullsäckchen wird gut, aber nicht zu fest mit Wolle gefüllt (wie ein gekochtes Ei ohne Schale) und wird mit Überwendlichstichen verschlossen. Folgende Maße dienen zur Orientierung: 11–12 cm lang, unten ca. 10 cm breit.

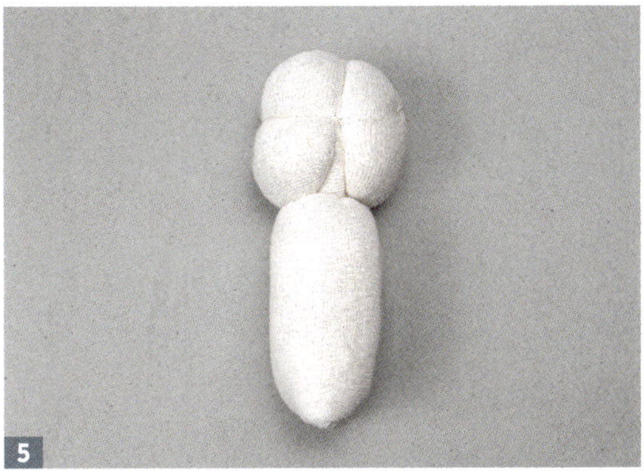

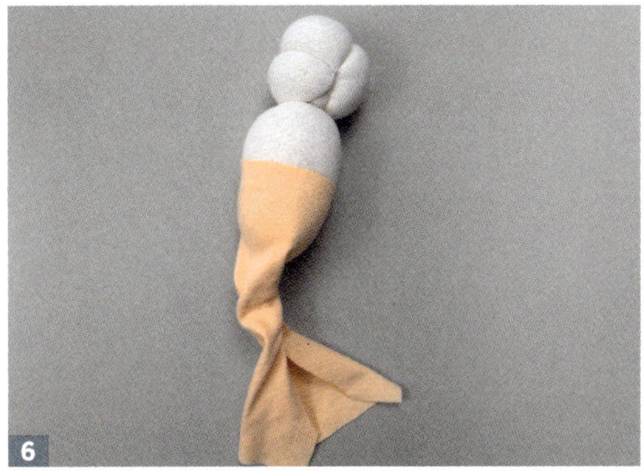

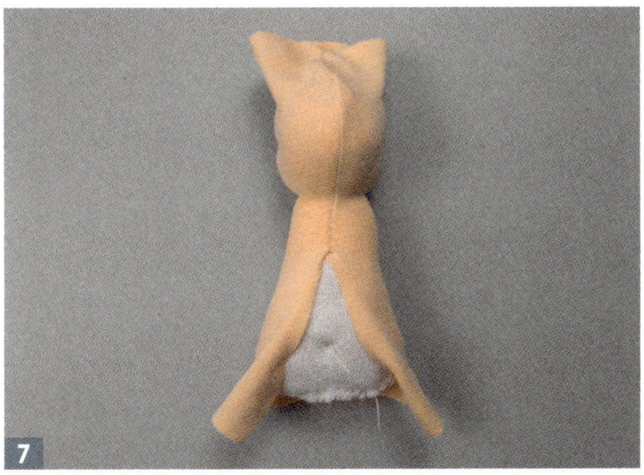

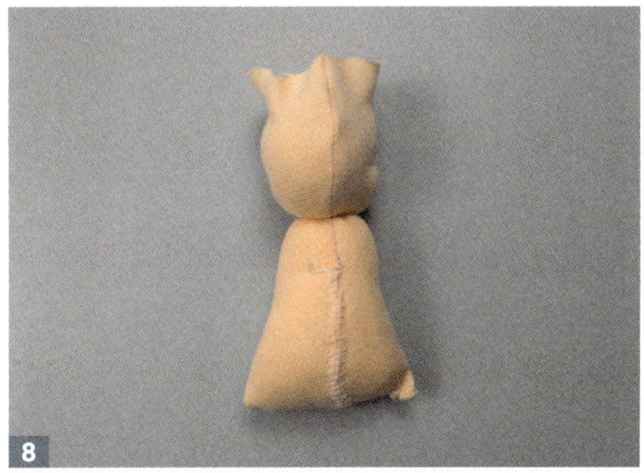

5 Das Abbinden der senkrechten und horizontalen Linie des Kopfes erfolgt nach der Grundanleitung ab Seite 42, Schritte 23–30. Das Bild zeigt den fertigen Mullkopf von der Seite.

6 Der Mullkopf wird von oben in das Trikotstück gesteckt. Die enge Stelle muss am Hals sitzen. Anschließend wird mit einem Puppenknoten der Hals abgebunden.

7 Der Trikotstoff wird am Rumpf etwas nach innen eingeschlagen und die Kanten mit Überwendlichstichen in der Mitte und unten zusammengenäht.

8 Die Naht muss nicht schön aussehen, da sie im Inneren der Puppe verschwindet.

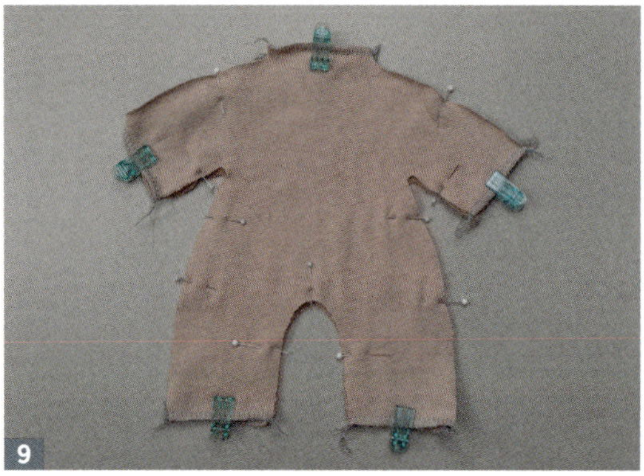
9

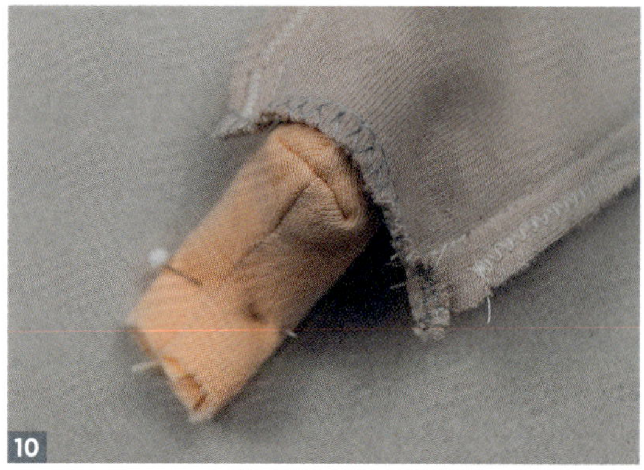
10

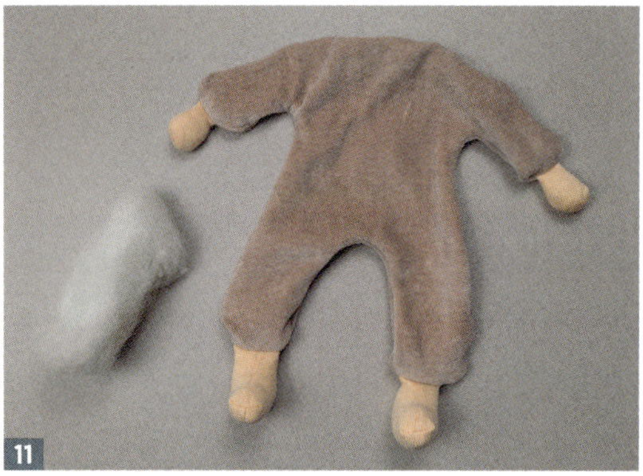
11

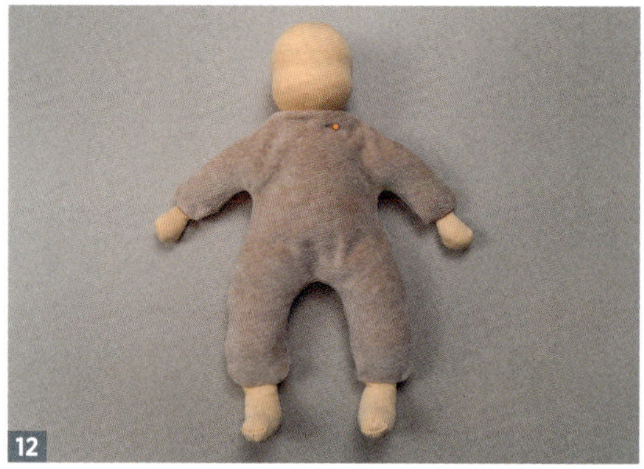
12

9 Nähen des Schlamperle-Körpers: (Optional: Zu Beginn werden an den Öffnungen für Hände, Füße und Hals die Kanten versäubert. Die Öffnungen sind auf dem Foto mit Klammern gekennzeichnet.)
Die Körperteile werden r-a-r aufeinandergesteckt und – bis auf die Öffnungen – rundum zusammengenäht.

10 Anschließend werden die Füße bzw. Hände in den Körper gesteckt und angenäht. Es ist drauf zu achten, dass die Fußspitzen in die gleiche Richtung zeigen.

11 Für die Gliedmaßen wird je eine Rolle aus einem Wollstrang gerollt oder Wolle in der entsprechenden Größe gefaltet und in die Gliedmaßen gesteckt. Pro Gliedmaß sollte die Rolle aus einem Stück bestehen.

12 Annähen des Kopfes an den Körper: Jetzt wird der Kopf in den Körper eingesetzt. Der Stoff wird an der Halsöffnung eingeschlagen und der Körper mittig mit Stecknadeln vorn und hinten am Rumpf befestigt. Die Fußspitzen zeigen in die gleiche Richtung wie die Nase. Nun wird mittels Matratzenstich an einem Arm mit der Schulternaht begonnen und bis zum Kopf genäht. Es wird um den halben Kopf bis zur anderen Schulternaht genäht und anschließend die zweite Schulter geschlossen. Es ist darauf zu achten, dass die Schulternähte gleich lang werden. Es ist möglich, eine Naht zurück bis zum Kopf zu nähen oder den Faden mit 2–3 Stichen zu sichern, mit der Puppennadel unterhalb der Naht bis zum Kopf zu stechen und dann die andere Kopfhälfte anzunähen. Wichtig beim Annähen des Kopfes an den Rumpf ist, nur in den Stoff zu stechen,

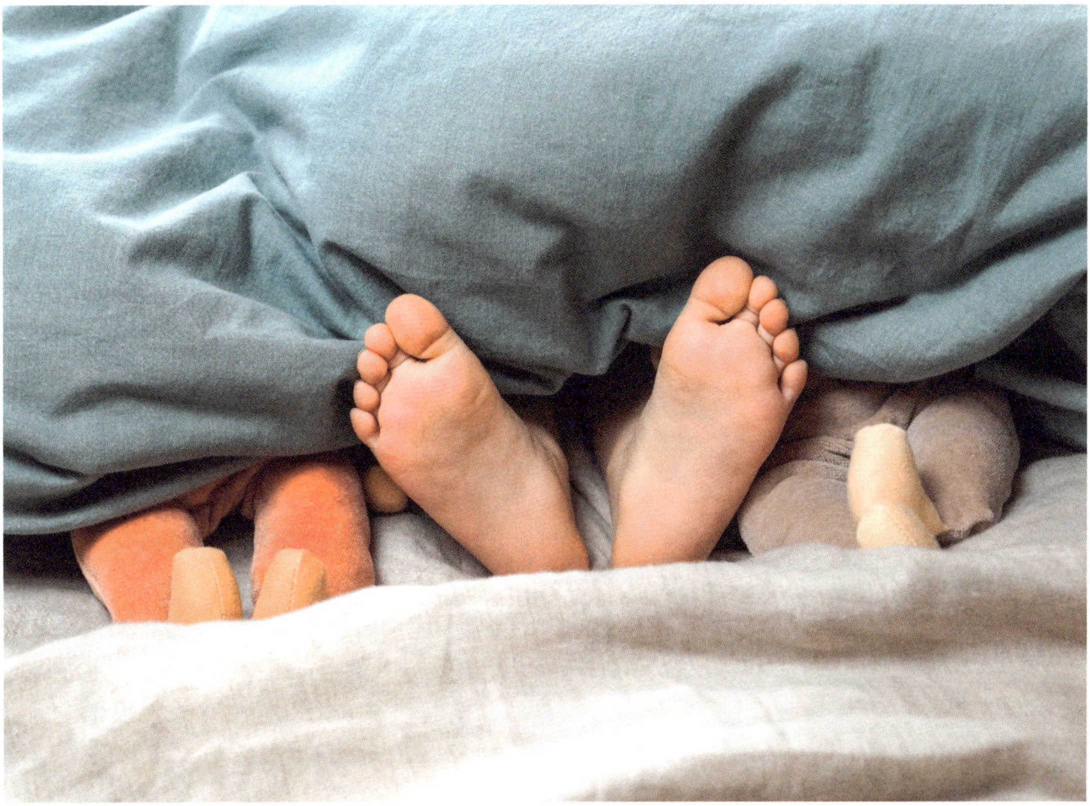

und beim Kopf oberhalb des Abbindegarns tief in den Mullschlauch und in etwas Wolle zu stechen, sodass der Kopf die notwendige Stabilität erreicht und im wilden Spiel nicht abgerissen wird. Sicherheitshalber wird empfohlen, die Naht doppelt auszuführen. Der Stoff des Körpers sollte am Ende bündig am Hals anliegen.

13 Gesicht sticken, Annähen der Mütze & Schminken (Abbildung siehe Seite 90): Sticken der Augen (siehe Seite 60), Sticken des Mundes (siehe Seite 65), Annähen der Zipfelmütze (siehe Seite 69) und Aufmalen von Sommersprossen & Wangenrot (siehe Seite 72). Fertig ist das Schlamperle!

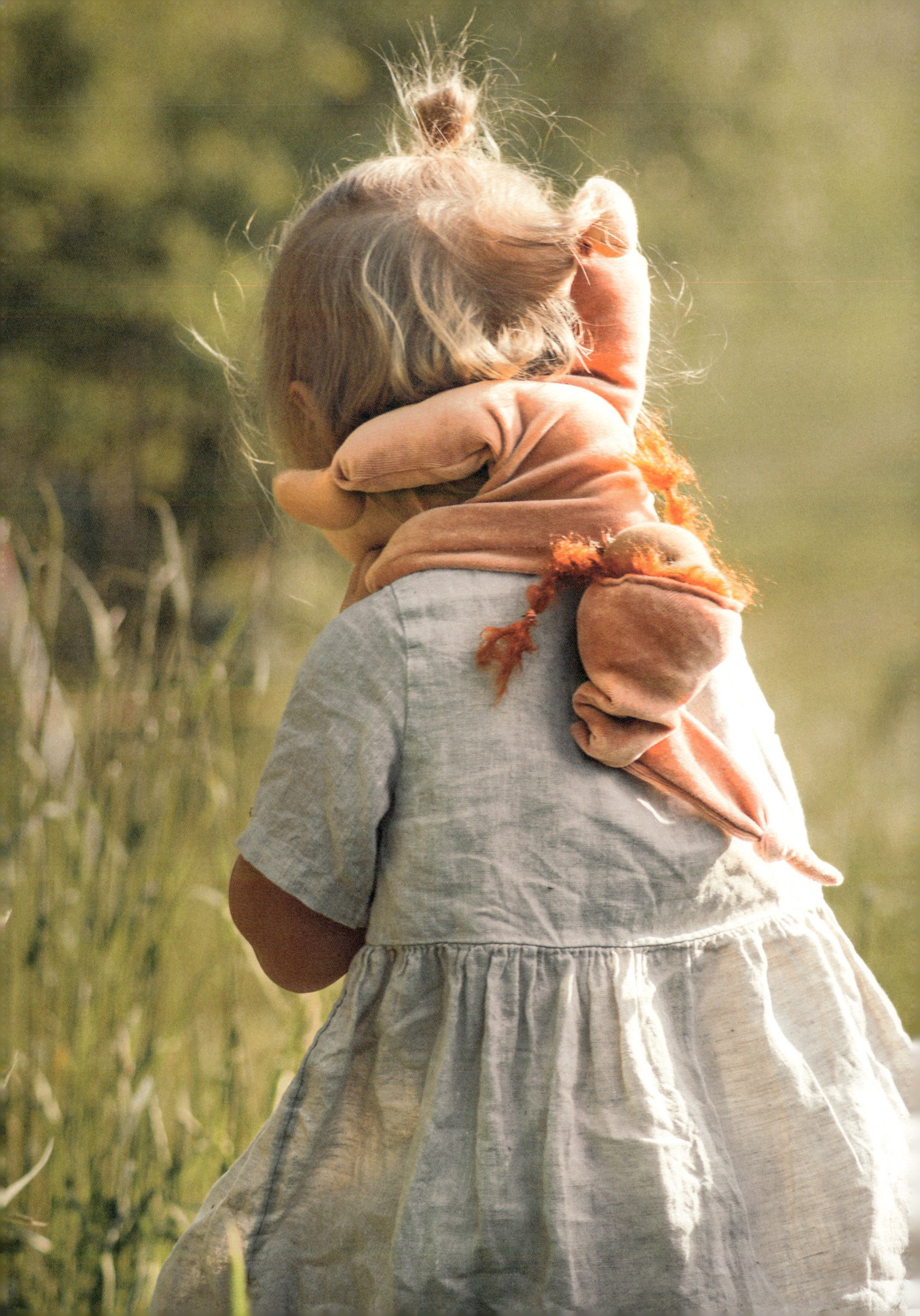

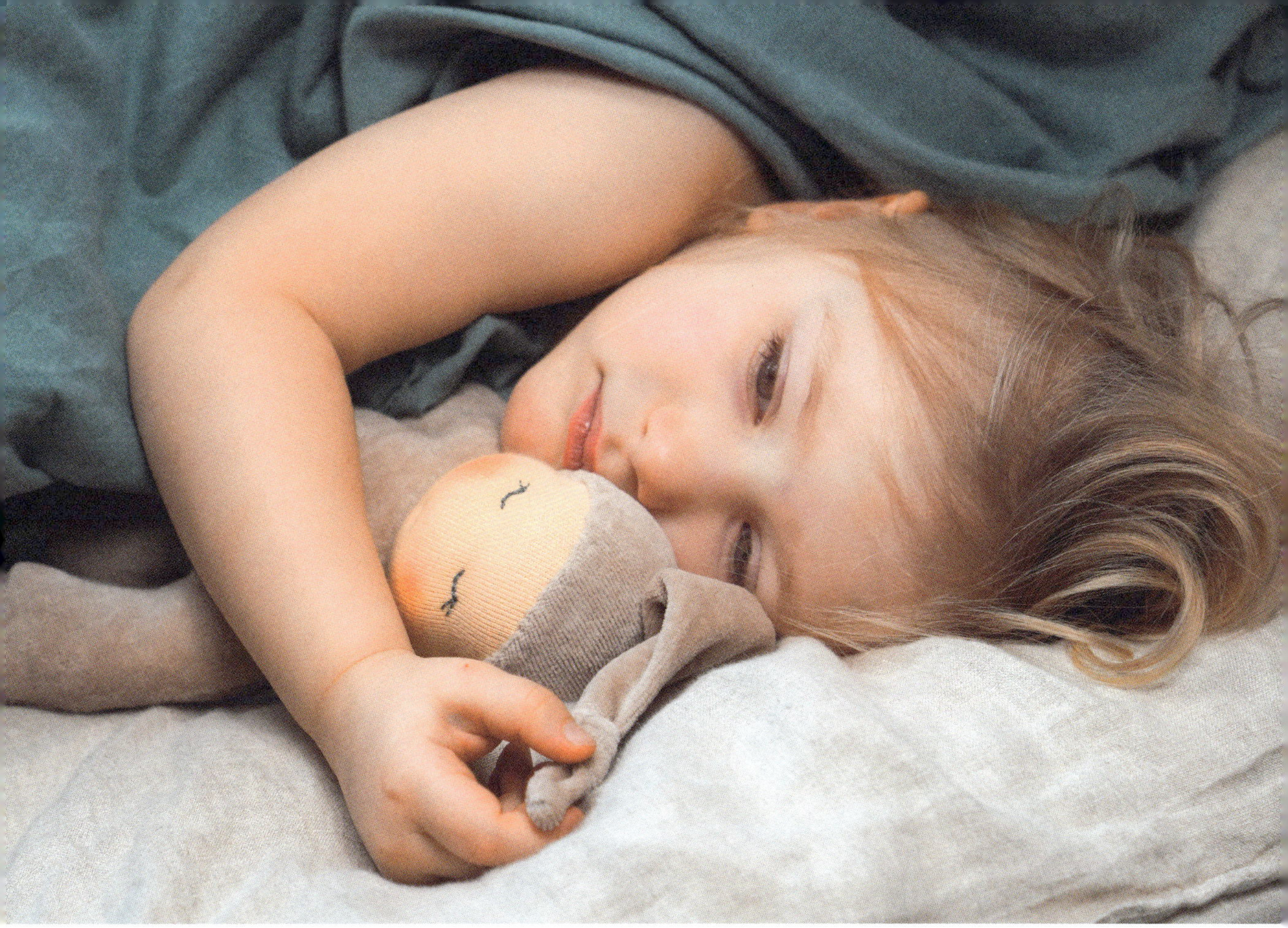

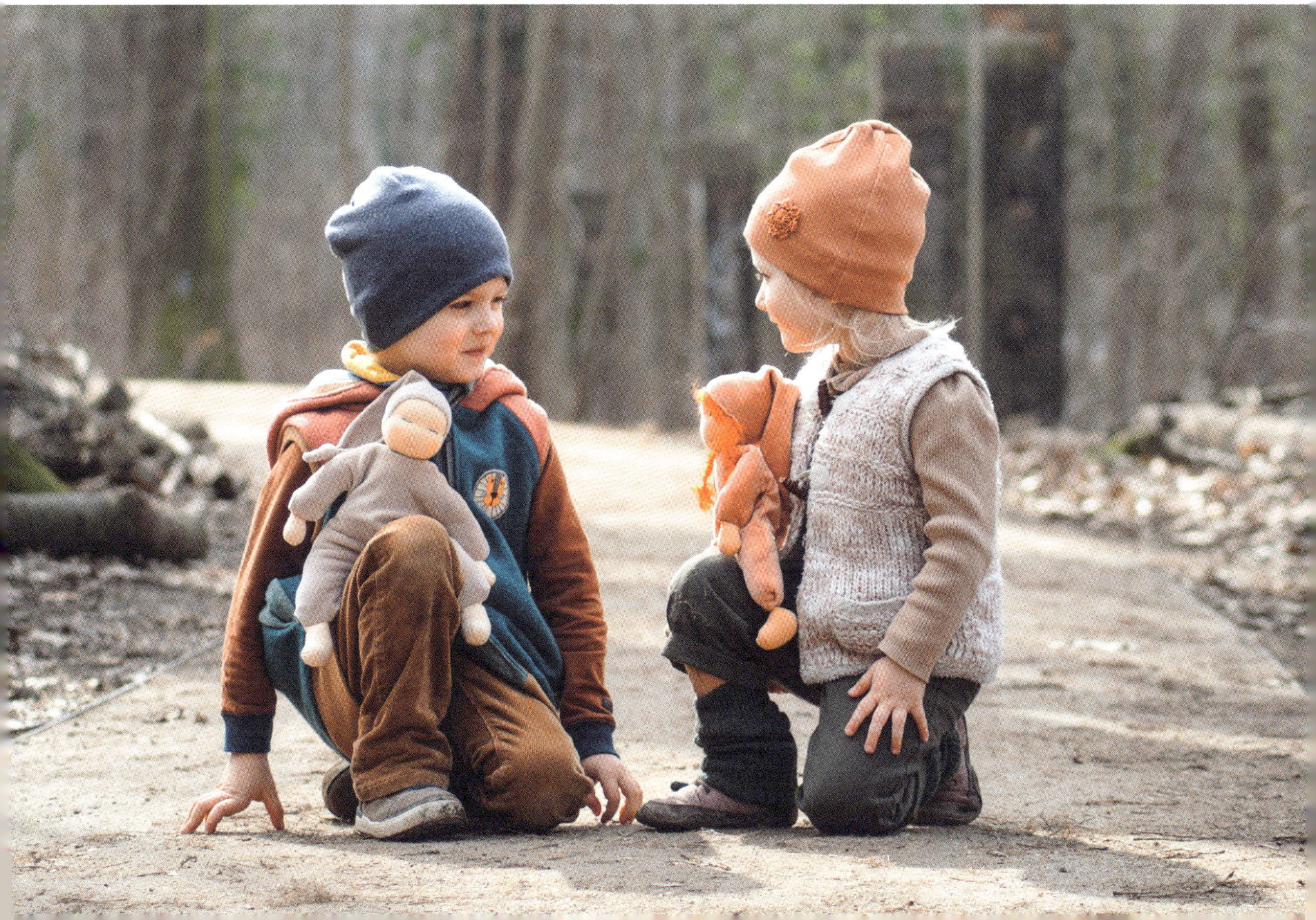

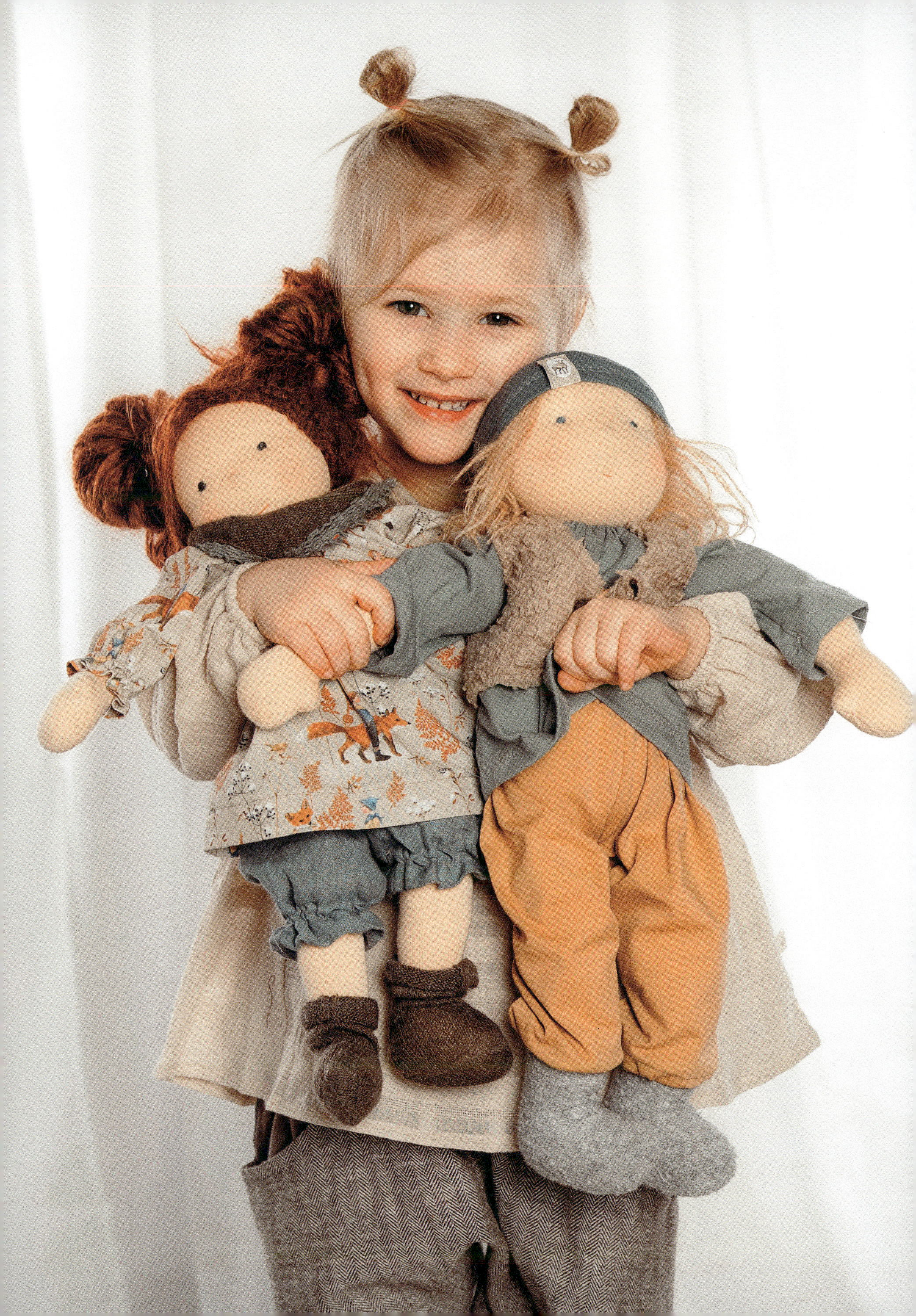

Gliederpuppe

Diese Puppen fühlen sich warm und, trotz fester Stopfweise, weich an und sind die perfekten Begleiter zum Kuscheln, Trösten und Liebhaben. Die Gliederpuppe lässt sich beliebig einkleiden und das feine Mohair lädt zum Frisieren ein. Diese Puppe ist für Kinder ab 3 Jahren geeignet. Hat das Kind noch kein Interesse am Frisieren oder soll die Puppe bereits ein Gefährte für kleinere Kinder sein, so können die Haare durch eine festgenähte Mütze ersetzt werden. Verschiedene Projekte für Kleidung und Accessoires findest du ab Seite 117. Die Kleidung ist so konzipiert, dass kleine Kinderhände sie leicht an- und ausziehen können.

VORLAGEN

Schnittmusterbogen A

Schnittteil 9–Bein Gliederpuppe
Schnittteil 10–Arm Gliederpuppe
Schnittteil 11–Körper Gliederpuppe
Schnittteil 12–Kopf Gliederpuppe

MATERIAL

- Trikotstoff, schwere Qualität für Gliedmaßen und Rumpf, einlagig 65 x 30 cm
- Trikotstoff, leichte Qualität für Kopf, einlagig 25 x 30 cm
- Mullschlauch, 6,5 cm breit, 90 cm lang
- Abbindegarn, 5–6 m
- Schafwolle im Vlies, ca. 400 g
- Nähgarn für Hand und Maschine
- Stickgarn für Mund und Augen
- Puppenmohair, 1–2 Knäul (je nach gewünschter Haarlänge und -dichte)

ZUSCHNITT & NÄHEN DER GLIEDMASSEN

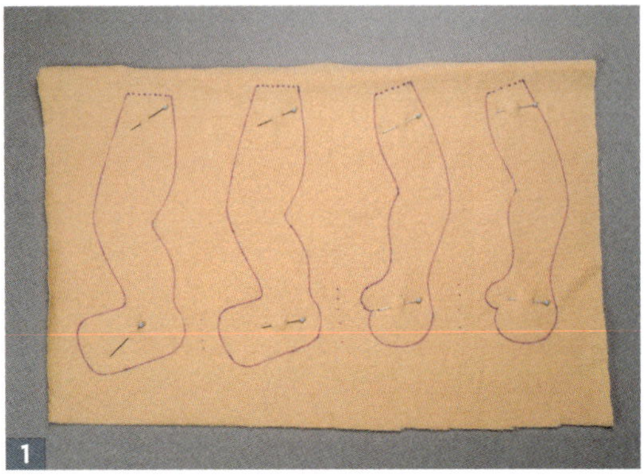

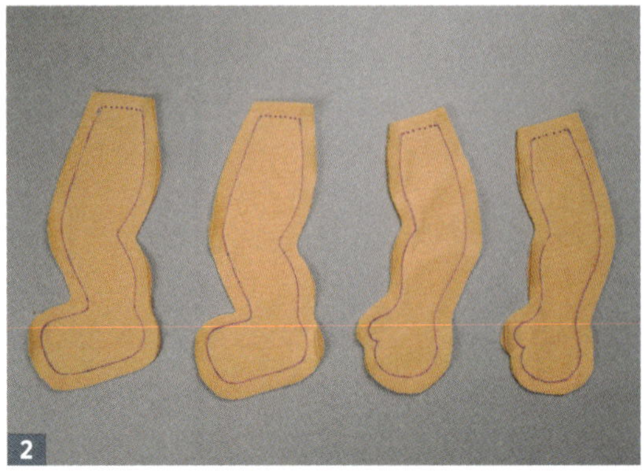

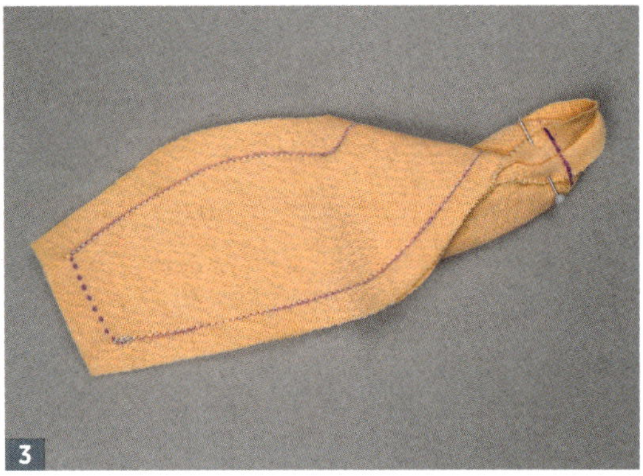

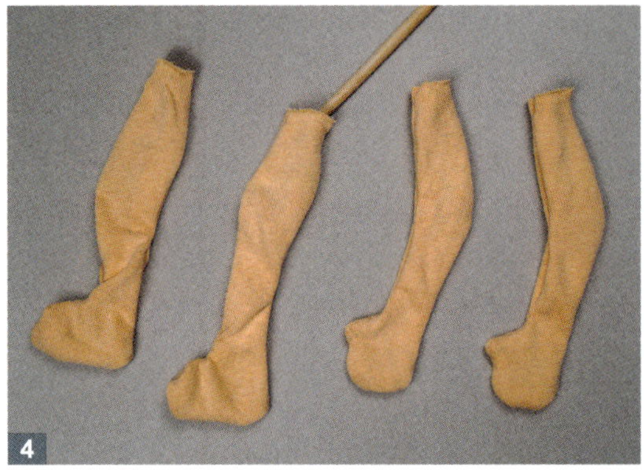

Trikotstoff, schwere Qualität

1 Die Schnittmuster von Arm und Bein je 2x mit Trickmarker auf r-a-r liegenden Trikotstoff der schweren Qualität übertragen. Wendeöffnungen sind kleingepunktet dargestellt. HINWEIS: Da die Teile erst nach dem Nähen ausgeschnitten werden, beim Anzeichnen genug Platz für die Nahtzugabe zwischen den einzelnen Teilen lassen.

2 Je nach Garn (siehe Seite 19) wird direkt auf der Linie mit einem Einfach- oder Dreifachgeradstich genäht und dann ca. 0,7 cm neben der Naht ausgeschnitten und gewendet.
HINWEIS: Automatisches Standard-Verriegeln der Nähmaschine hält erfahrungsgemäß der anschließenden Stopftechnik oft nicht stand. Besser ist manuelles Verriegeln durch wenige Stiche vor- und zurücknähen.

Für Ungeübte ist es für ein besseres Anfassen zum Stopfen und zum Annähen der Gliedmaße hilfreich, mehr Stoff an der Öffnung stehen zu lassen, und diesen erst nach dem Annähen der Gliedmaße zu kürzen.

3 Zum Abnähen des Fußes wird dieser breit gezogen, sodass die Nähte r-a-r aufeinanderliegen. Ca. 1–1,5 cm hinter der Fußspitze wird eine Linie gezeichnet, mit einer Nadel fixiert und der Fuß abgenäht.

4 Die Arme und Beine werden gewendet und mit einem Stopfholz o. Ä. ausgeformt, besonders die Daumen.

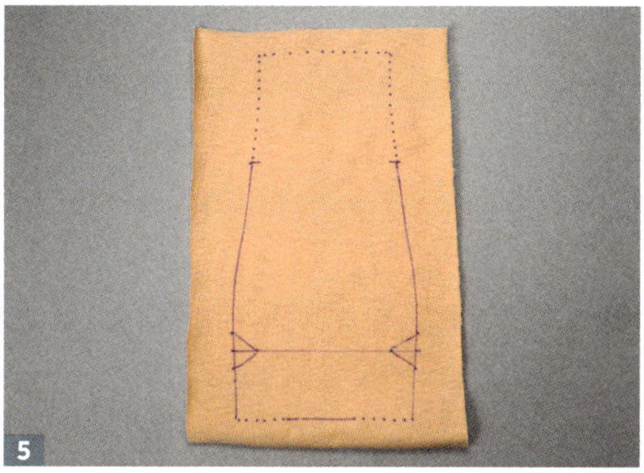

5

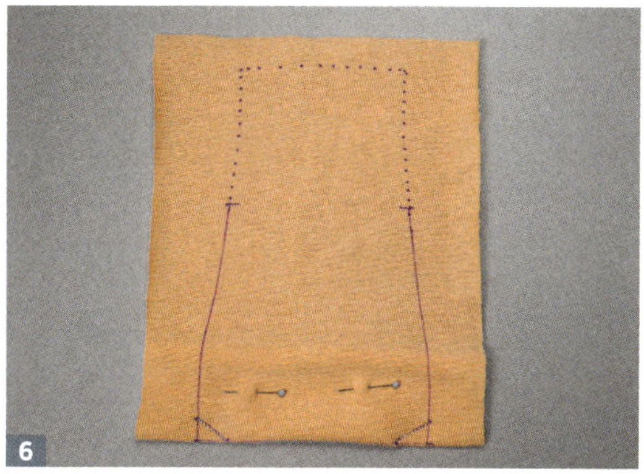

6

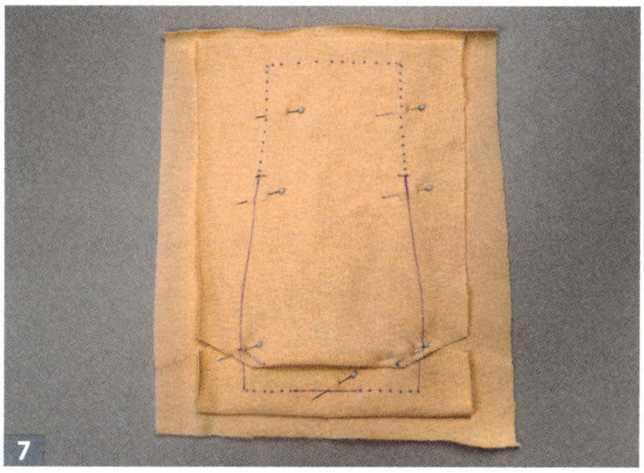

7

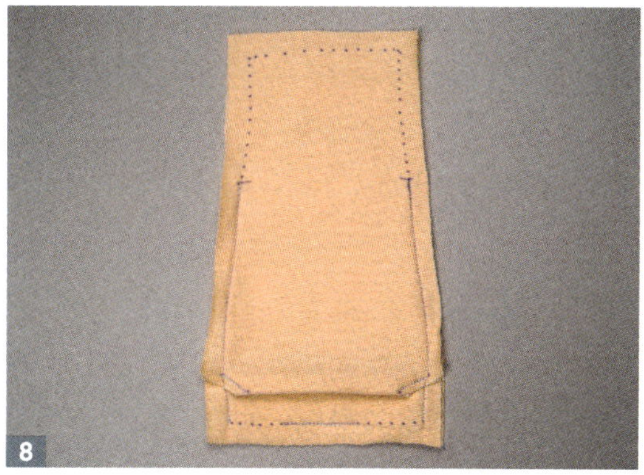

8

Trikotstoff, schwere Qualität

5 Beim Körper wird das Schnittmuster auf die linke Seite einer Lage schweren Trikotstoffes übertragen ...

6 ... anschließend an der entsprechenden Markierung r-a-r gefaltet und die Po-Abnäher genäht. Dann können die Ecken unter Beachtung der Nahtzugabe abgeschnitten werden.

7 Nun wird die entstandene Falte nach unten geklappt, das Teil r-a-r auf eine weitere Lage Stoff gesteckt und die Konturen genäht. Die Seitennaht geht bis zur Armöffnung und es werden Lücken für die Beine ausgespart.

8 Der genähte Körper kann nun, unter Beachtung der Nahtzugabe, ausgeschnitten werden.

ZUSCHNITT & NÄHEN DES KOPFBEZUGS

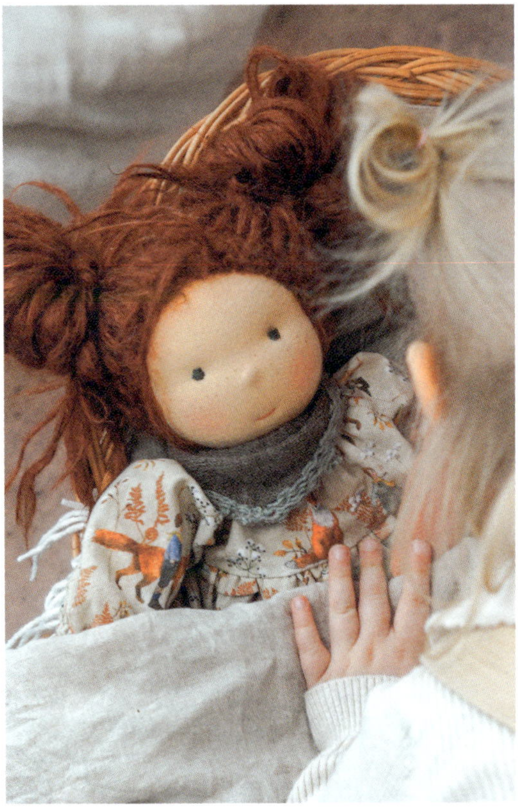

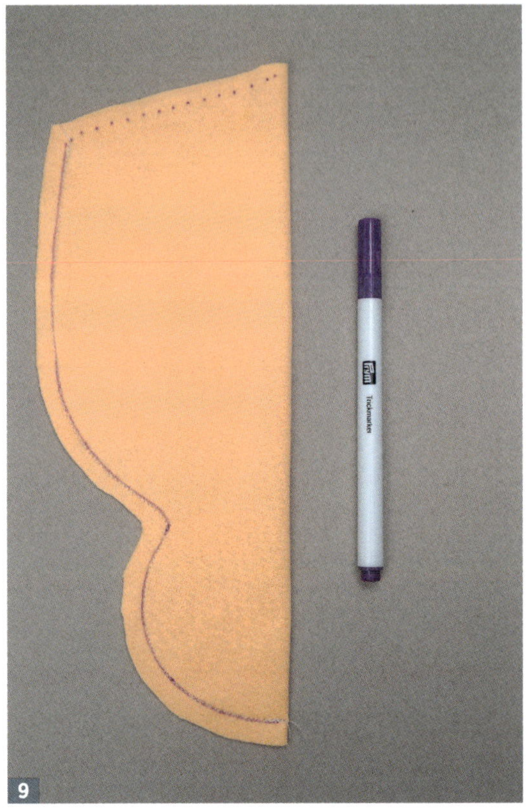

9

Trikotstoff, leichte Qualität

9 Das Schnittmuster des Kopfs wird im Bruch auf Trikot der leichten Qualität übertragen. Anschließend wird entlang der Kontur genäht, unter Beachtung der Nahtzugabe ausgeschnitten und gewendet.

10 Stopfen der Gliedmaßen: Wollflocken hineinstopfen, Hand bzw. Fuß ausformen. Etwas Wolle in den Daumen schieben. Erst wenn die vorhergehende Flocke verdichtet ist, wird die nächste Flocke eingebracht. Sind Hände und Füße fest gefüllt, werden die Arme und Beine aufgefüllt. Dazu dürfen nicht zu kleine Flocken verwendet werden – sonst gibt es „Cellulite". Es muss richtig fest, langsam und gleichmäßig gestopft werden. Nur wenn die Gliedmaßen fest gestopft sind, stimmen auch die Proportionen. Bei zu wenig Wolle wirken die Gliedmaßen wesentlich schmaler. Wer einen „schlabbrigen Look" mag, muss die Schnittteile zuvor verbreitern.

11 Die Gliedmaßen werden bis 2 cm vor Arm- bzw. Beinkante gefüllt. Die offene Kante wird dann links auf links zusammengelegt, in der Regel so, dass die Nähte in der Mitte auf-

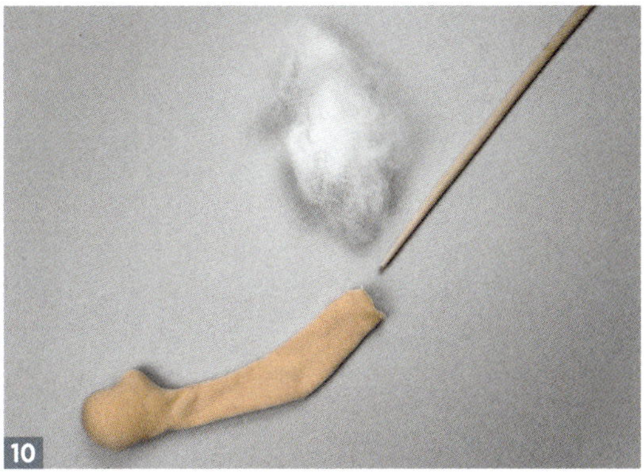
10

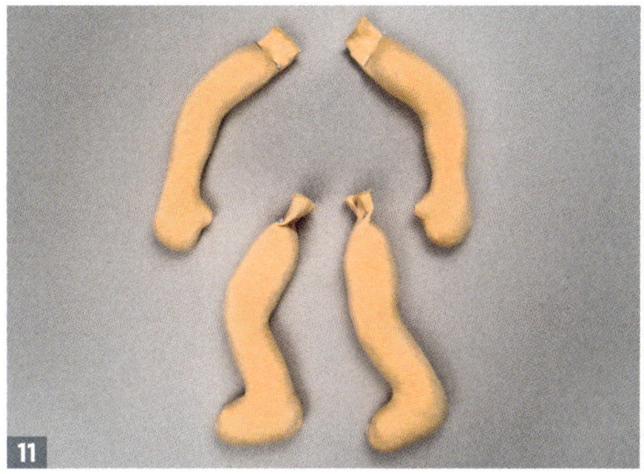
11

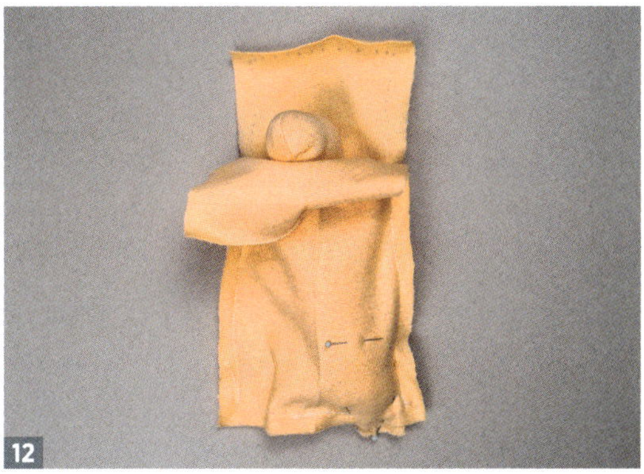
12

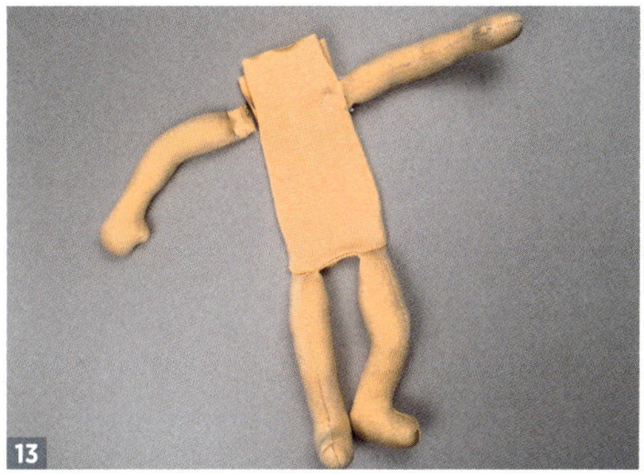
13

einandertreffen (hier im Bild bei den Beinen gezeigt) oder so, dass die Nähte im Nahtbruch flach liegen (hier im Bild bei den Armen gezeigt). Siehe dazu auch Schritt 14. Anschließend wird die Öffnung mit einer Stecknadel (oder einer Heftnaht) verschlossen, damit die Wolle nicht herausspringt.
HINWEIS: Werden die Gliedmaßen komplett bis zur Nahtlinie gestopft, leidet ihre Beweglichkeit am „Gelenk" – bspw. würden die Arme dann abstehen, wie bei einem roten Ampelmännchen.

12 Annähen der Gliedmaßen an den Rumpf: Das Einnähen der Gliedmaßen kann mit der Nähmaschine (Reißverschlussfuß benutzen) oder mit dem Rückstich von Hand erfolgen. Es ist auch möglich, den einfachen Vorstich zu verwenden und damit einmal hin und noch einmal zurück zu nähen. Zuerst wird ein Bein in den Körper gesteckt – Schnittkante auf Schnittkante –, der Po liegt unten und die Füße zeigen nach oben. Nun werden die Lagen entlang der Öffnung zusammengenäht. Anschließend erfolgt der gleiche Ablauf mit dem zweiten Bein.
TIPP: Damit beim Annähen der Gliedmaßen keine Falten eingenäht werden, kann der Trikot des Körpers hilfsweise an Arm und Bein straff mit einer Nadel festgesteckt werden.

13 Dann wird der Körper gewendet. Zur groben Orientierung kann es hilfreich sein, in diesem Stadium die Arme probeweise anzustecken. Der Daumen zeigt jeweils zum Körper.

SO GEHT'S WEITER

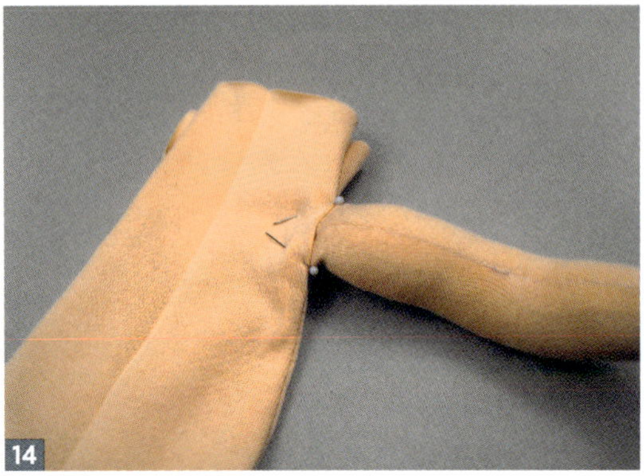

14

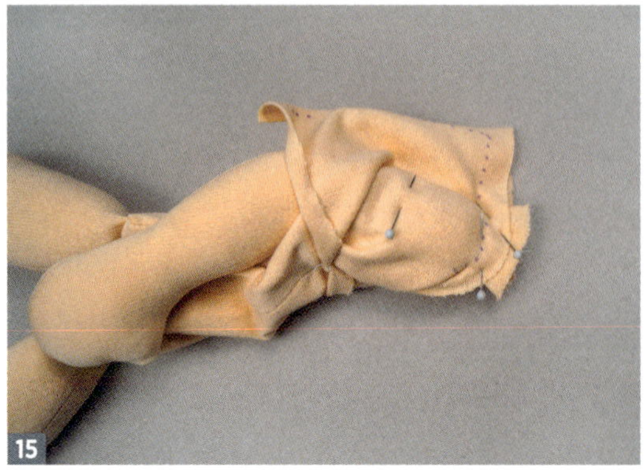

15

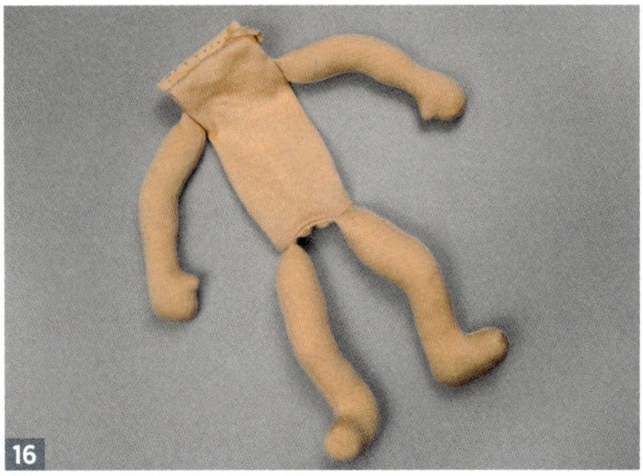

16

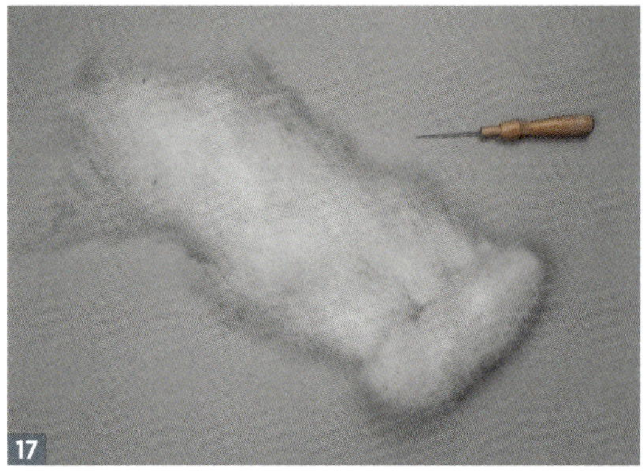

17

14 In der Regel werden die Arme mit der Naht nach vorn zeigend angenäht, aber auch mit der Naht nach unten ist möglich, dann stehen die Arme mehr vom Körper ab.

15 Der Körpertrikot wird heruntergekrempelt und die Arme fürs Annähen angesteckt bzw. die Nadeln der temporären Fixierung umgesteckt. Die Arme - wie bei den Beinen beschrieben - annähen.

16 Alle Gliedmaße sind am Rumpf befestigt.

17 Füllen des Rumpfes: Für die Füllung wird ein Strang Wolle, etwa so breit wie der Körper, straff zu einer Rolle aufgewickelt. Gegebenenfalls zwischendrin mit wenigen Stichen filzen, sodass sie fest wird.

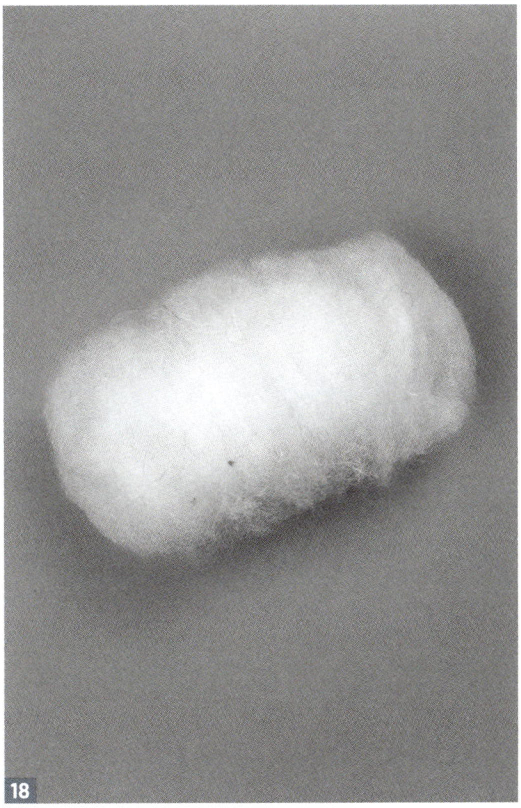

18

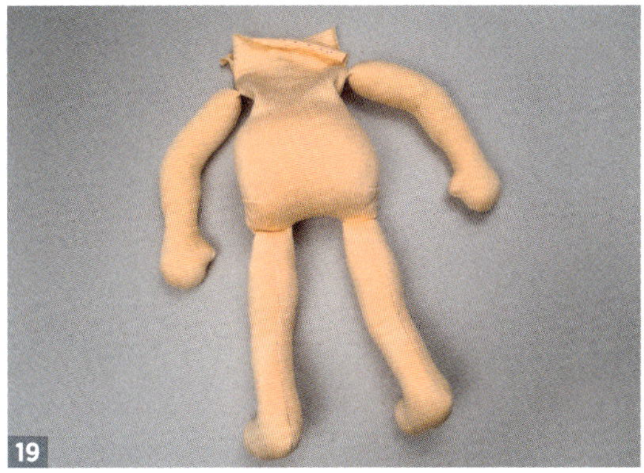

19

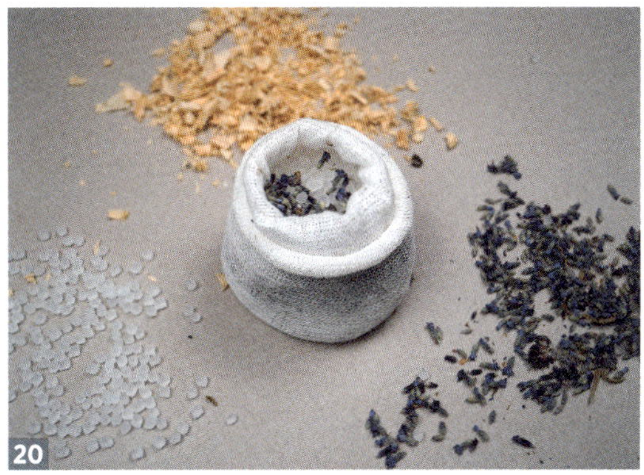

20

18 Die fertige Rolle sollte die Maße von circa 13 x 9 cm (Breite x Höhe) haben.

19 Dann wird diese in den Körper eingesetzt. Die Ecken am Po werden NICHT zusätzlich mit Wolle ausgefüllt, sonst gibt es einen eckigen Po und keinen runden.

20 TIPP: Es besteht die Möglichkeit, ein kleines Mullschlauch-Säckchen, gefüllt mit Zedernholz, Granulat (für die Schwere der Puppe) oder Lavendel in den Körper einzuarbeiten. Dazu wird ein Stück Mullschlauch abgebunden, gewendet und nach dem Einfüllen wieder abgebunden. Das kleine Säckchen wird in die Bauchrolle mit eingerollt.

21 Herstellung des Kopfes: Siehe Grundanleitung ab Seite 37.
Für die Gliederpuppe gelten folgende Maße:

- Mullschlauch 90 cm
- Wollstrang ca. 10 cm breit, 1 m lang
- Kopfkugel 28 cm Umfang
- Wollstränge für Stern je 10 cm breit, 70 cm lang
- Kopfumfang 32–34 cm
- Abbindegarn für die Kopflinien, je 1,40 m pro Linie
- Rumpfpartie-Form ergibt sich individuell

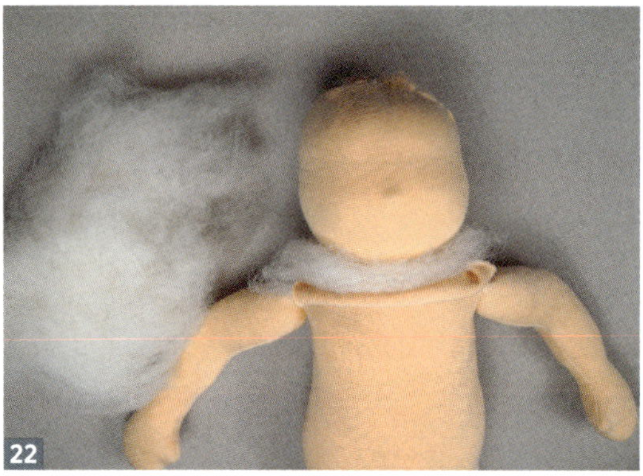
22

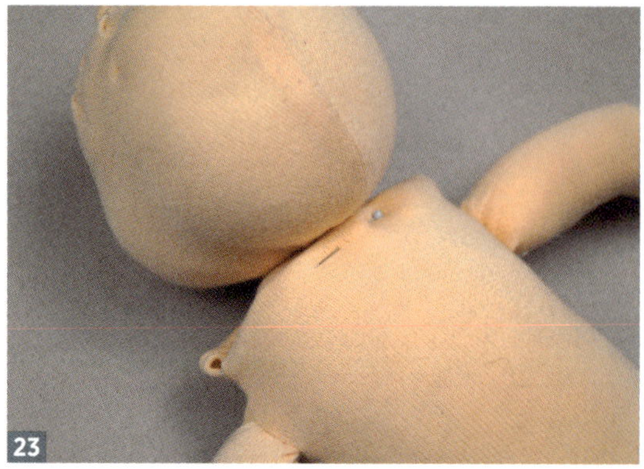
23

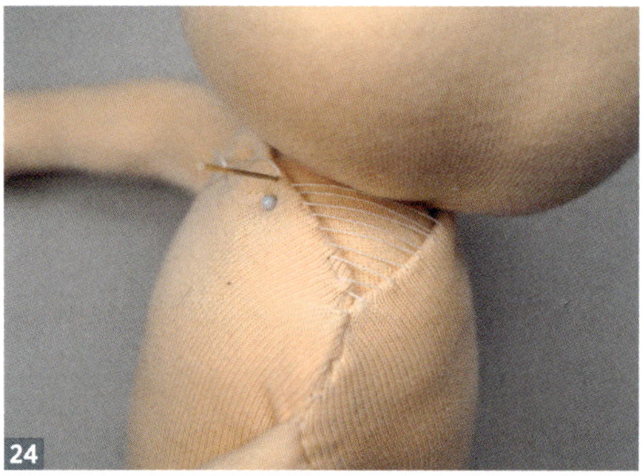
24

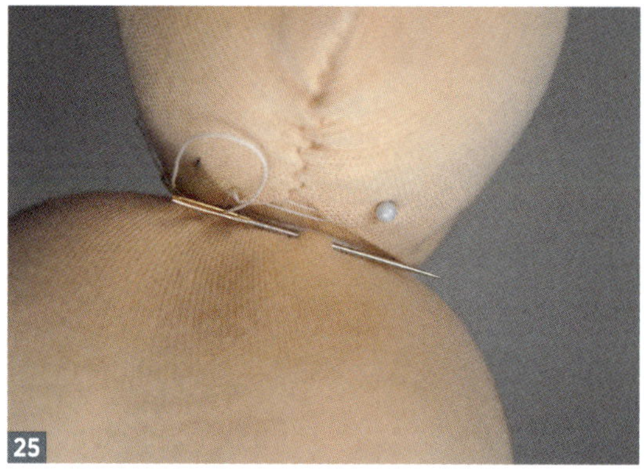
25

22 Annähen des Kopfes an den Rumpf: Jetzt wird der Kopf in den Rumpf eingesetzt. Die Fußspitzen zeigen in die gleiche Richtung wie die Nase. Nun wird jeweils ein kissenförmiges Stück Wolle in den Rumpf am Bauch und am Rücken mit der flachen Hand eingeschoben und so verdichtet, dass kein Übergang von Kopfunterteil und Rumpfrolle mehr spürbar ist und sich der Körper gleichmäßig und fest anfühlt.

23 Der Trikot wird am Hals eingeschlagen und der Kopf mittig mit Stecknadeln vorn und hinten am Rumpf befestigt. Der Trikot muss stramm an Bauch und Rücken anliegen.

24 Nun wird mit Nähgarn mittels Matratzenstich an einem Arm mit der Schulternaht begonnen und bis zum Kopf genäht. Es ist darauf zu achten, dass die Schulternähte gleich lang werden.

25 Wichtig beim Annähen des Kopfes an den Rumpf ist, nur in das Trikot zu stechen und beim Kopf oberhalb des Abbindegarns tief in den Mullschlauch und etwas Wolle zu stechen, sodass der Kopf die notwendige Stabilität erreicht und im wilden Spiel nicht abgerissen wird.

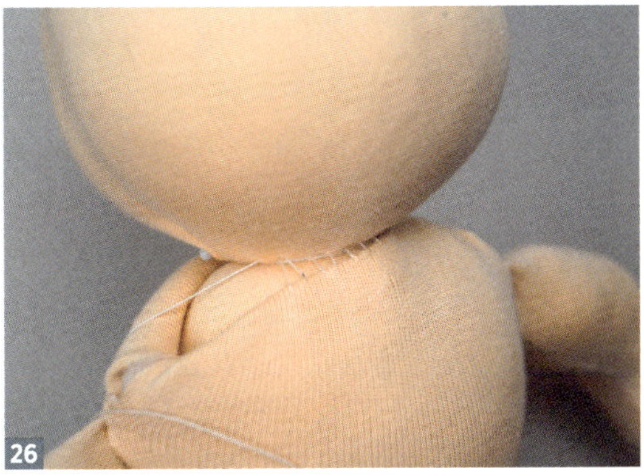

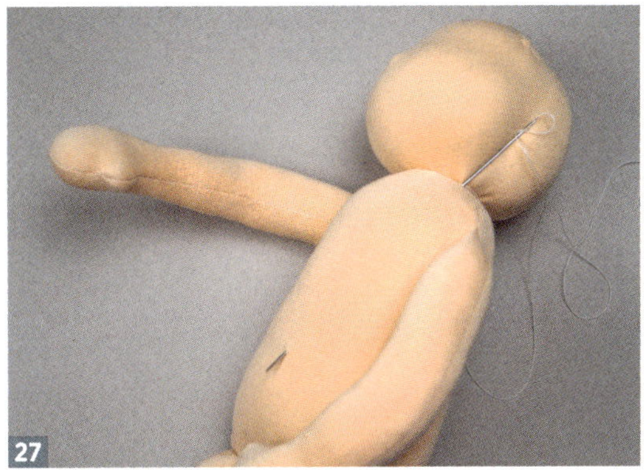

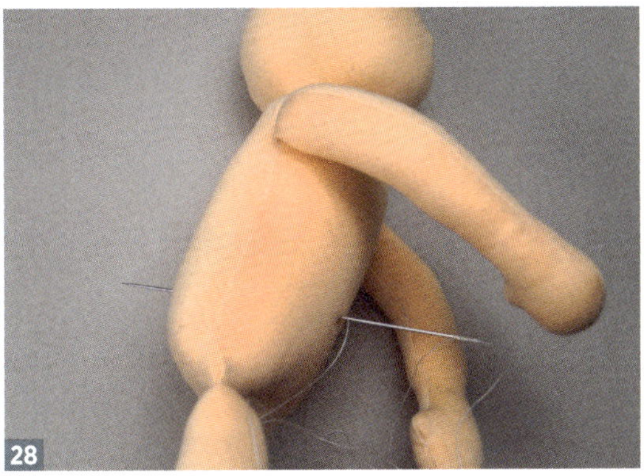

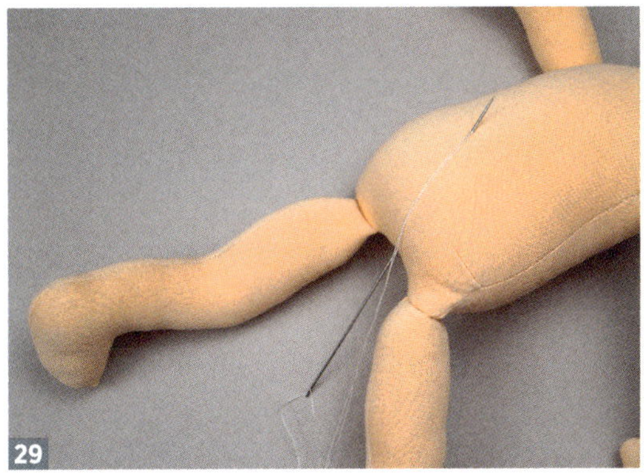

26 Es wird um den halben Kopf bis zur anderen Schulternaht genäht und anschließend die Schulter geschlossen. Es ist möglich, eine Naht zurück bis zum Kopf zu nähen oder den Faden mit 2–3 Stichen zu sichern und mit der Puppennadel unterhalb der Naht bis zum Kopf zu stechen und dann die andere Kopfhälfte anzunähen. Sicherheitshalber wird empfohlen, die Naht um den Kopf doppelt auszuführen. Der Faden wird an der Schulter gesichert. Wenn kein Bauchnabel und Po gewünscht ist, wird er mit der Puppennadel in den Körper verstochen. Beim Abschneiden des Fadens wird der Trikot nach unten gedrückt und der Faden knapp über dem Trikot abgeschnitten. So verschwindet der abgeschnittene Faden im Körper.
TIPP: Erscheint der Kopf nicht stabil (Wackelkopf), ist es möglich, eine zusätzliche Runde um den Kopf zu nähen. Dabei wird nicht knapp neben dem Abbindegarn eingestochen, sondern der Abstand etwas vergrößert und der Kopf somit enger an den Rumpf gezogen.

27 Bauchnabel & Po: Ist ein Bauchnabel und Po gewünscht, kann der Faden direkt weiterverwendet werden, falls er noch lang genug ist. Zum Nähen des Bauchnabels gibt es zwei Möglichkeiten:

28 Variante 1: Der Faden wird mit der Puppennadel zur Position des Bauchnabels geführt, ca. 2 mm weiter unten wird wieder eingestochen und die Nadel Richtung Po geführt, – ob zwischen die Beine oder am Ende der Polinie am Rücken, ist nicht relevant.

29 Dann wird die typische Polinie gezogen. Die entstehenden Falten am Po können glattgestrichen werden.

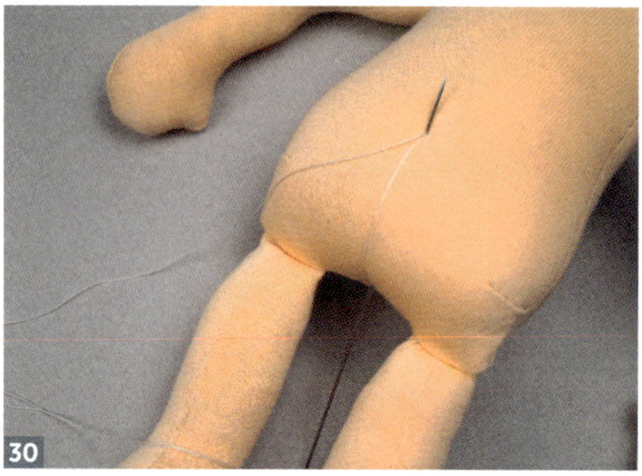

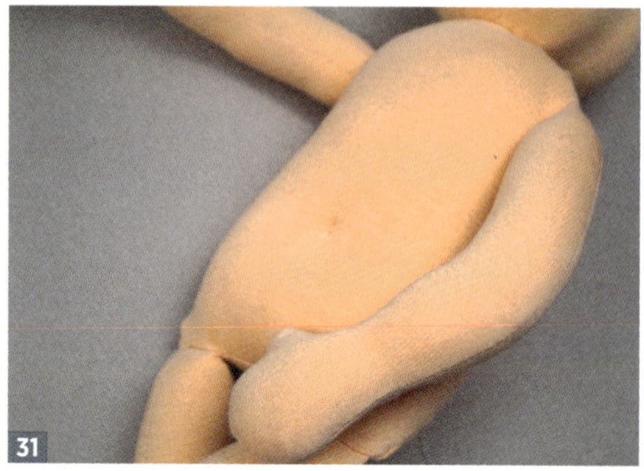

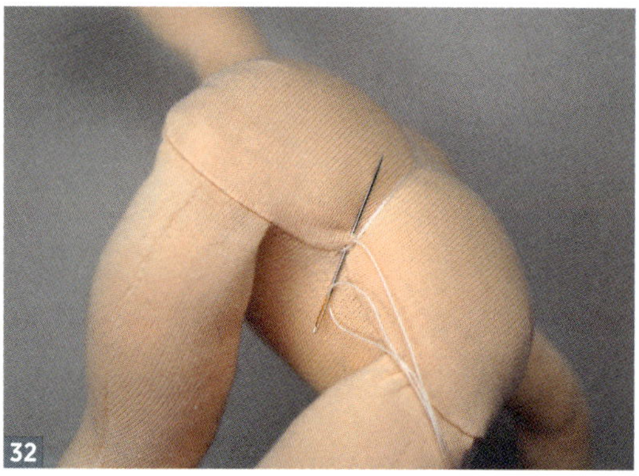

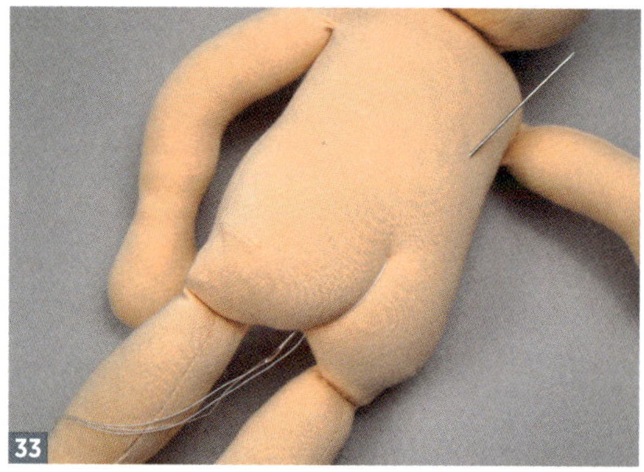

30 Die Polinie ist doppelt (oder dreifach) zu ziehen.

31 Insgesamt sollte der Bauchnabel und der Po nicht zu flach und nicht zu stramm nach innen gespannt sein, sodass eine natürliche Optik entsteht. Gegebenenfalls kann der Faden nochmal etwas gelockert oder fester gezogen werden.

32 Ist die Form von Bauchnabel und Po final, wird der Faden zwischen den Beinen gesichert.

33 Abschließend wird der Faden mit einer langen Puppennadel in den Rücken verstochen und abgeschnitten.

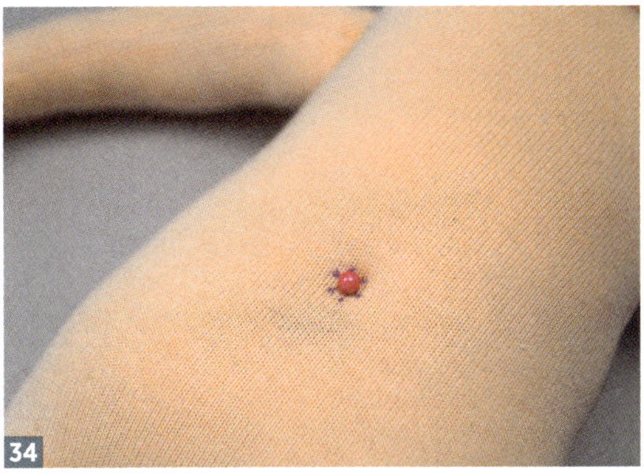

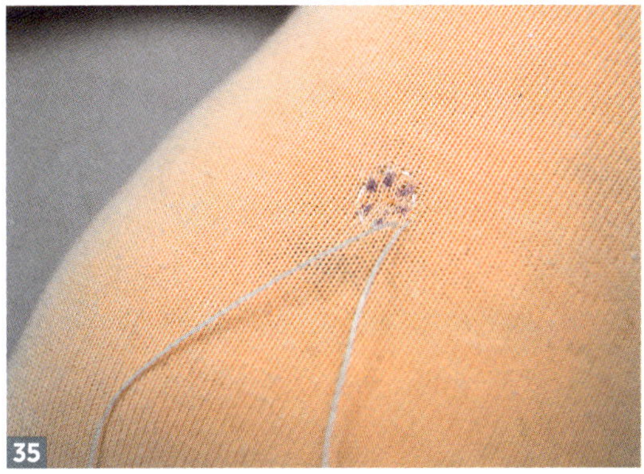

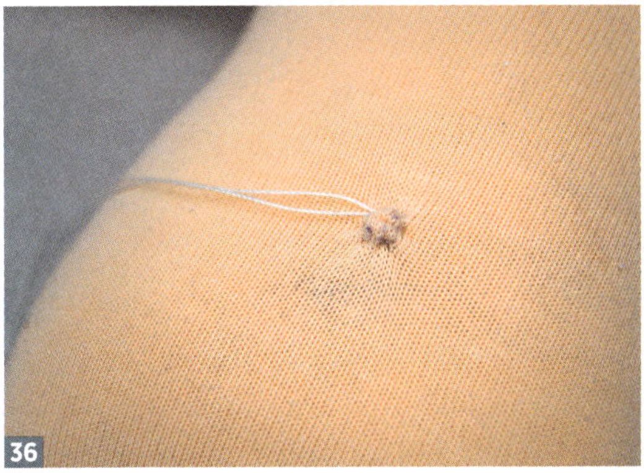

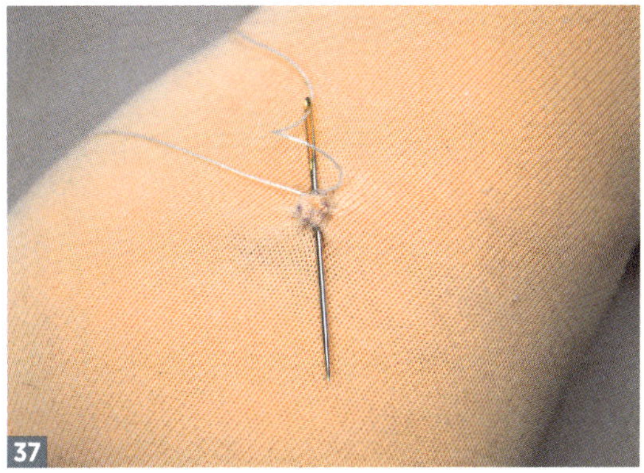

34 Variante 2: Der Bauchnabel wird nach dem Prinzip der Nase genäht. Dabei wird die Position mit einer Stecknadel markiert und mit dem Trickmarker umrundet.

35 Mit dem Vorstich wird an der Rundung entlang genäht.

36 Da werden beide Fäden zusammengezogen und verknotet.

37 Es wird noch einmal unter dem Nabel hindurchgestochen und nochmal verknotet. Anschließend werden die Fäden mit der langen Puppennadel in den Rücken verstochen.

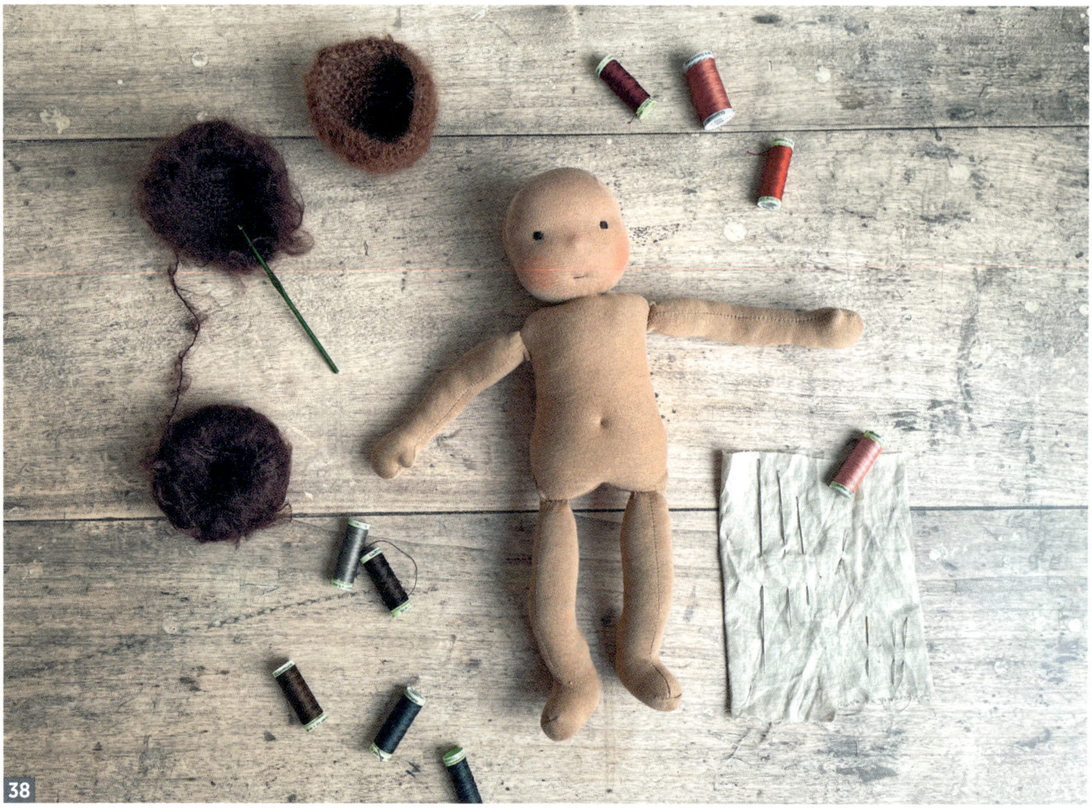

38 Haarkäppchen, Gesicht sticken, Annähen des Haarkäppchens Mütze & Schminken:
Haarkäppchen häkeln (siehe Seite 52),
Sticken der Augen (siehe Seite 60),
Sticken des Mundes (siehe Seite 65),
Annähen des Haarkäppchens (siehe Seite 69),
Sommersprossen & Wangenrot (siehe Seite 72). Fertig ist die Gliederpuppe!

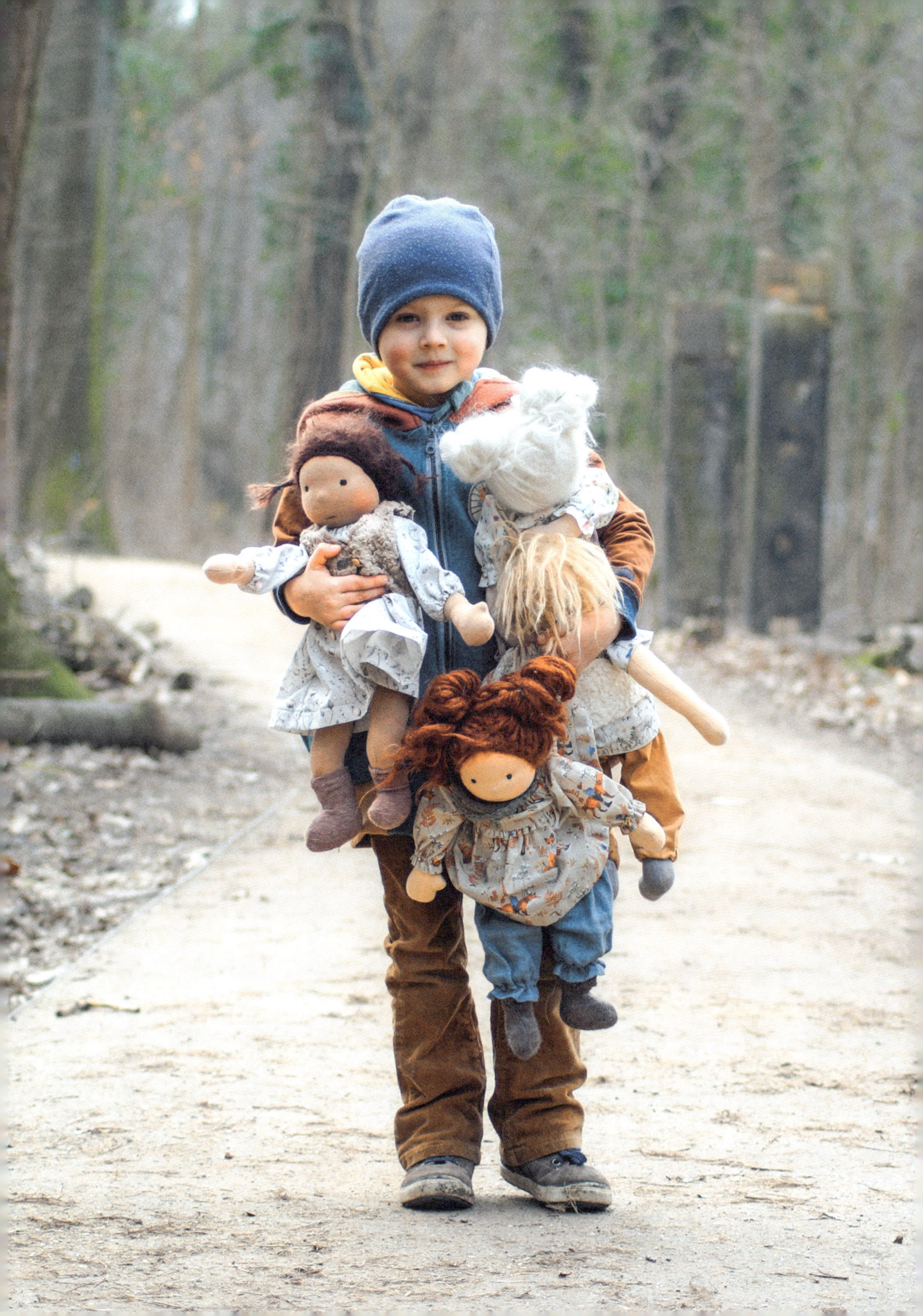

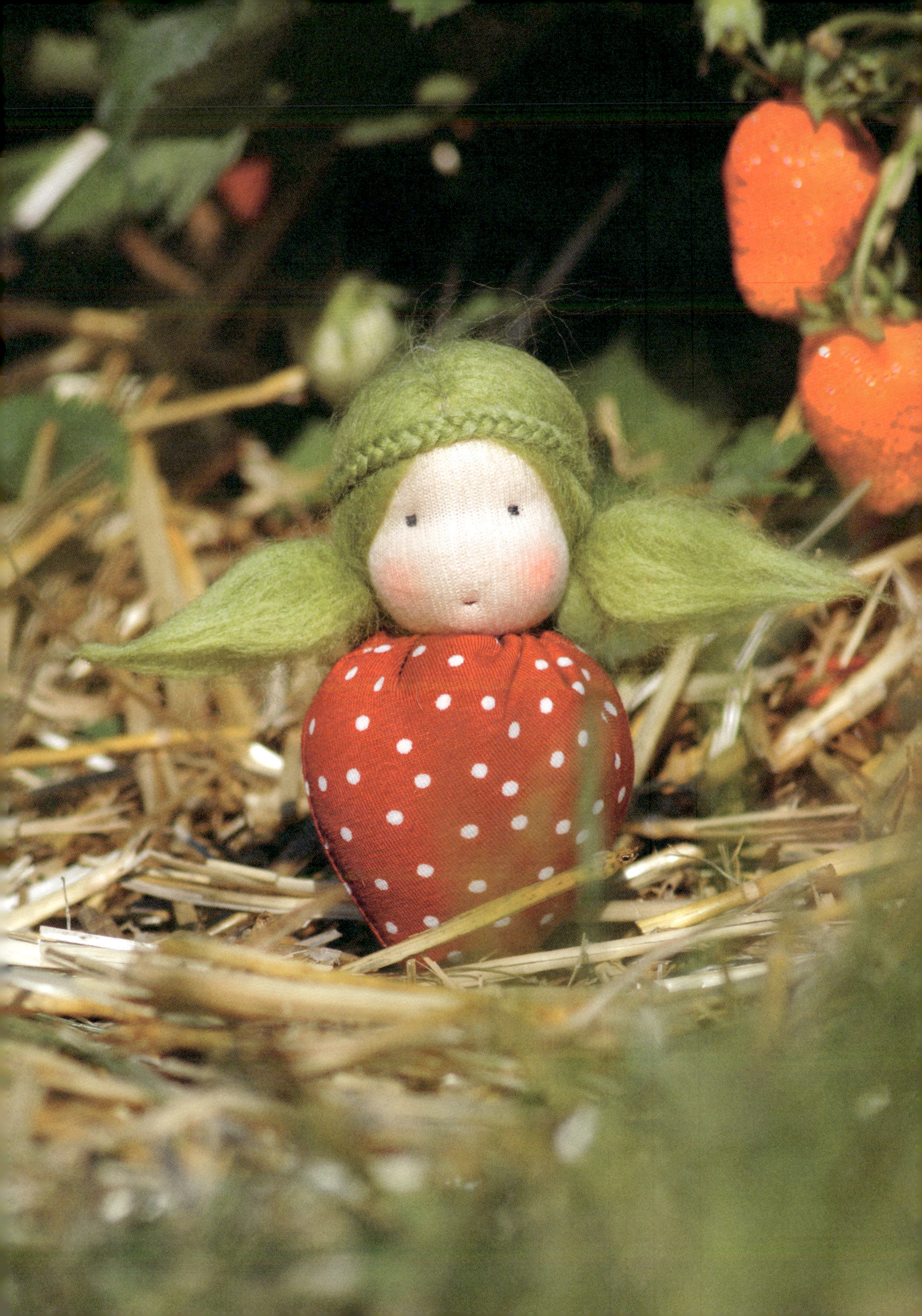

Figur für den Jahreszeitentisch

Der Jahreszeitentisch ist ein fester Bestandteil der Waldorf-Pädagogik. Dieser wird der Jahreszeit entsprechend dekoriert, und auch jahreszeitentypische Feste, wie Ostern und Weihnachten, finden Beachtung.

Gefilzte oder hölzerne Figuren, farblich passende Tücher, Karten mit Motiven des Monats und kleine Fundstücke aus der Natur (Steine, Blätter, Äste ...) sind typische Dekorationselemente des Jahreszeitentisches. Das gemeinsame Gestalten bietet eine wunderbare Gelegenheit für Eltern und Kinder, kreativ zu werden und etwas Schönes zu erschaffen, indem sie gemeinsam Materialien sammeln und auswählen. So werden u. a. im Frühling die ersten Blumen, im Sommer Muscheln und Steine vom Strand, im Herbst bunte Blätter, Kastanien und Eicheln und im Winter Tannenzweige, Nüsse und Kerzen auf dem Tisch platziert. Damit wird den Kindern spielerisch der Verlauf der Jahreszeit vermittelt und das Bewusstsein für den natürlichen Rhythmus des Jahres gestärkt. Gleichzeitig werden sie durch die Gestaltung des Tisches für die Schönheit der Natur sensibilisiert und es wird ein Bewusstsein für die Umwelt geschaffen.
Die ruhige Atmosphäre des Jahreszeitentisches kann auch dazu beitragen, Stress abzubauen und das Kind in einen Zustand der Gelassenheit zu versetzen. Das Betrachten der Naturmaterialien und das Spielen mit ihnen kann als eine Art Achtsamkeitsübung verstanden werden, die das Kind dabei unterstützt, im Hier und Jetzt zu sein, das Leben in all seinen Facetten zu genießen und eine tiefere Verbindung zur Natur aufzubauen.

Mit offenen Augen für Naturformen wirst du Materialien entdecken, welche du für die Gestaltung der Blumenkinder nutzbar machen kannst. Folgende Beispiele sind ein kleiner Einblick in die Gestaltung einer eigenen Miniaturwelt.

Frühling

1 Ein mit Stoff beklebtes Pegdoll (Naturholzrohling in Puppenform) wird zum Blumenkind für den Jahreszeitentisch. Um zu unterstreichen, um welches Blumenkind es sich handelt, wurde der Stoff mit einer Stickerei versehen. Die Haare aus Schafwolle sind aufgeklebt, sowie das aus zwei Fäden gedrehte Stirnband.

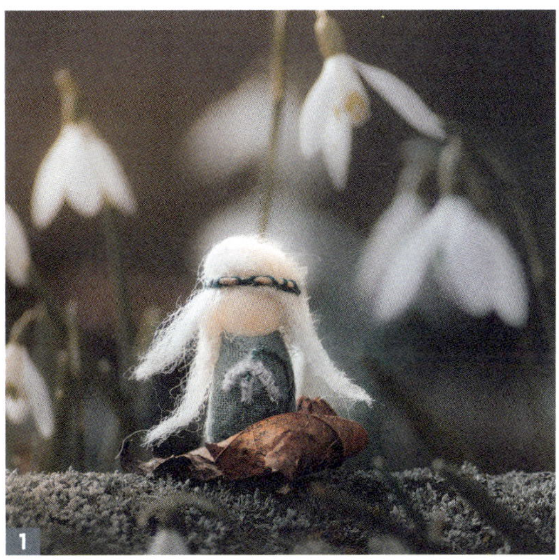
1

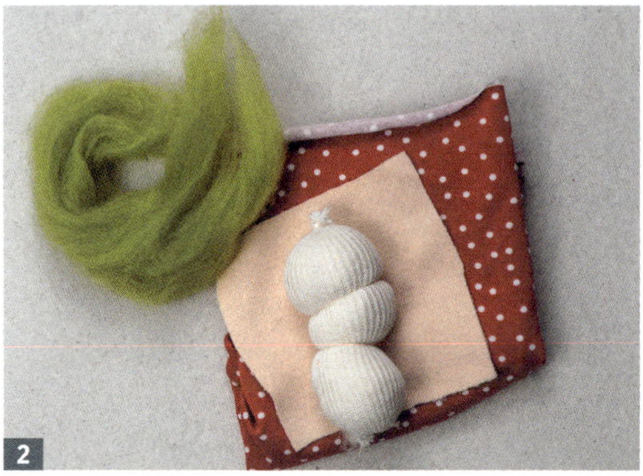

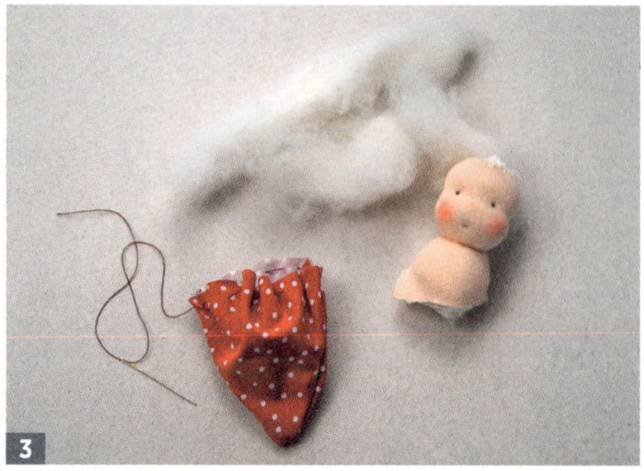

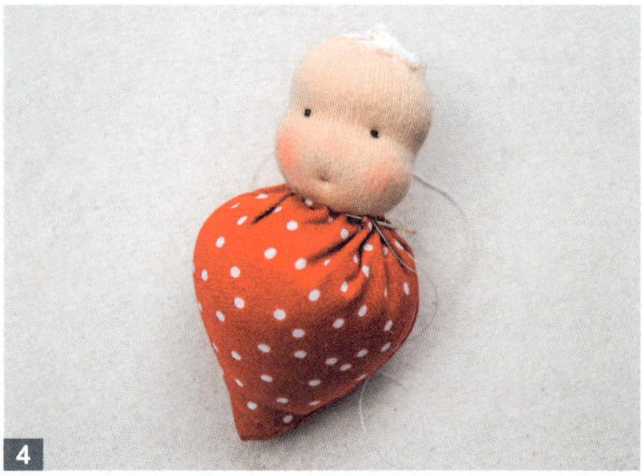

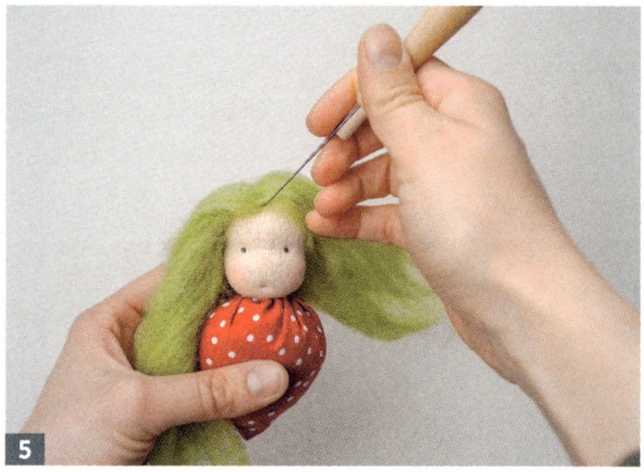

Sommer

2 Um eine kleine Erdbeerpuppe für den Jahreszeitentisch zu erschaffen, brauchst du lediglich ein paar einfache Zutaten und etwas Kreativität.

3 Der Miniaturkopf wird nach der Grundanleitung gefertigt (bspw. mit Mullschlauch in 1,5 cm Breite). Ein trichterförmig genähter Stoff in „Erdbeerfarbe" wird mit großen Vorstichen an der Öffnung gerafft.

4 Dann wird die Erdbeere mit Wolle gefüllt, das Köpfchen eingesetzt und festgenäht.

5 Haare aus Filzwolle werden am Scheitel mit wenigen Stichen mit der Filznadel fixiert ...

6 ... und dann mit Nadel und Faden in der gewünschten Frisur festgenäht.

7 Das Püppchen kann mit einem Faden aufgehängt oder mit einem Holzspieß als Stecker verwendet werden.

Herbst

8 Beginne damit, herbstliche Farben für den Körper zu bestimmen. Die Figur kann bemalt oder mit passenden Stoffen beklebt werden. Aus kleinen Stoffdreiecken entstehen Kopf- und Halstuch.

9 Kleinste Stoffreste eignen sich für Accessoires, wie bspw. eine Tasche.

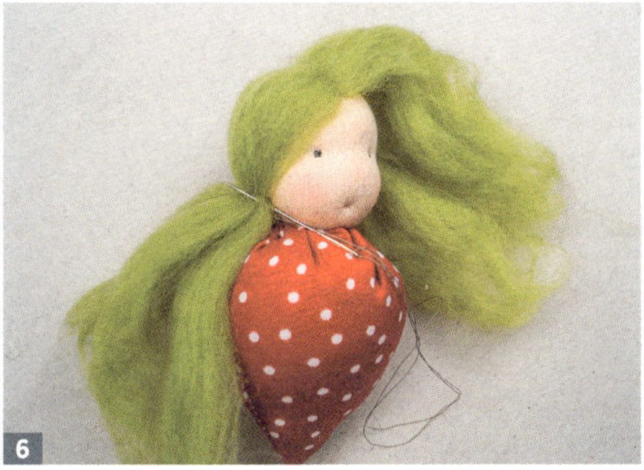

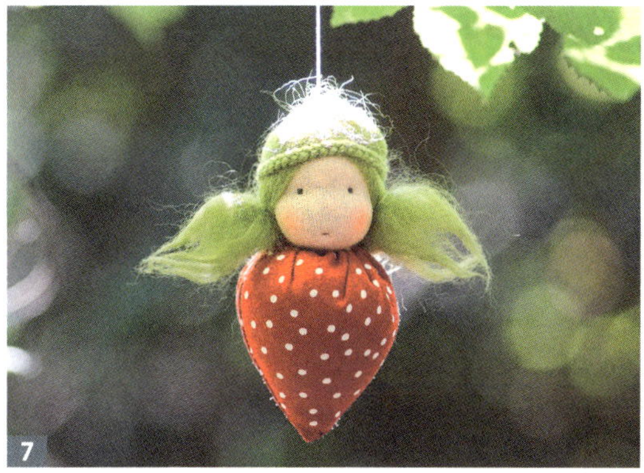

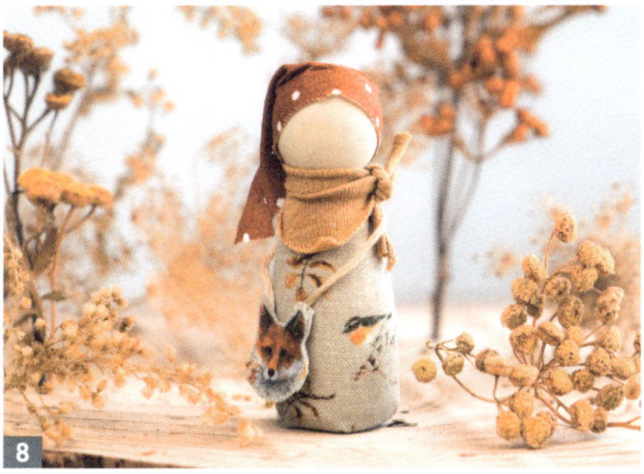

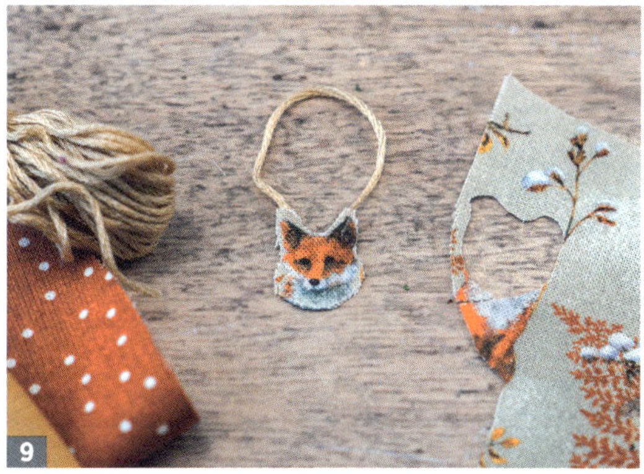

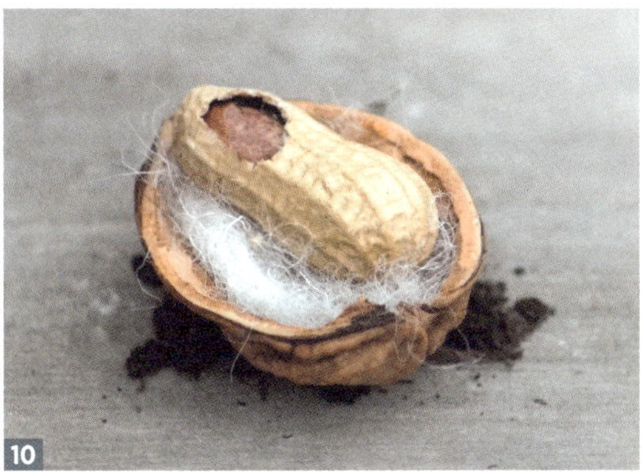

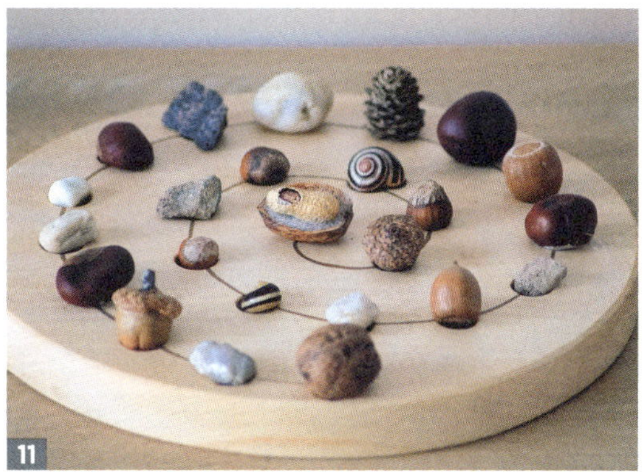

Winter

10 Aus einer Wallnussschale, einer Erdnuss und etwas Wolle entsteht das Jesuskind.

11 Mit einem kleinen Garnaufhänger versehen wird es zu einem wunderbaren Baumschmuck in der Weihnachtszeit, oder es findet seinen Platz auf der Adventsspirale.

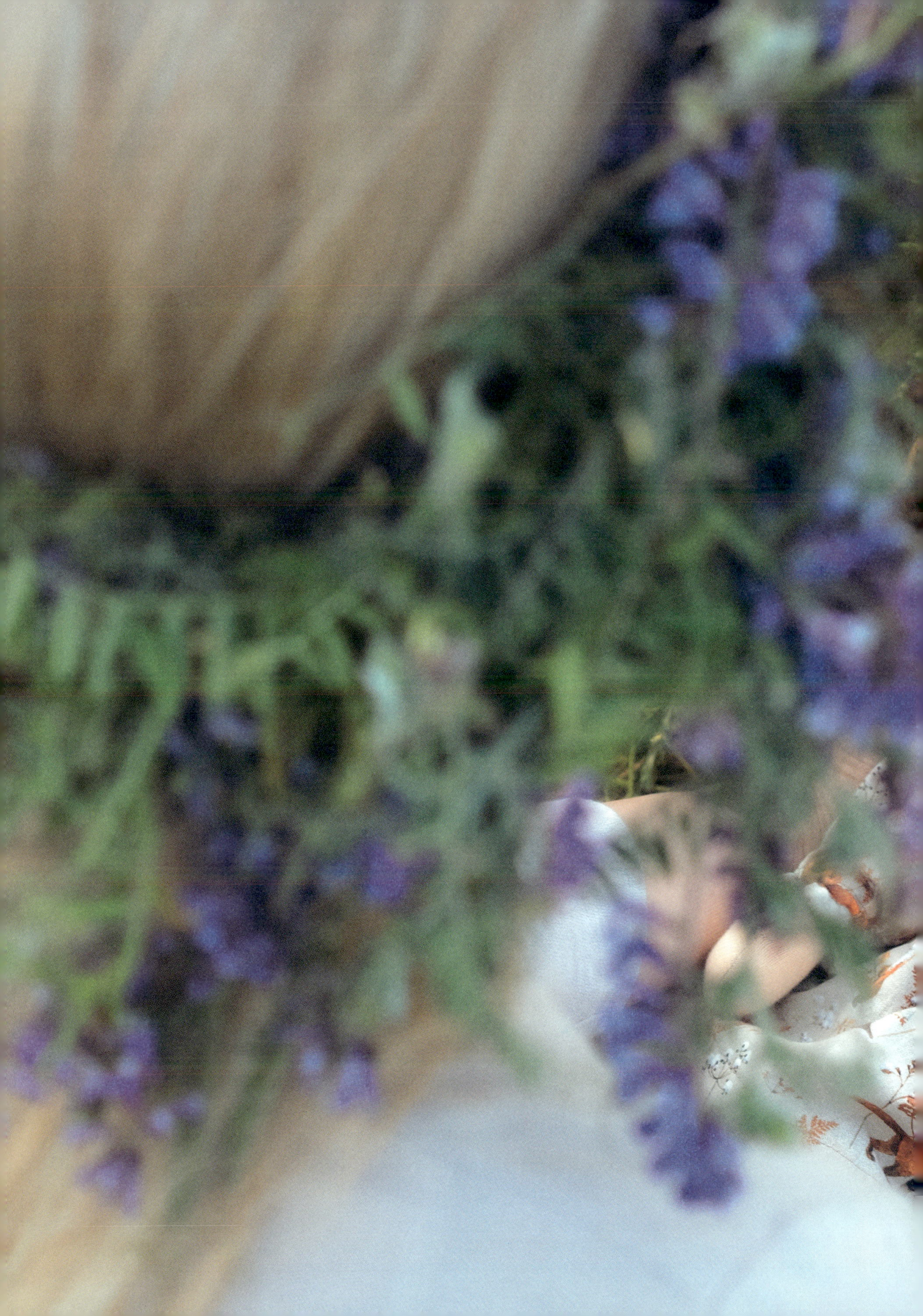

KLEIDUNG & ACCESSOIRES

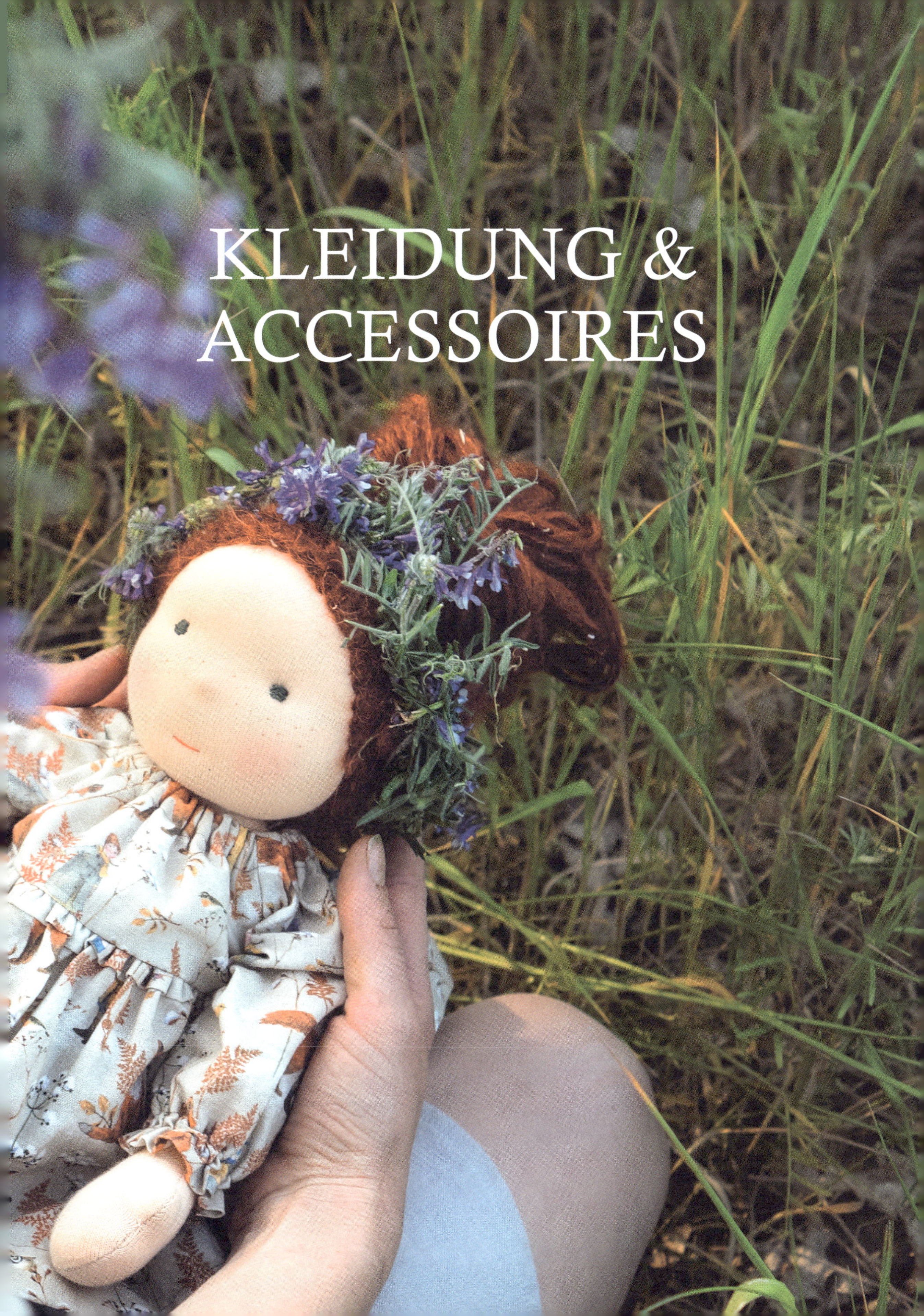

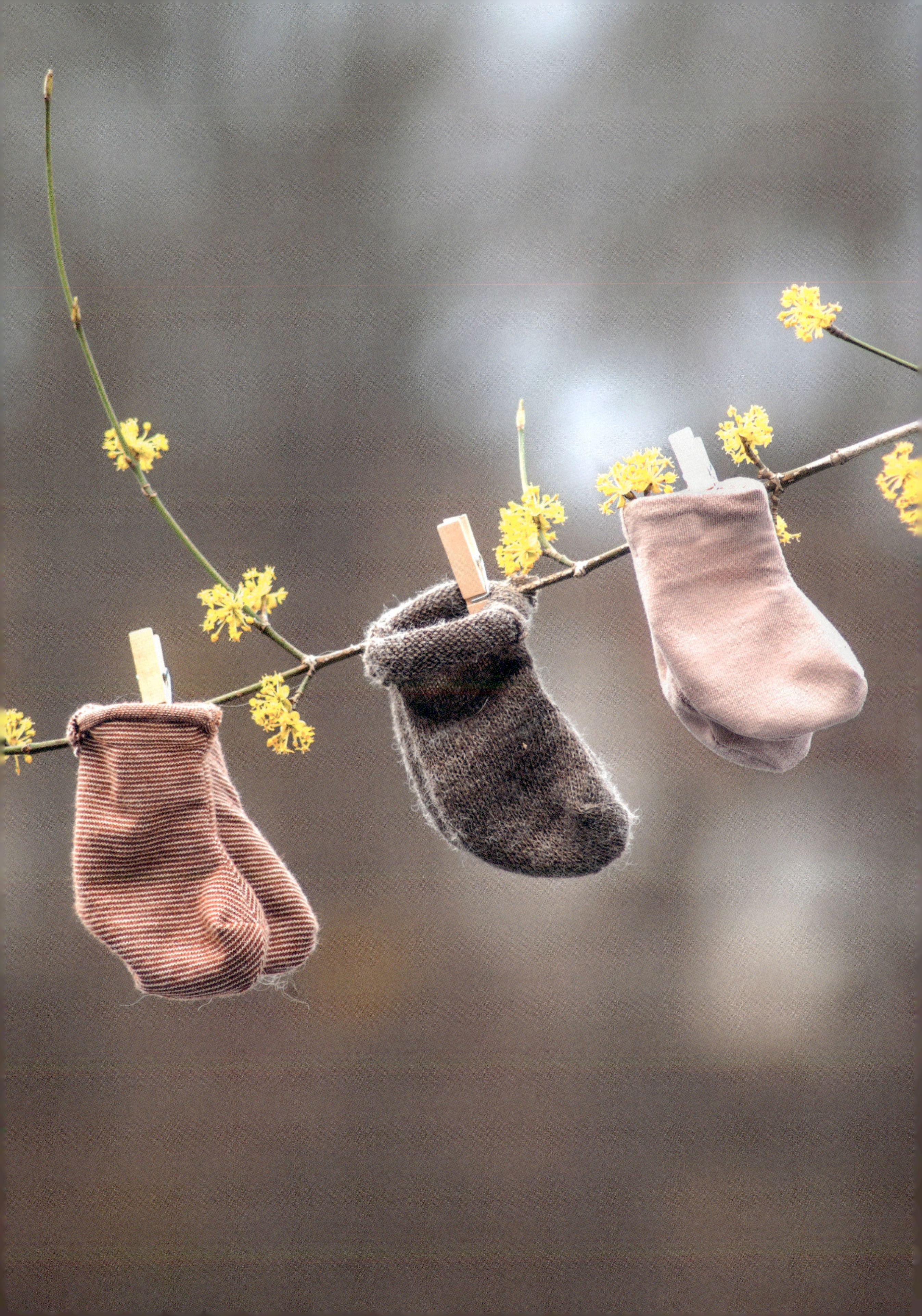

Socken

Oh wie süß! Magst du bunte Socken mit Streifen oder Punkten? Oder du möchtest sie lieber einfarbig halten? Füge kleine Accessoires wie Schleifen oder Bommel hinzu, um sie noch niedlicher zu machen.

VORLAGE

Schnittmusterbogen A

Schnittteil 13-Socke

MATERIAL

- gut dehnbarer dünner Stoff wie Jersey, Wolle-Seide-Strick, Feinstrick, 40 x 15 cm
- Nähgarn

ZUSCHNITT

- 4x Socke (2x gegengleiches Paar + 1 cm NZG)

HINWEIS: Da die Puppenbeine je nach Stopftechnik individuell ausfallen, kann auch keine Nahtzugabe nötig sein.

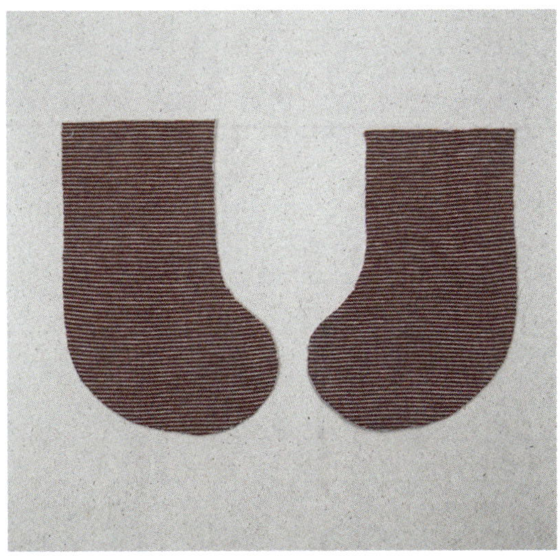

SO WIRD'S GEMACHT

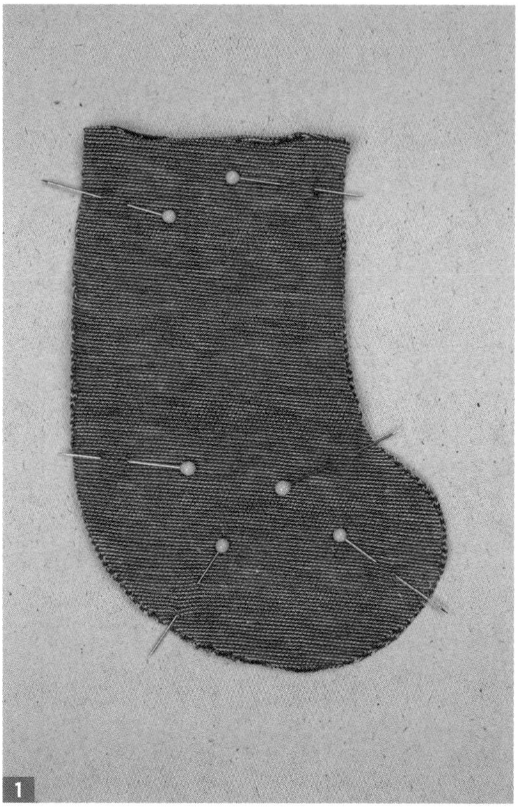

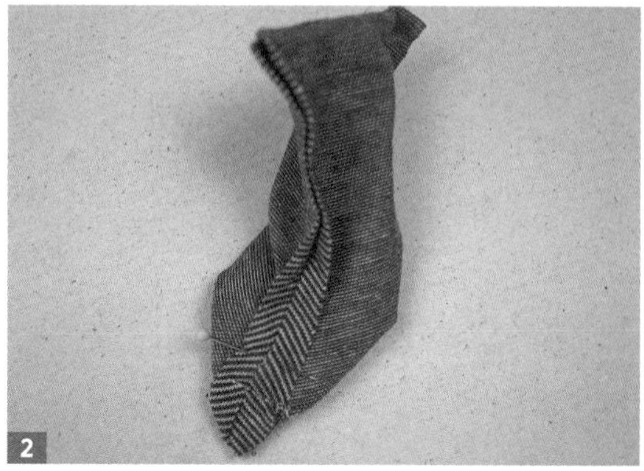

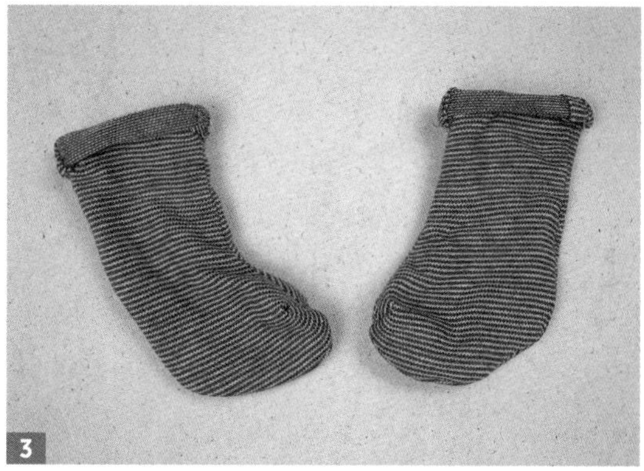

1 Zwei Schnittteile werden paarweise r-a-r aufeinandergesteckt und – mit Ausnahme der oberen Kante – zusammengenäht.

2 Bei der Fußspitze wird die Nahtzugabe auseinandergefaltet, festgesteckt und die Fußspitze quer abgenäht.

3 Wenden, und fertig sind die Socken! Der obere Rand kann nach Wunsch zweimal nach außen geschlagen, und vorn und hinten in den Nähten mit wenigen Stichen gesichert werden.

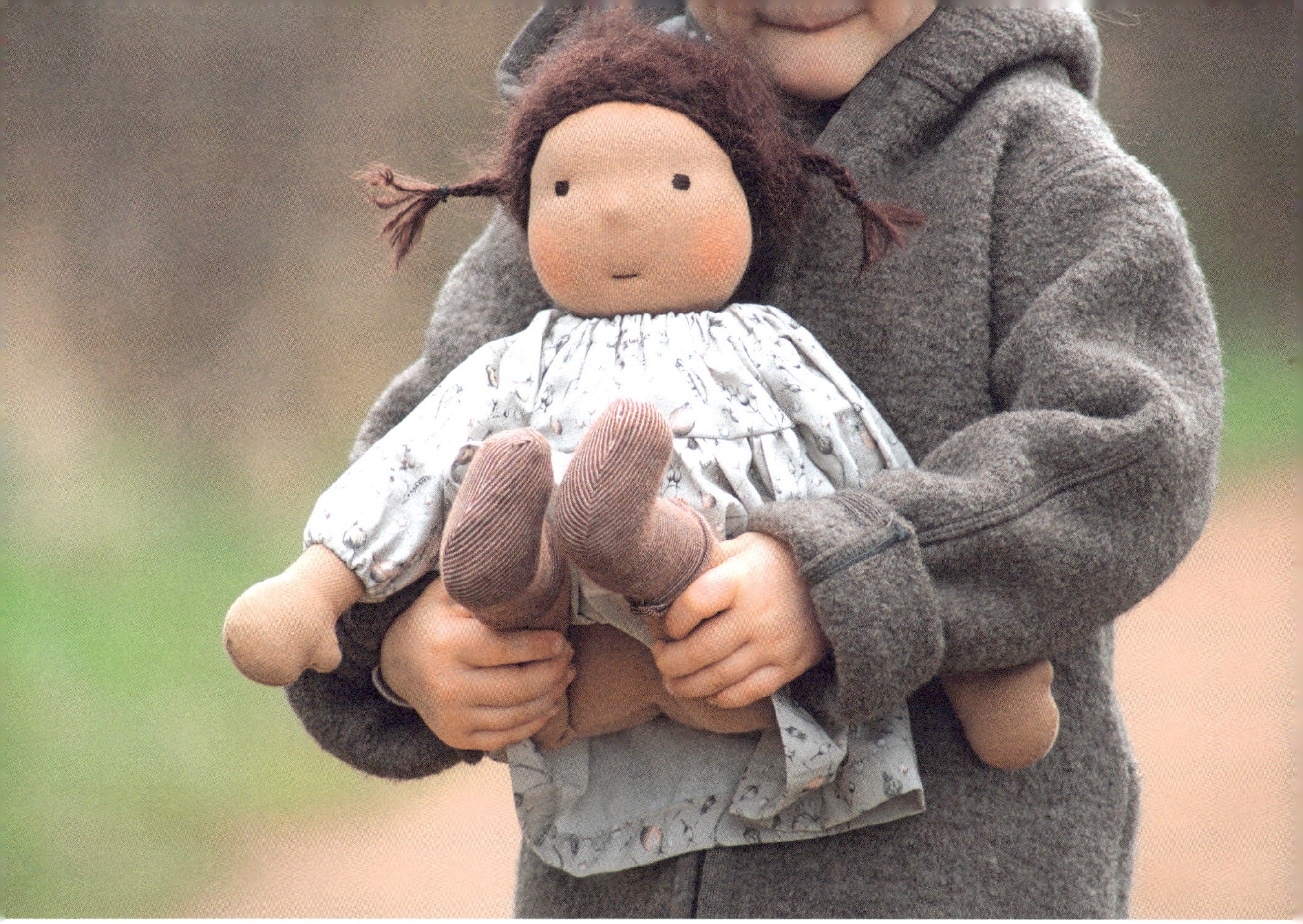

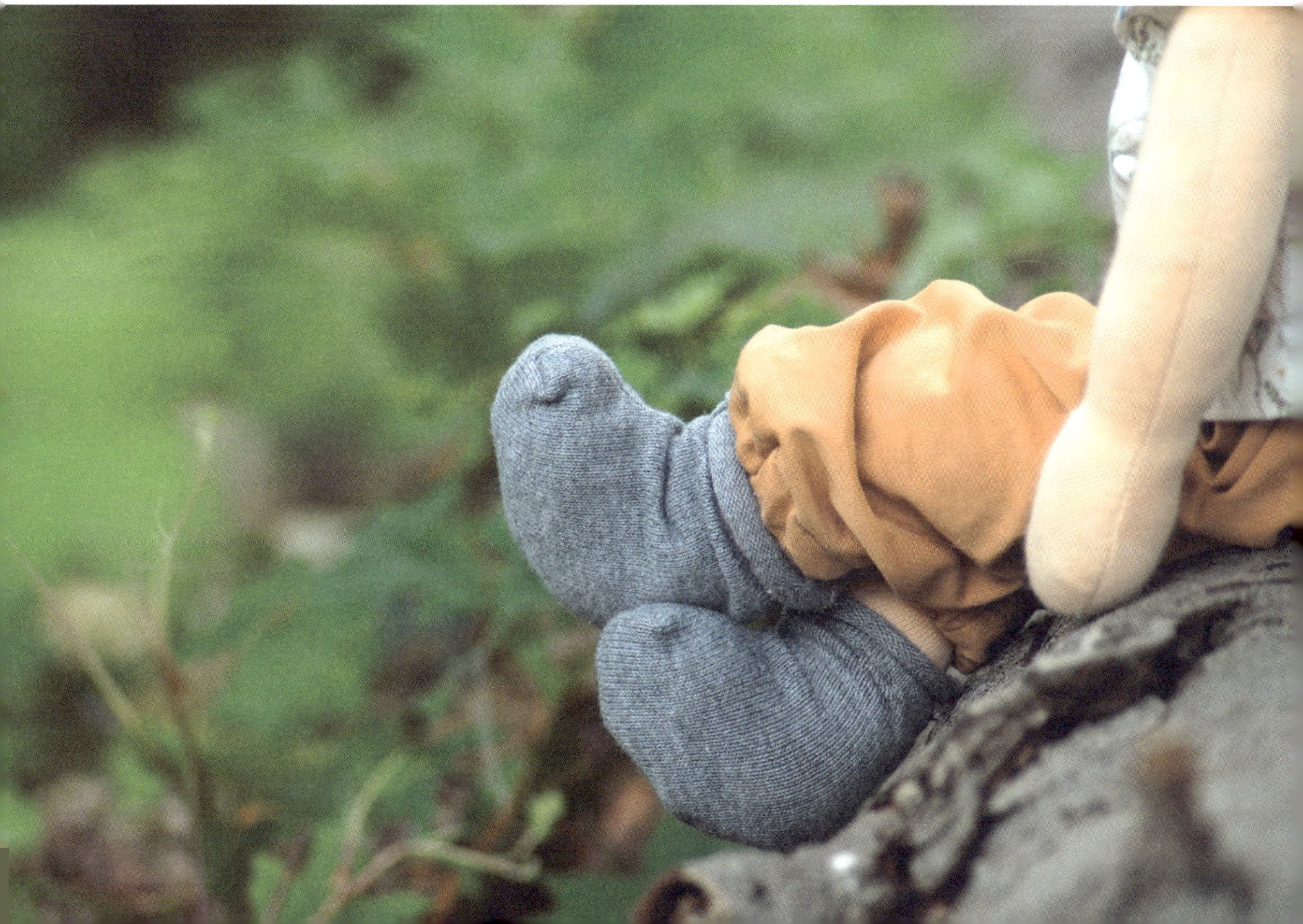

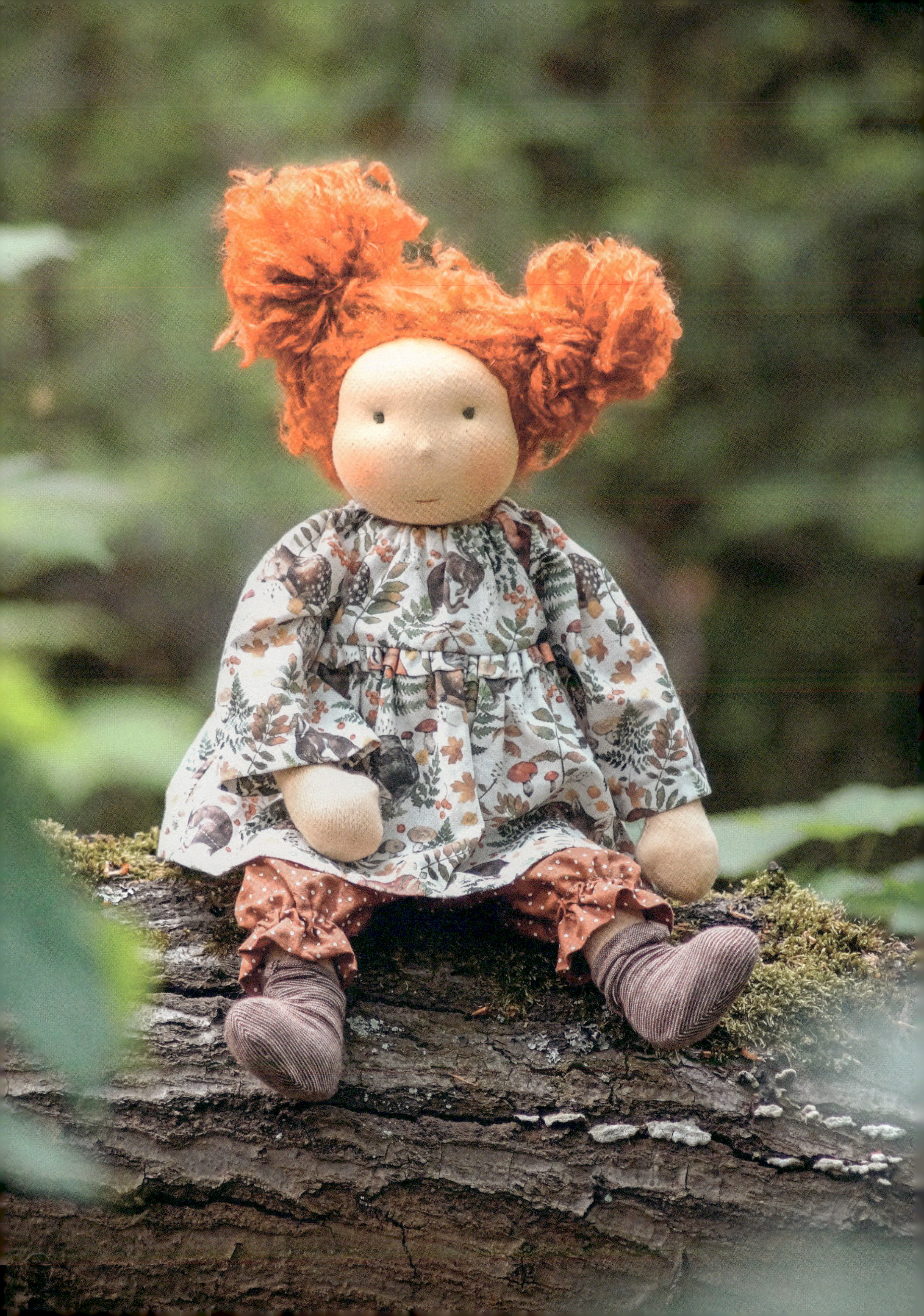

Tunika, Shirt oder Kleid

Bei diesem Puppenkleid gibt es zahlreiche Varianten. Du kannst den Schnitt ganz nach deinen Vorstellungen anpassen und gestalten, ob mit langen Ärmeln oder kurzen, als Shirt, Tunika oder Kleid – alles ist möglich. Du kannst verschiedene Stoffe verwenden und kombinieren. Ob Baumwolle, Leinen, Jersey oder Nicki – jedes Material hat seine eigene Charakteristik. Details wie Knöpfe, Borten, aufgenähte Taschen oder Applikationen verleihen dem Kleidungsstück eine persönliche Note. Selbst ein einfaches Shirt kann mit einer Ziernaht zu einem echten Hingucker werden.

VORLAGEN

Schnittmusterbogen A
Für das gezeigte Modell werden folgende Teile benötigt:
Schnittteil 14–Tunika-Unterteil, Variante mit Rüsche
Schnittteil 15–Tunika-Oberteil
Schnittteil 16–Tunika (Shirt) [Kleid]-Ärmel

Für die Varianten Shirt und Kleid gibt es auf dem Schnittbogen diese Teile:
Schnittteil 17–Tasche
Schnittteil 18–Shirt, dehnbarer Stoff
Schnittteil 19–Shirt, Webware
Schnittteil 20–Kleid, dehnbarer Stoff
Schnittteil 21–Kleid, Webware

MATERIAL

- Baumwolle, Jersey, Wolle-Seide-Webware oder Musselin, 150 x 25 cm
- etwas Gummiband oder Gummikordel
- Nähgarn

ZUSCHNITT

- 2x Tunika-Unterteil (im Stoffbruch + 1 cm NZG, Saumzugabe ist enthalten)
- 2x Tunika-Oberteil (im Stoffbruch + 1 cm NZG)
- 2x Tunika (Shirt) [Kleid]-Ärmel (im Stoffbruch + 1 cm NZG, Saumzugabe ist enthalten)

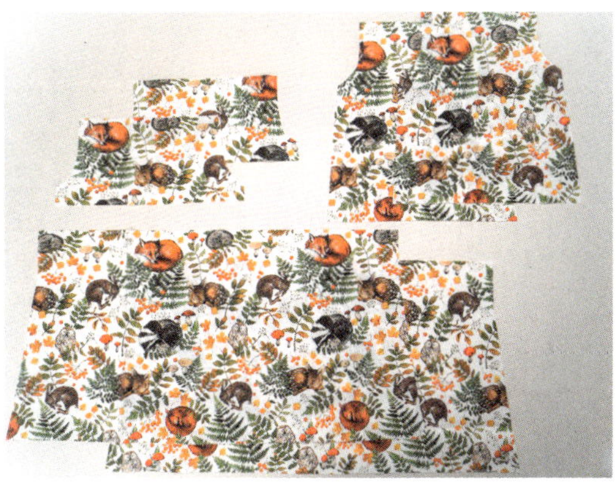

SO WIRD'S GEMACHT

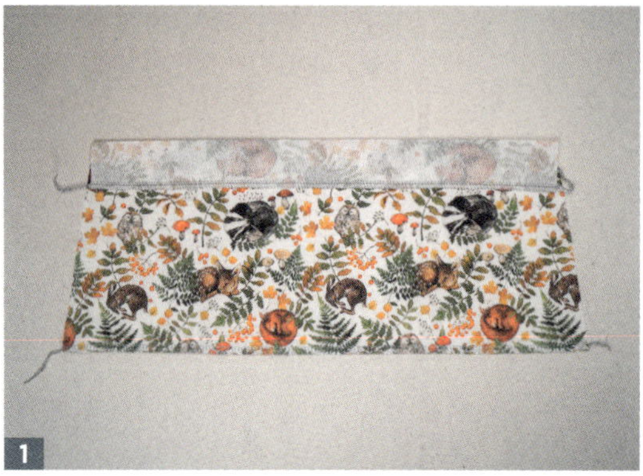
1

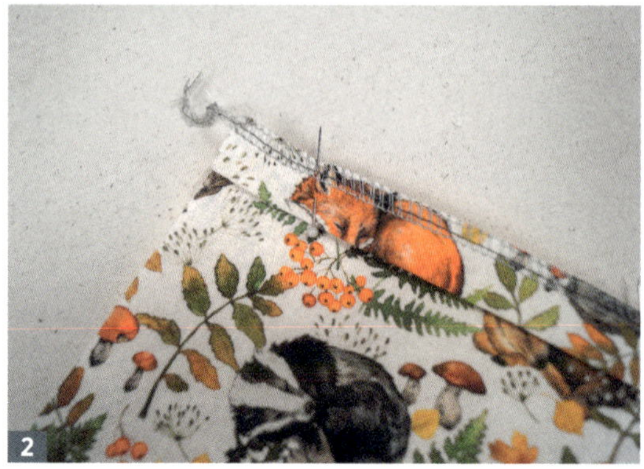
2

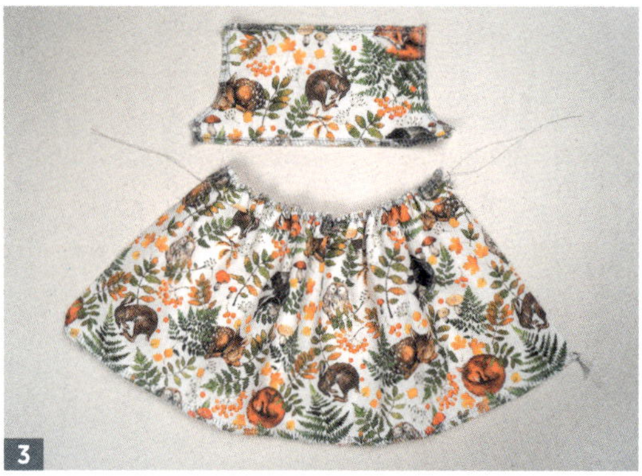
3

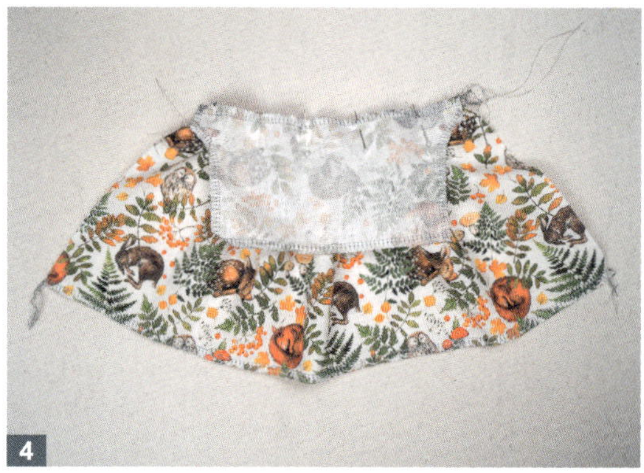
4

1 HINWEIS: Je nach Stoffwahl sind die Schnittkanten zu versäubern.
Unterteil mit Rüsche (ohne Rüsche beginne mit Schritt 4): 4 cm der oberen Kante r-a-r falten und bügeln.

2 Die Schnittkante 2 cm zurück falten und bügeln.

3 Jetzt wird das Unterteil gerüscht und auf die Breite des Oberteiles gebracht. Dafür wird innerhalb der Nahtzugabe eine Naht mit großer Stichlänge genäht, ohne die Naht am Anfang und am Ende zu verriegeln. Anschließend wird jeweils an der Seite an den Unterfäden gezogen und der Stoff gerüscht, bis er die Breite des Oberteiles erreicht.

4 Dann wird das Oberteil r-a-r auf das Unterteil gesteckt und die Lagen zusammengenäht.

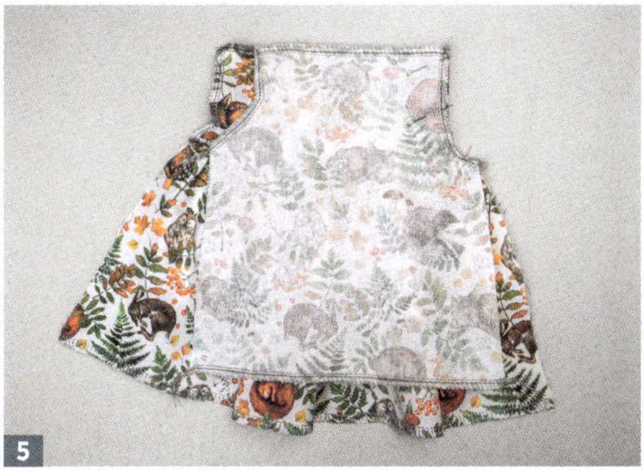

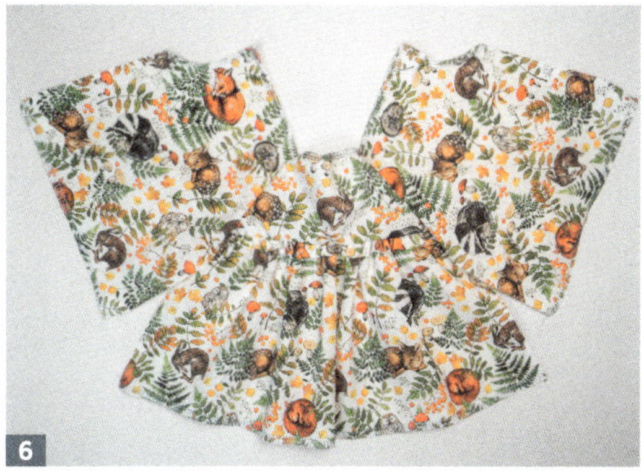

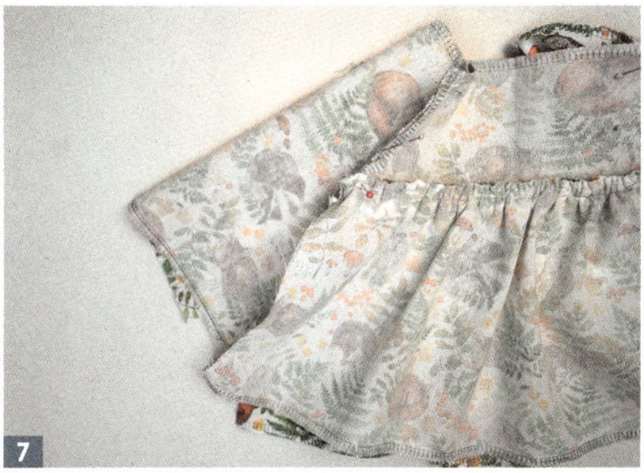

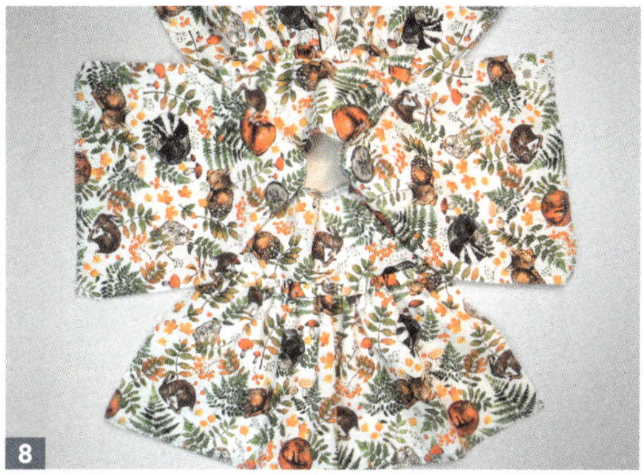

5 Jetzt werden die Ärmel, jeweils mit einer Ärmelrundung, r-a-r an das Vorderteil gesteckt und festgenäht.

6 Das ist der Zwischenstand.

7 Nun erfolgt das Annähen der Ärmel r-a-r an das Rückenteil.

8 Mit dieser Ausgangsbasis wird das Vorderteil r-a-r auf das Rückenteil geklappt, die Ärmel längs zur Hälfte gelegt …

SO GEHT'S WEITER

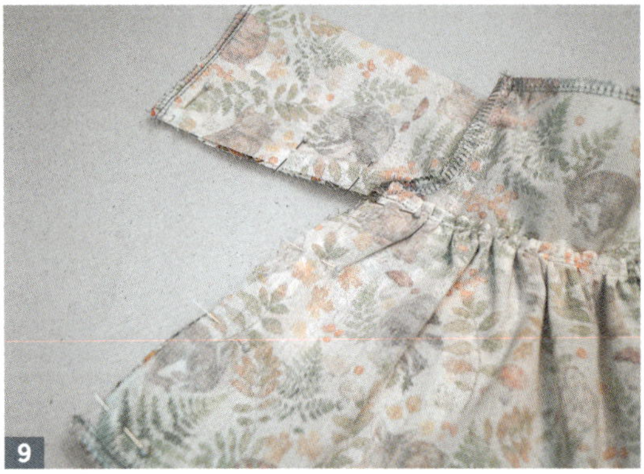

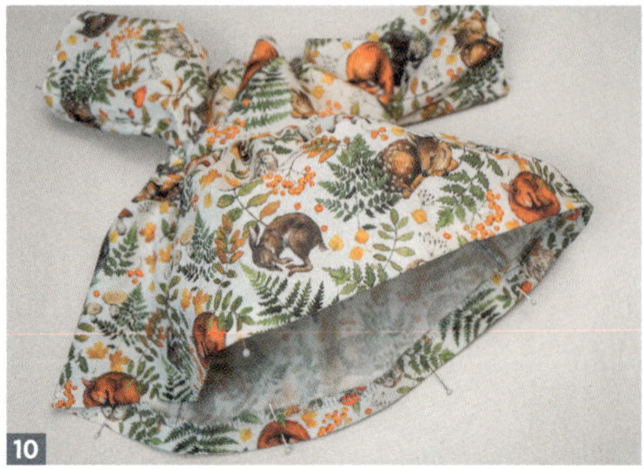

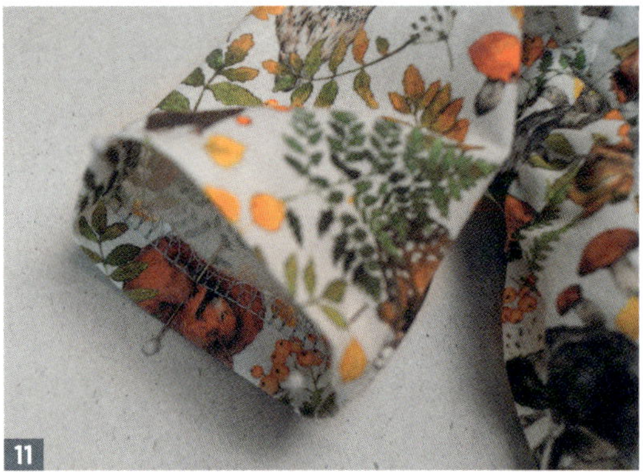

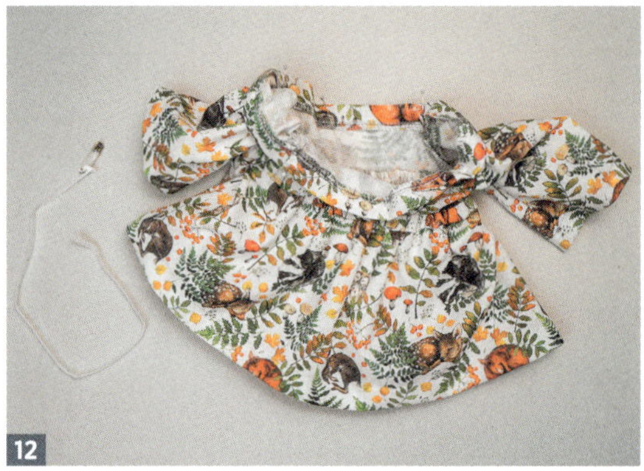

9 ... und die seitlichen Unterteilkanten sowie die Ärmelkanten abgesteckt und geschlossen. Achtung: Die kleinen Rüschen sollten genau aufeinandertreffen und jeweils auf der rechten Seite nach unten geklappt sein.

10 Das Unterteil wird gesäumt. Dafür wird die Schnittkante 1,5 cm nach innen geschlagen, gebügelt und festgenäht.
TIPP: Die Verwendung eines Zierstichs bei der Saumnaht verleiht schlichten Stoffen das gewisse Extra.

11 Die Ärmelsäume werden analog zum Unterteil genäht.

12 Für den Tunnel des Gummibandes wird der obere Rand ca. 2 cm nach innen geschlagen und 1,5 cm ab Bruchkante abgesteppt. Es wird zwischen Nahtanfang und -ende eine Lücke von 1,5 cm gelassen, um den Gummi einzuziehen.

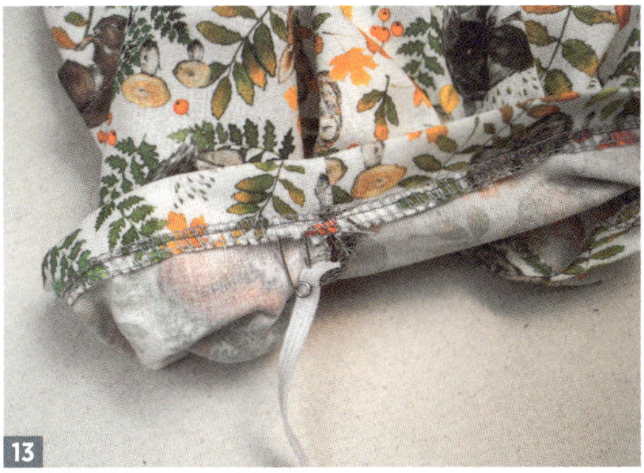

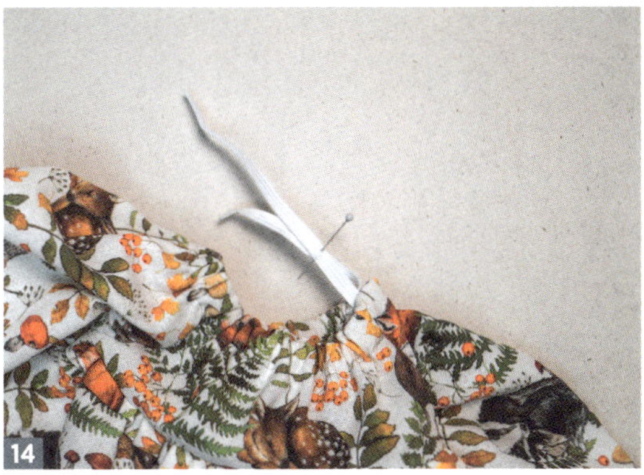

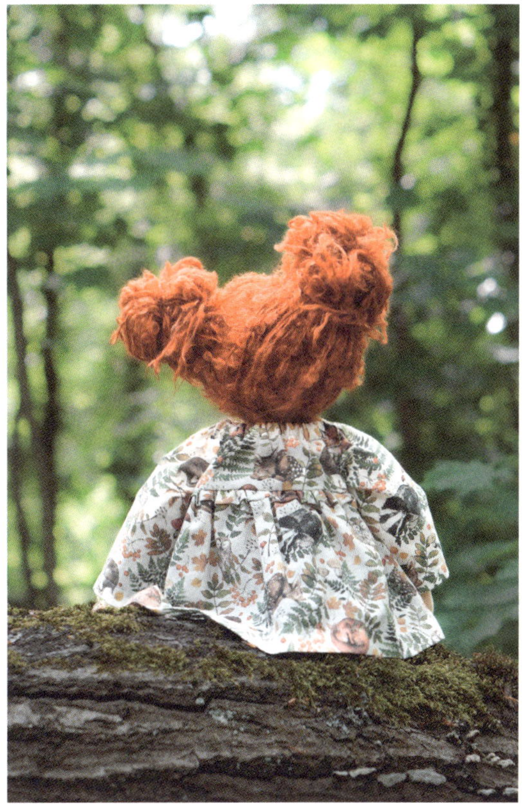

13 Mithilfe einer Sicherheitsnadel wird das Gummiband Stück für Stück eine Runde durch den Tunnel geschoben. Der Gummi sollte so lang sein, dass das Oberteil bequem über den Kopf der Puppe passt.

14 Die zum Ring übereinander gelegten Gummibandenden werden mit einem Zickzackstich vernäht. Schlussendlich wird noch die Lücke zum Einziehen des Gummis verschlossen.
TIPP: Der Armabschluss kann analog dem Beinabschluss der Hose genäht werden (siehe Seite 140–141)

„Die Puppe ist noch da, auch wenn alle anderen weg sind."

Leimuco

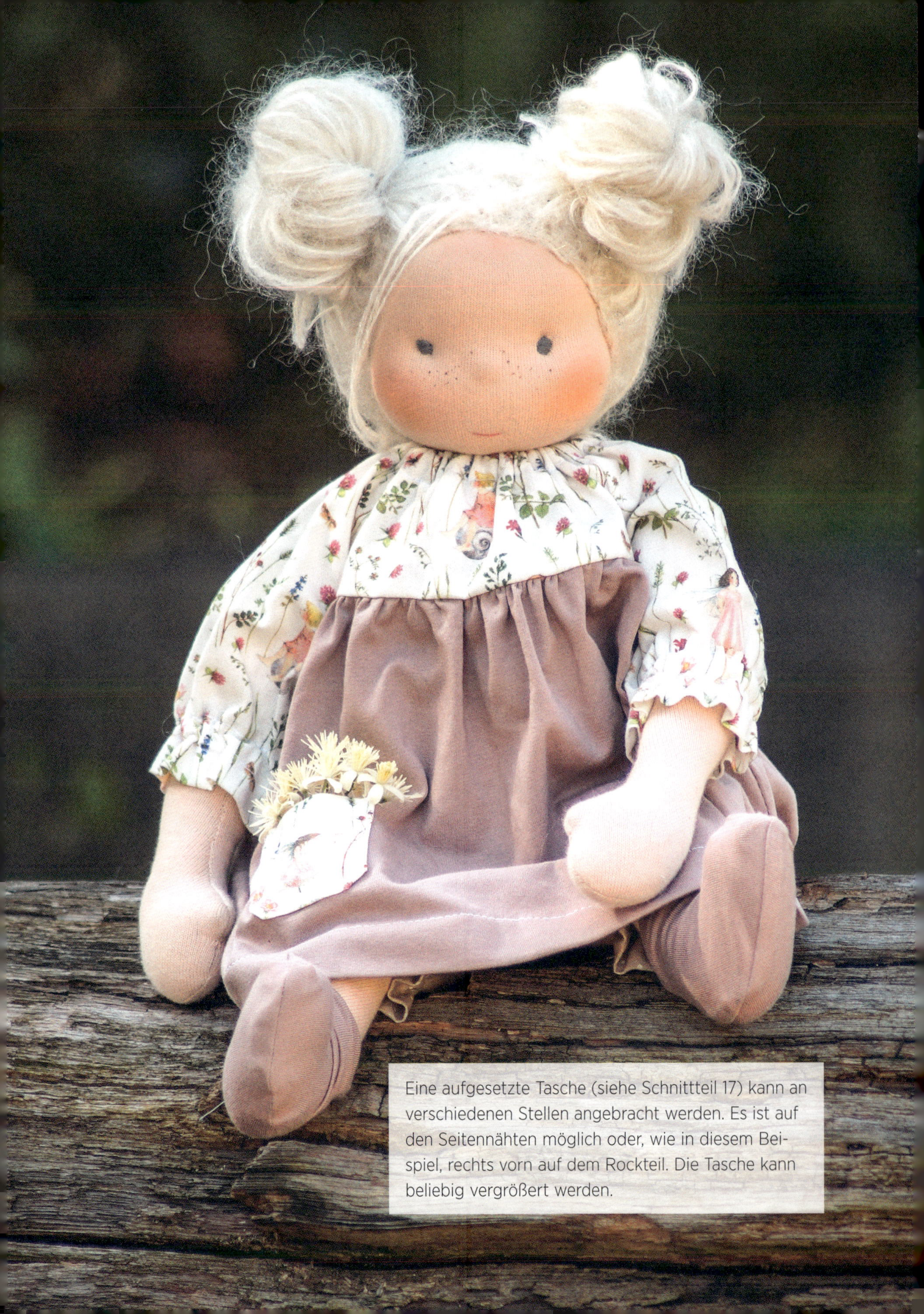

Eine aufgesetzte Tasche (siehe Schnittteil 17) kann an verschiedenen Stellen angebracht werden. Es ist auf den Seitennähten möglich oder, wie in diesem Beispiel, rechts vorn auf dem Rockteil. Die Tasche kann beliebig vergrößert werden.

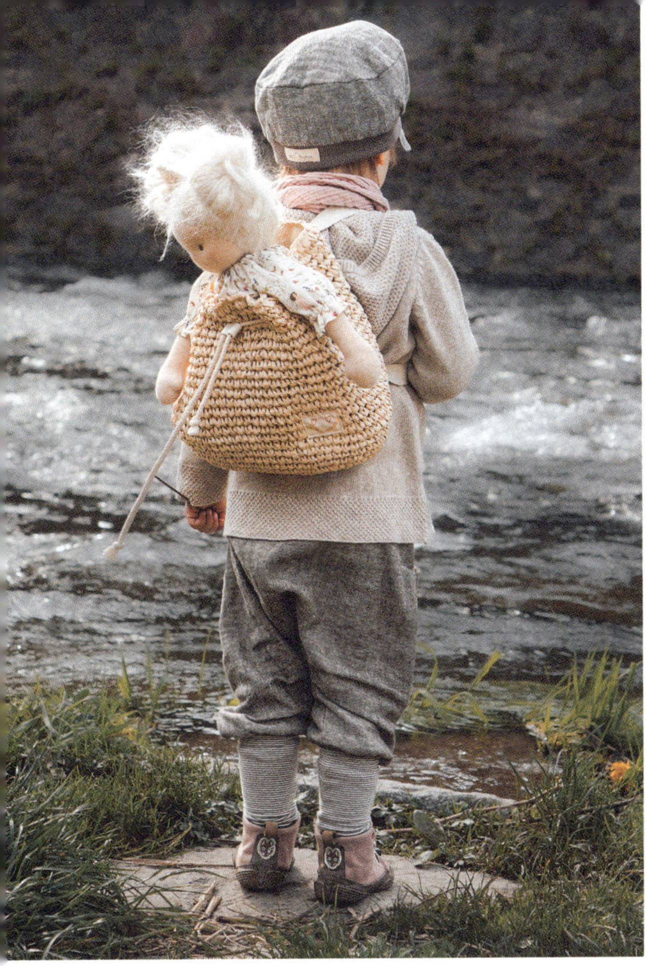
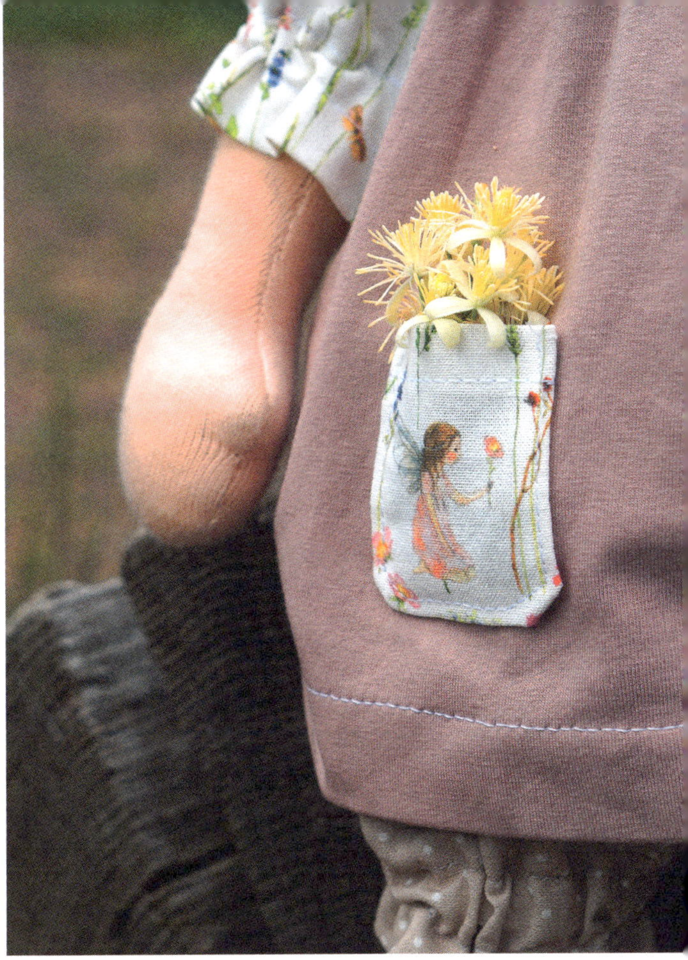
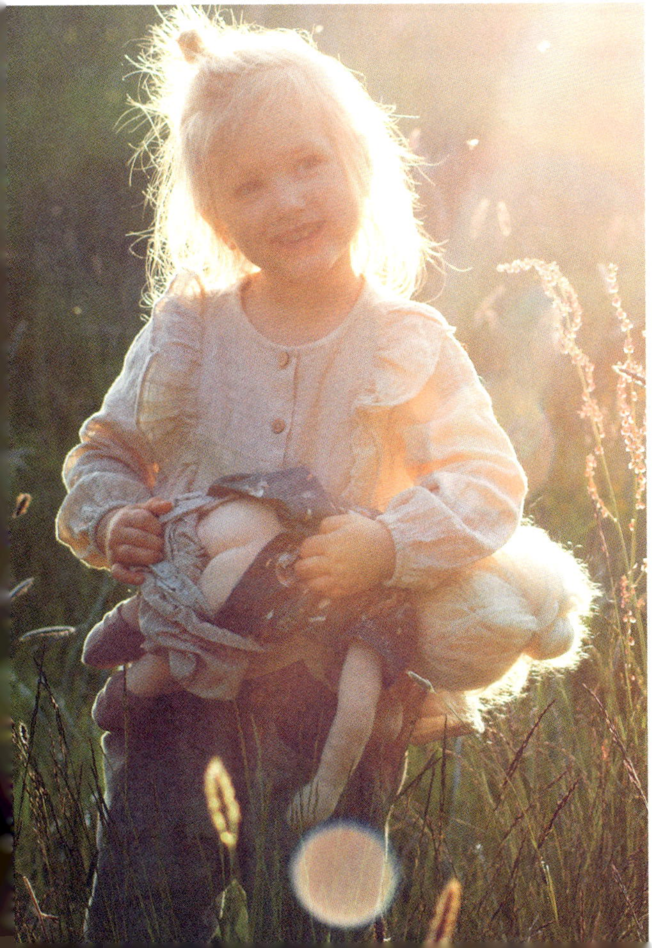
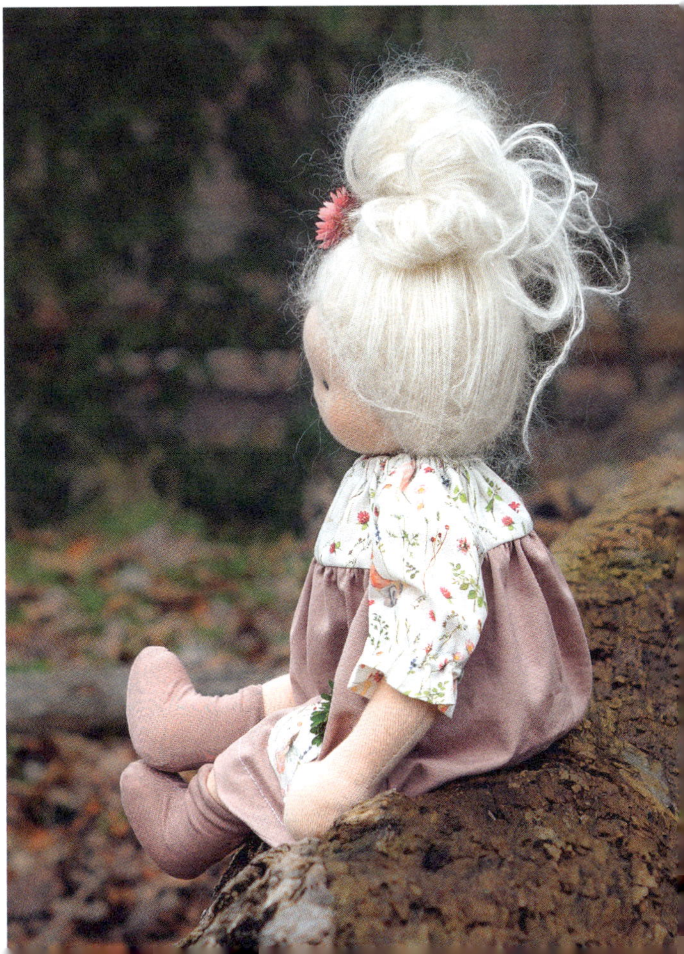

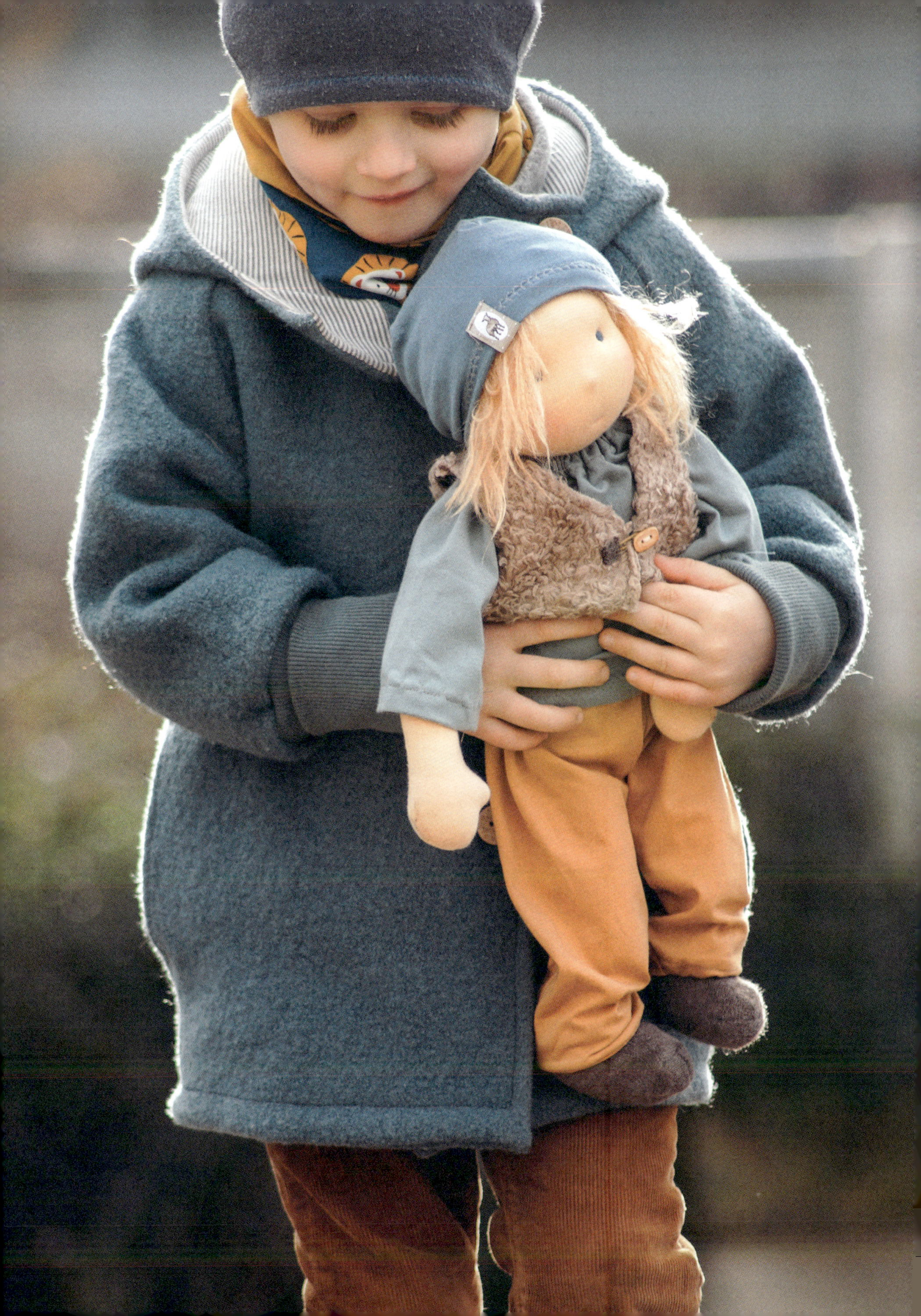

Mütze

Unterschiedliche Stoffarten – unterschiedliche Wirkungen. Genäht aus weichem Strickstoff und geschmückt mit einer flauschigen Bommel, erhält die Mütze zum Beispiel einen verspielten und winterlichen Look.

VORLAGE

Schnittmusterbogen A
Schnittteil 22–Mütze

MATERIAL

- dehnbarer Stoff wie Jersey, Wolle-Seide-Strick, Feinstrick, Bündchenware, 35 x 20 cm
- Nähgarn

ZUSCHNITT

- 1x Mütze im Stoffbruch (+ 1 cm NZG, Saumzugabe ist enthalten)

SO WIRD'S GEMACHT

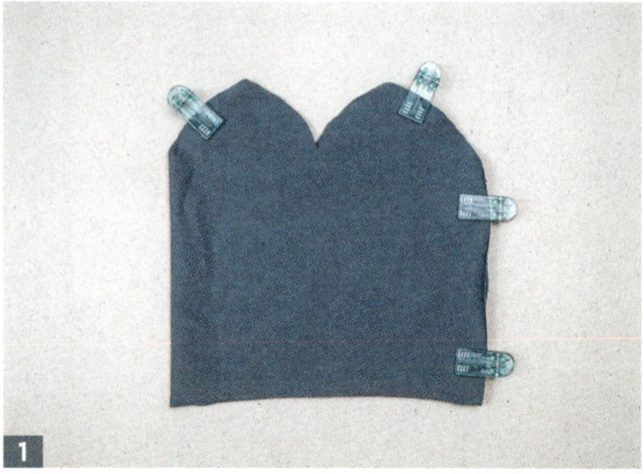
1

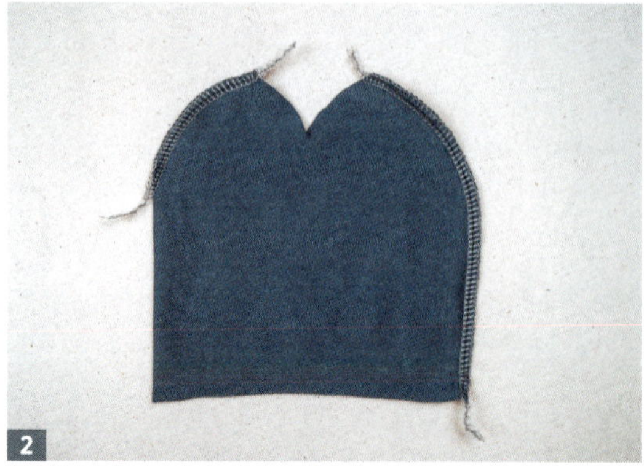
2

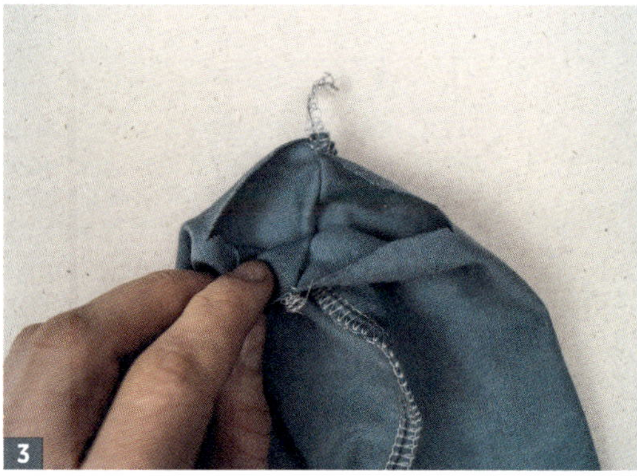
3

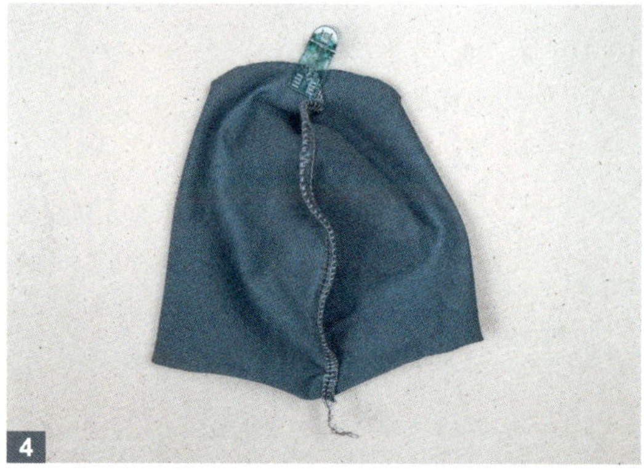
4

1 Das Schnittteil wird am Bruch r-a-r gelegt.

2 Die äußeren Rundungen werden zusammengenäht.

3 Die Nähte werden r-a-r aufeinander gelegt ...

4 ... und der Bogen mit einer Naht geschlossen.

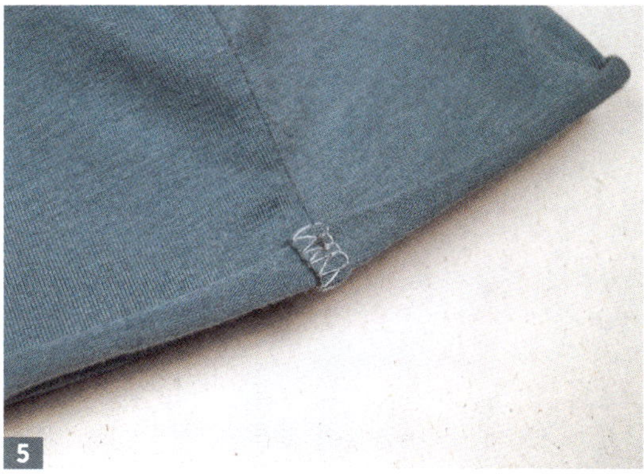

5

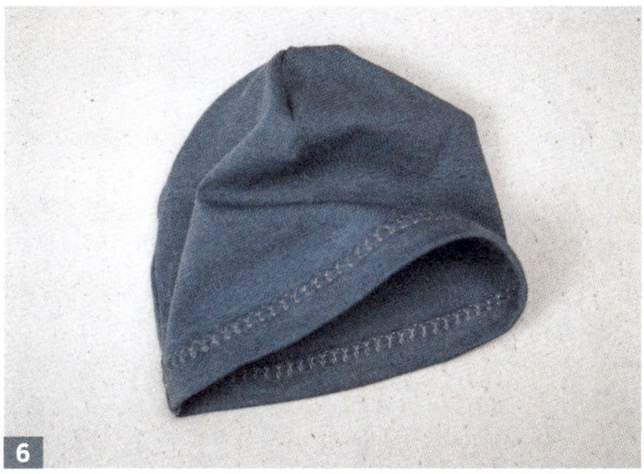

6

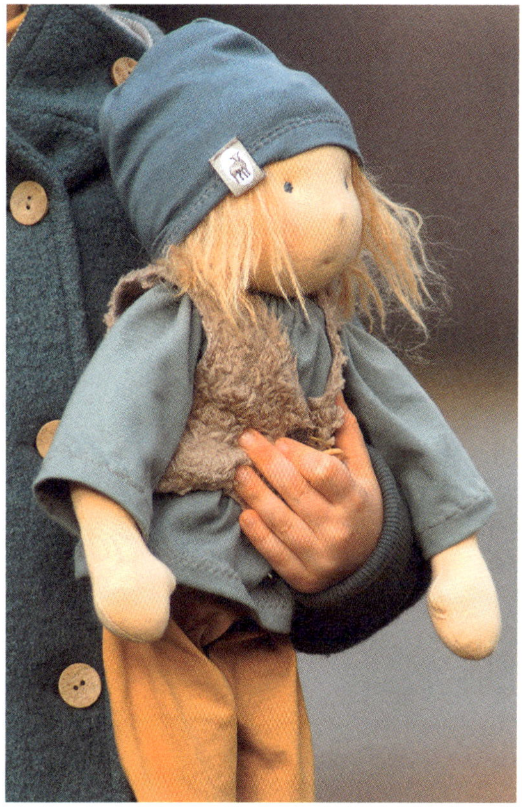

5 Beim Abschluss der Mütze gibt es zwei Alternativen: Bei der gerollten Optik wird der Rand zweimal jeweils 0,7 cm nach außen gelegt und mit wenigen Stichen an der Naht gesichert, die später am Hinterkopf liegt.

6 Oder der Rand wird gesäumt. Dazu wird die Schnittkante 1,5 cm nach innen geschlagen und festgenäht. Dafür eigenen sich ein elastischer Zierstich oder ein Overlockstich besonders gut.

TIPP: Um deinen Nähprojekt einen besonderen Akzent zu verleihen, kannst du ein kleines Stück des filigran bestickten Webbandes (z. B. von *Acufactum*) annähen oder bunte Ziernähte nutzen.

„Eine Puppe, die ein Kind lieben soll, muss weich, warm und etwas gewichtig sein. Sie muss gut im Arm liegen, darf beim Spiel nicht zerbrechen, und man muss sie waschen können."

Käthe Kruse

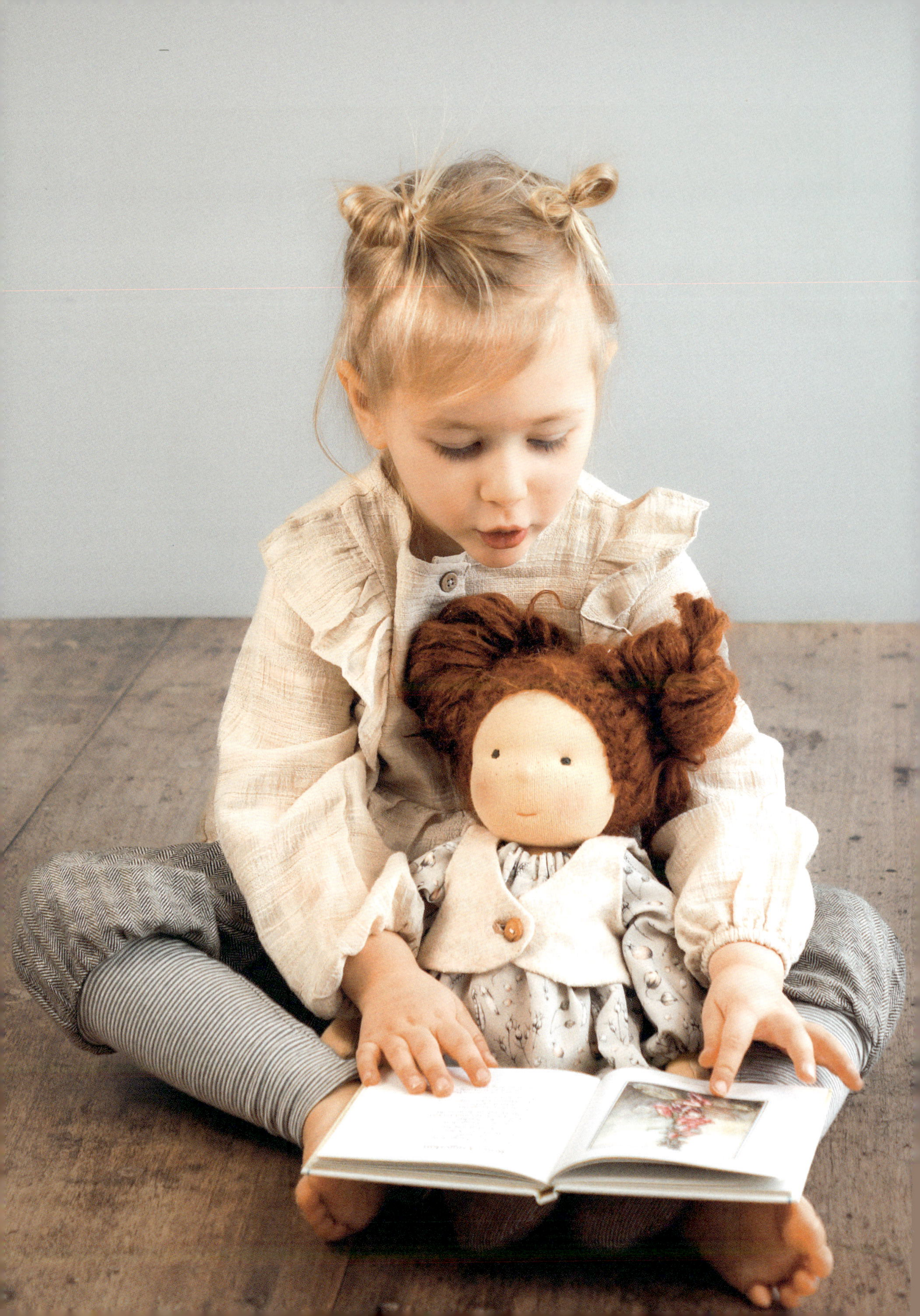

Bolero/Weste

Du kannst eine schlichte Weste aus einem einfarbigen Stoff nähen und sie mit einem Knopf oder Bindeband versehen. Bei der doppellagigen Variante setzt ein kontrastreiches Innenfutter einen schönen Akzent.

VORLAGEN

Schnittmusterbogen B
Für das gezeigte Modell wird dieses Teil benötigt:
Schnittteil 23-Bolero zum Knöpfen

Für Varianten gibt es folgende Teile auf dem Schnittbogen:
Schnittteil 24-Bolero zum Binden
Schnittteil 25-Weste zum Knöpfen
Schnittteil 26-Weste zum Binden

MATERIAL

- Bei einlagiger Verarbeitung eignen sich alle Stoffe, die offenkantig verarbeitet werden können, wie bspw. Wollfleece oder Merinowalk:
  Bolero 40 x 15 cm/Weste 40 x 20 cm
- Bei doppellagiger Verarbeitung (siehe Schritt 4): leichte, fließende Stoffe wie Baumwolle, Leinen, Musselin, Jersey:
  Bolero 75 x 15 cm/Weste 80 x 20 cm
  TIPP: Für die Außenseite kann auch Plüsch verwendet werden.
- Nähgarn
- 1 Knopf (oder etwas Bindeband für den Verschluss)

ZUSCHNITT

- 1x Bolero zum Knöpfen (im Stoffbruch, NZG von 1 cm ist nur an den Schultern nötig)

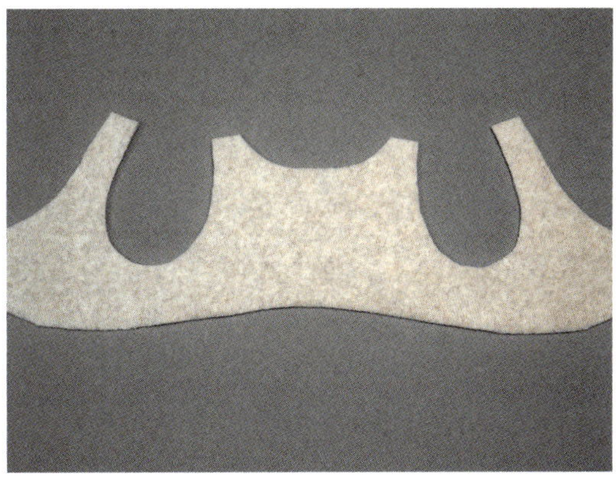

SO WIRD'S GEMACHT

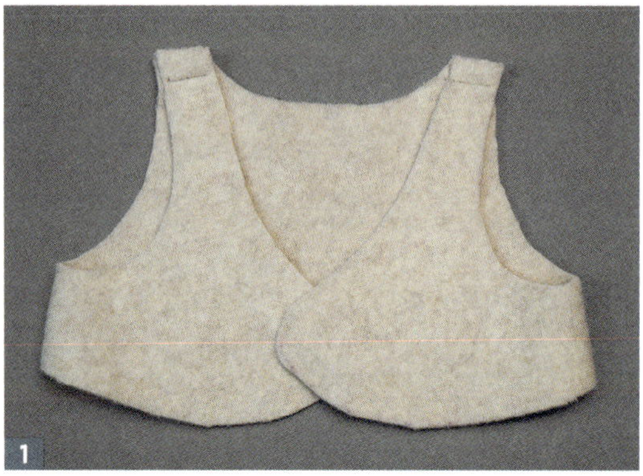

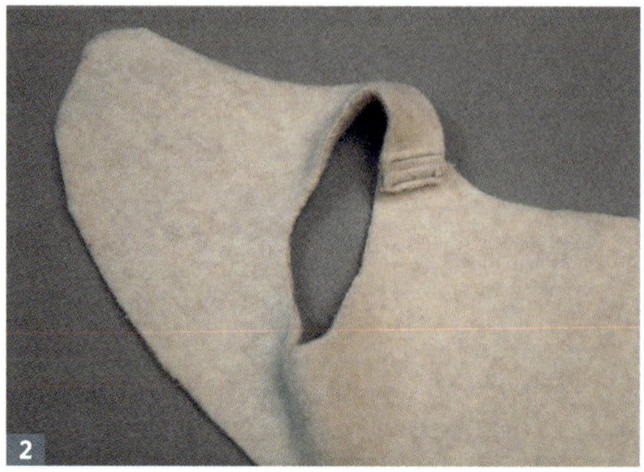

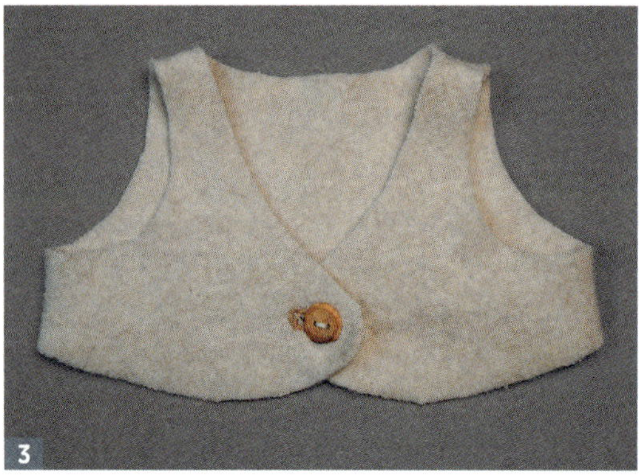

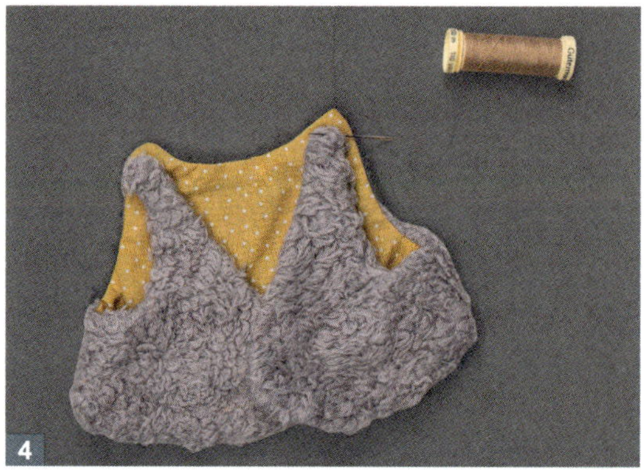

1 Die Schulterkanten werden r-a-r gelegt und mit einer Naht geschlossen.

2 Die Nahtzugaben werden auseinandergelegt und anschließend von der rechten Stoffseite aus auf beiden Seiten knapp neben der Naht festgesteppt.

3 Abschließend wird an einer der vorderen Kanten ein Knopfloch genäht und auf der gegenüberliegenden Seite passend dazu ein Knopf befestigt.

4 Wendevariante: Es ist auch eine doppellagige Verarbeitung fransiger bzw. leicht fallender Stoffe (bspw. Musselin, Popeline, Jersey) bzw. für die Außenseite auch Plüsch möglich. Hierbei werden zwei Schnittteile mit kompletter NZG benötigt. Diese werden r-a-r gelegt und unter Freilassen einer Wendeöffnung zusammengenäht. Nach dem Wenden und Schließen der Wendeöffnung werden die Schulterkanten jeweils per Hand mit dem Matratzenstich zusammengenäht.

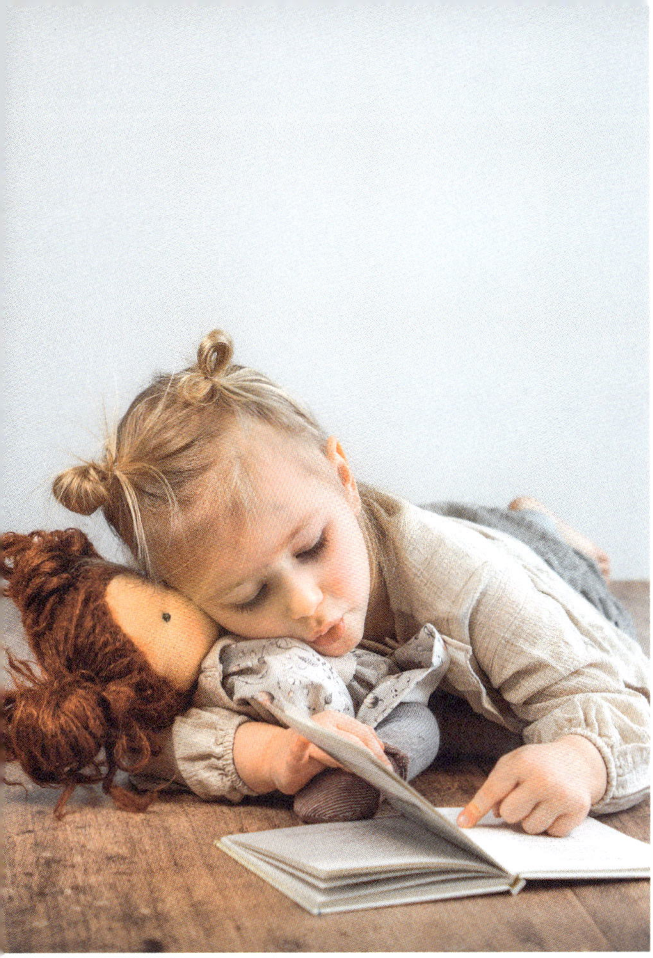
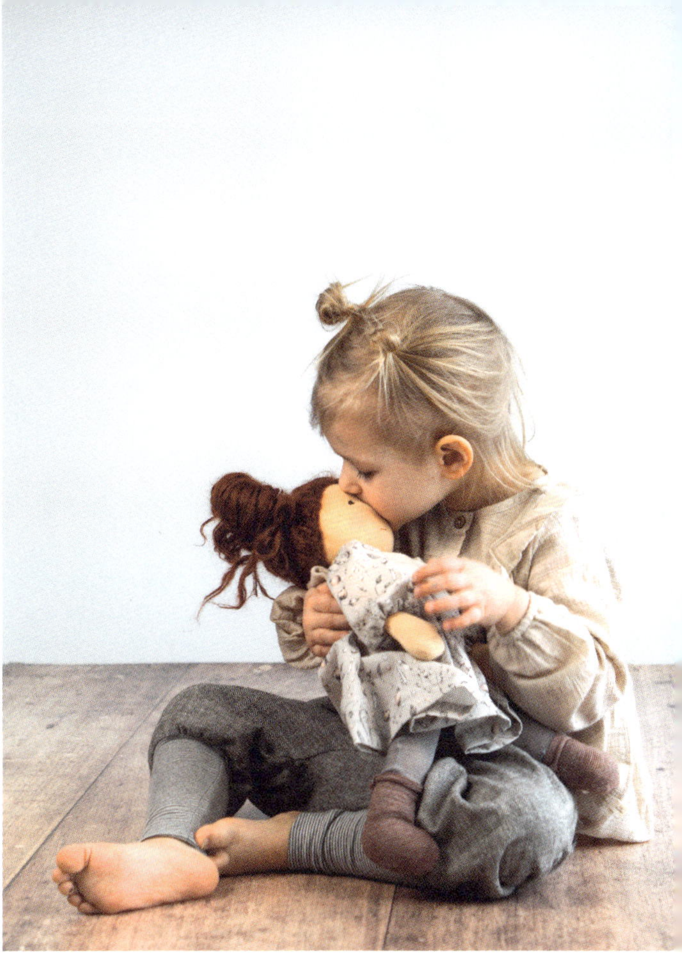
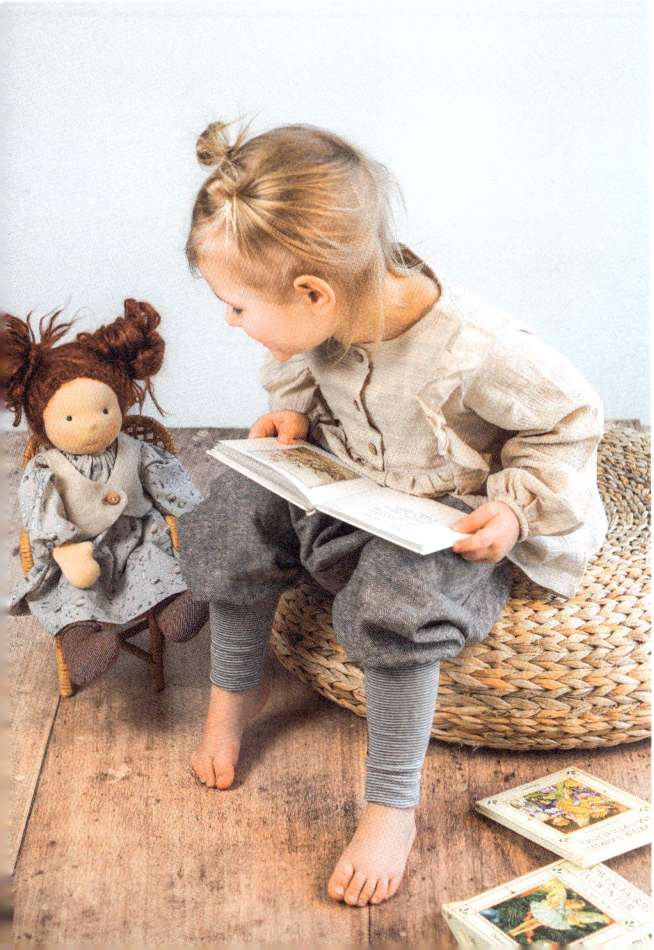
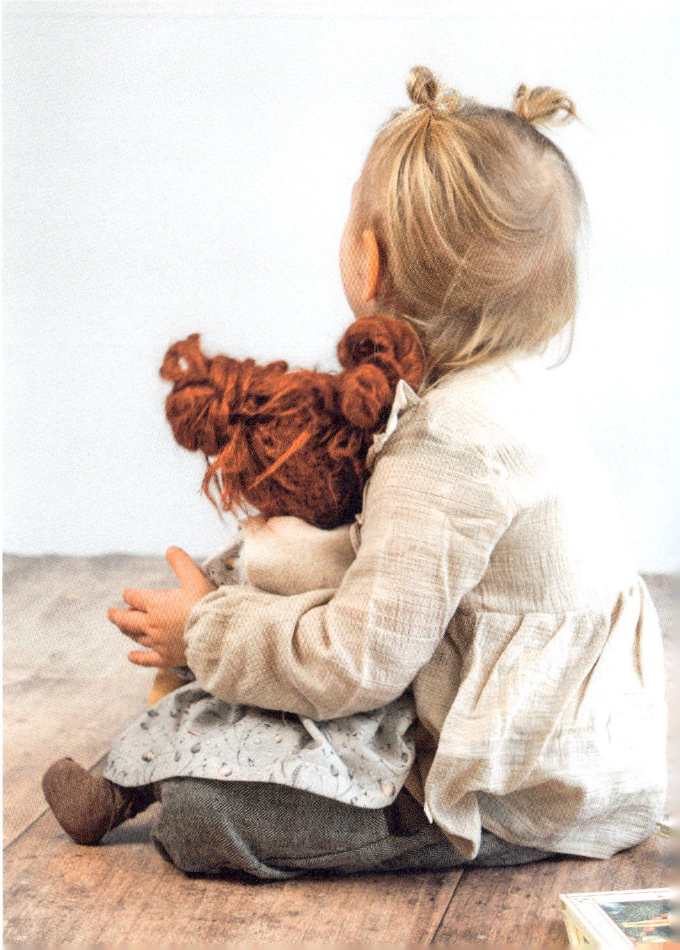

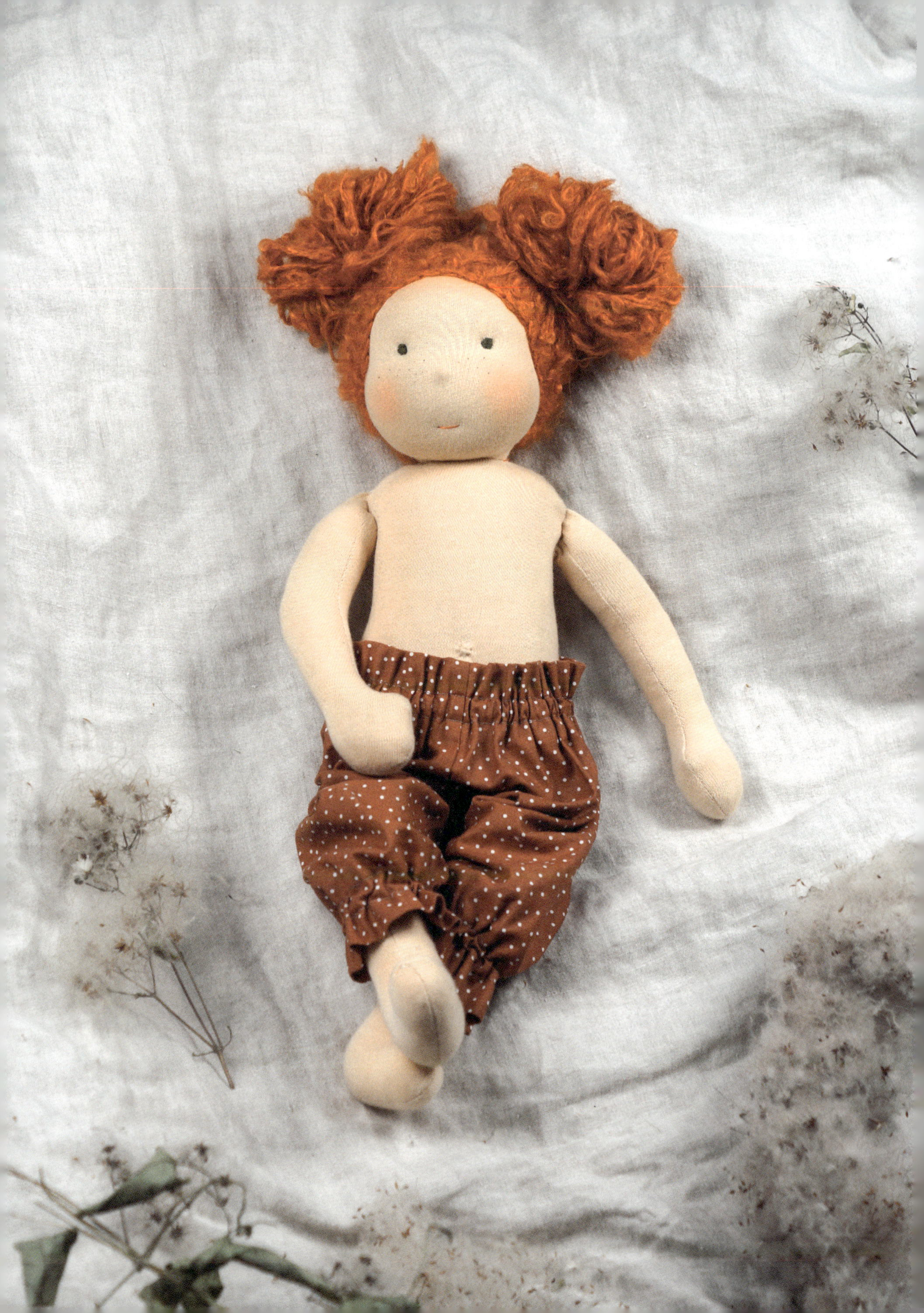

Hose

Egal, ob lange oder kurze Hose – hier sind deiner Fantasie keine Grenzen gesetzt. Wenn es um den Stil geht, hast du ebenfalls viele Möglichkeiten. Eine schlichte Hose aus einem einfarbigen Stoff kann elegant und zeitlos sein. Alternativ kannst du dich für einen auffälligeren Stoff entscheiden, mit Mustern oder bunten Farben, um eine lebendige und spielerische Hose zu kreieren. Wenn du einen Paperbag-Bund nähst, kannst du das Outfit deiner Puppe noch mehr aufpeppen und ihr eine schicke Note verleihen. Lass deiner Fantasie freien Lauf und kreiere wunderschöne Puppenhosen, die deine Puppe zum Strahlen bringt.

VORLAGEN

Schnittmusterbogen B

Für das gezeigte Modell wird dieses Schnittteil benötigt:
Schnittteil 29–Hosenbein für Webware (Paperbag-Bund, ¾ lang mit Paperbag-Saum)

Für Varianten gibt es folgende Teile auf dem Schnittmusterbogen:
Schnittteil 27–Hosenbein für dehnbaren Stoff (Paperbag-Bund, ⅞ lang mit Paperbag-Saum)
Schnittteil 28–Hosenbein für dehnbaren Stoff (Gummizug, lang mit Gummizug-Saum)
Schnittteil 30–Hosenbein für Webware (Gummizug; ¾ lang mit Paperbag-Saum)

MATERIAL

- Stoffmenge je nach Schnittteil: für die hier gezeigte Variante aus Webware, wie Baumwolle oder Leinen, 65 x 45 cm (für Varianten aus dehnbaren Stoffen, wie Jersey, Sommersweat, 55 x 45 cm)
- Nähgarn
- etwas Gummiband oder Gummikordel

ZUSCHNITT

- 2x Hosenbein (gegengleiches Paar, + 1 cm NZG, Saumzugaben sind enthalten)

SO WIRD'S GEMACHT

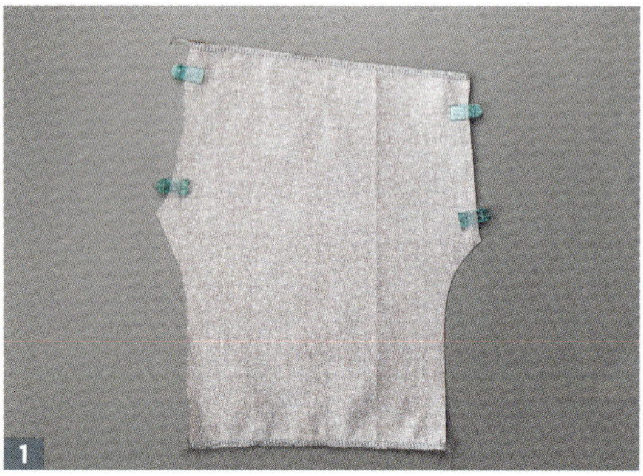

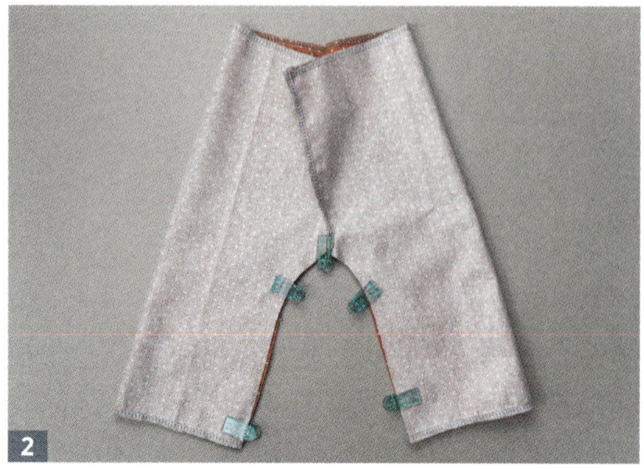

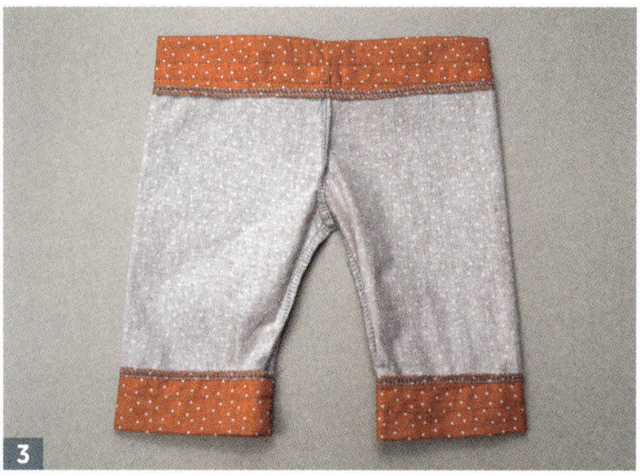

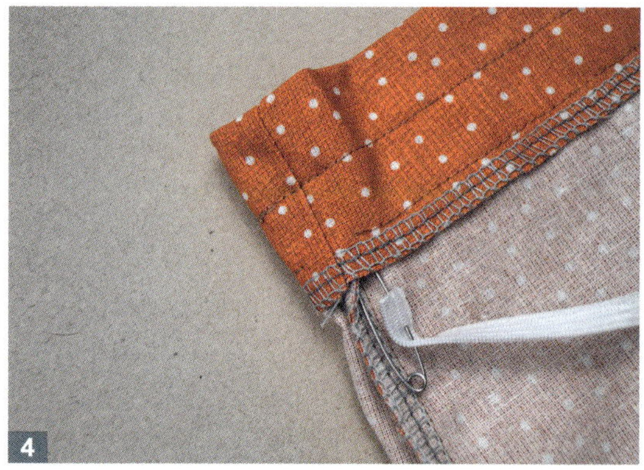

1 Die Schnittteile werden je nach Stoffwahl oben und unten versäubert und anschließend r-a-r aufeinandergelegt. Vordere und hintere Schrittrundung schließen (siehe Markierung mit Klammern).

2 Die Hose wird neu r-a-r gelegt, sodass Naht und Naht aufeinandertreffen. Anschließend wird die Beinnaht geschlossen.

3 Für die Paperbag-Säume wird die Schnittkante am Taillenrand und an den Beinen jeweils 4 cm nach innen gefaltet. Es wird eine Naht knapp neben der Schnittkante des Umschlags genäht und dabei zwischen Nahtanfang und -ende eine 1 cm große Lücke gelassen – dadurch wird später der Gummi gefädelt. Dann wird eine durchgängige Naht 1–1,5 cm über der ersten Naht genäht.

4 Mithilfe einer Sicherheitsnadel wird an den Beinen und an der Taille der Gummi eingefädelt.

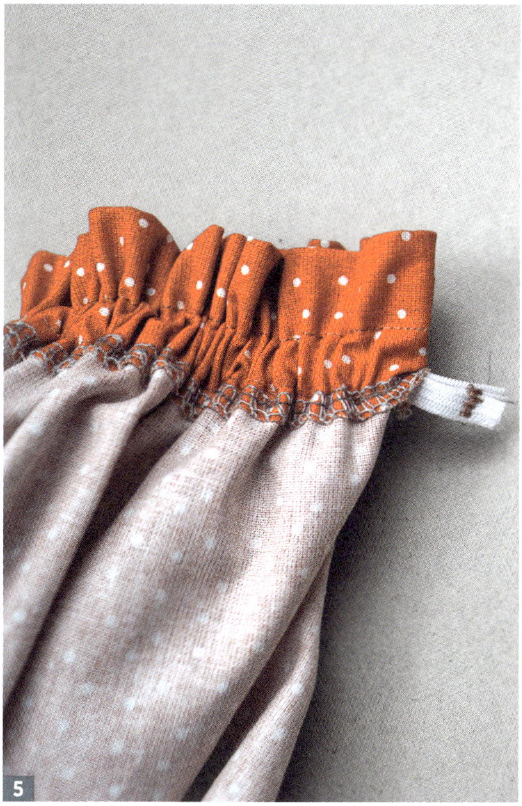

5

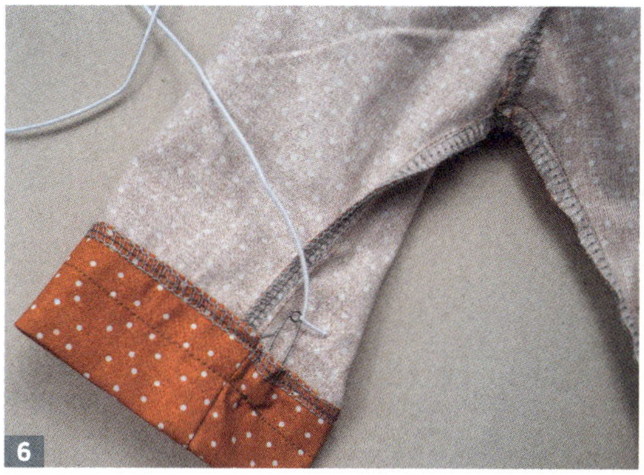

6

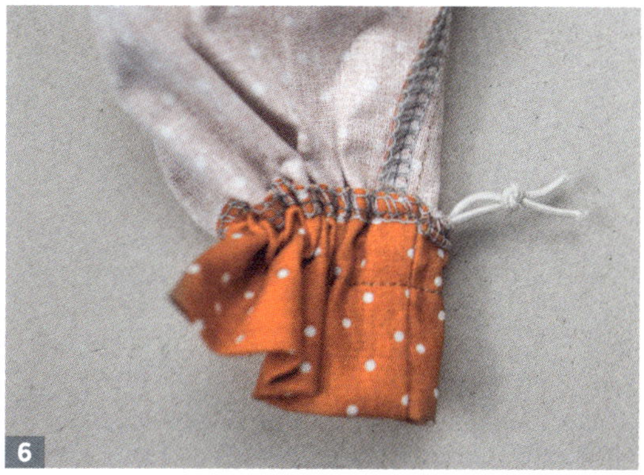

6

5 Der Stoff wird, wie benötigt, gerafft und der Gummi mit einem Zickzackstich zusammengenäht.

6 TIPP: Alternativ kann auch Gummikordel verwendet werden. Gerade bei Armabschlüssen bietet sich diese Verwendung an.

7 Die Kordelenden werden dann abschließend einfach verknotet.

„Spielen ist die einzige Art, richtig verstehen zu lernen."

Frederic Bester

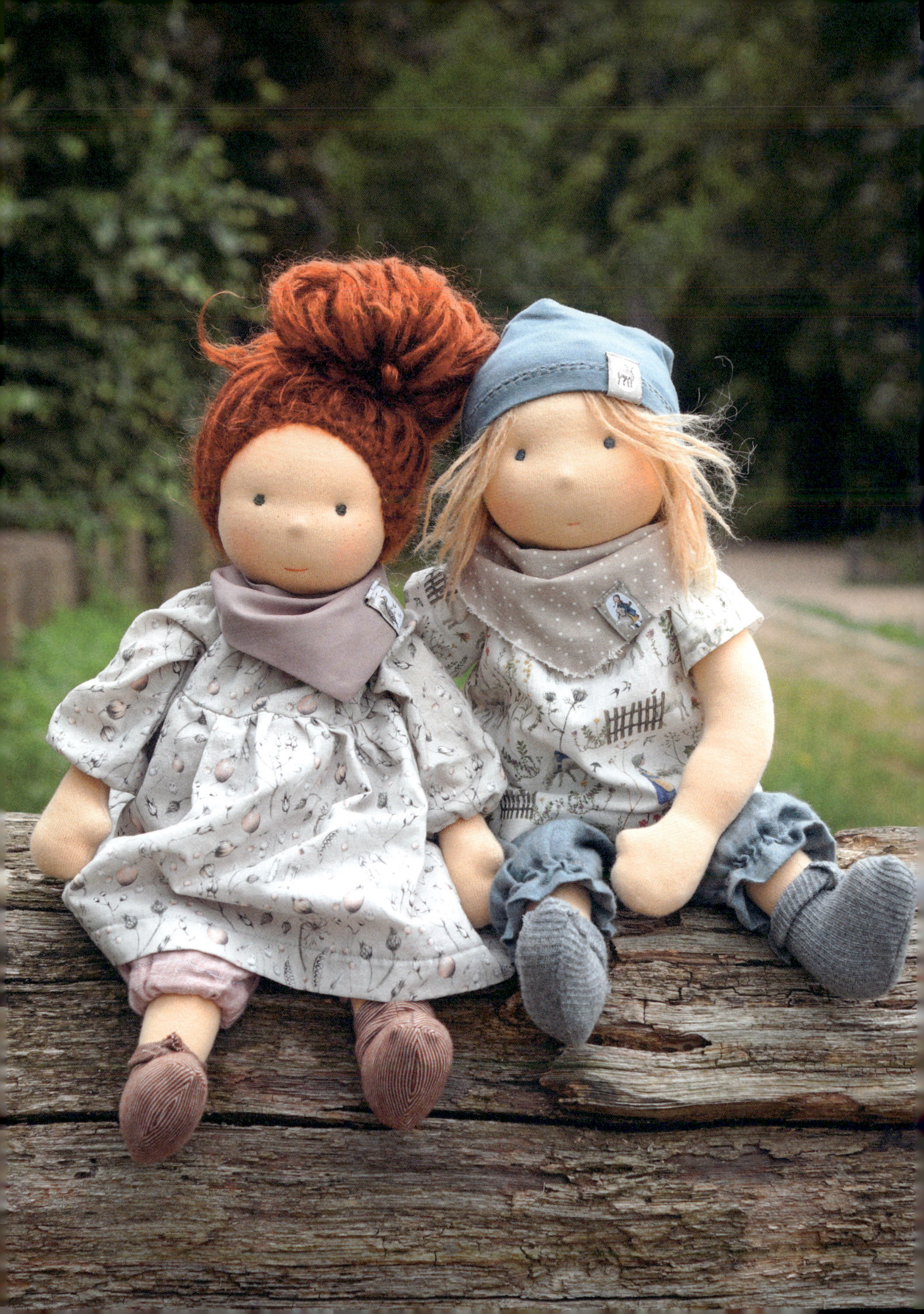

Halstuch

Das Halstuch ist schnell genäht und eine tolle Ergänzung der Puppengarderobe. Zum Schließen wird an einem Zipfel ein Knopfloch genäht, durch das der andere Zipfel des Halstuches gesteckt wird.

VORLAGE

Schnittmusterbogen B
Schnittteil 31–Halstuch

TIPP: Alternativ kann das Halstuch geknotet werden, dann sind beim Schnitt bei den seitlichen Zipfeln etwa 2–3 cm hinzuzufügen.
Und wenn du das Halstuch in ein Kopftuch verwandeln möchtest, kannst du beim Schnittmuster einfach die Breite und Höhe um 10 cm vergrößern.

MATERIAL

- Baumwolle, Leinen, Strickstoffe, Musselin, Jersey, Frottee, 55 x 30 cm
- Vlieseline® Bügeleinlage H 250 zur Verstärkung des Knopflochs, ca. 4 x 3 cm
- (optional) ein Stück Webband
- Nähgarn

ZUSCHNITT

Das Tuch kann einlagig oder zweilagig genäht werden. Außerdem kann es bei der zweilagigen Variante entweder ohne Wenden (wie hier im Beispiel gezeigt) oder mit Wenden genäht werden (siehe Schritte 6 und 7).

- 1x Tuch im Stoffbruch (+ 1 cm NZG)

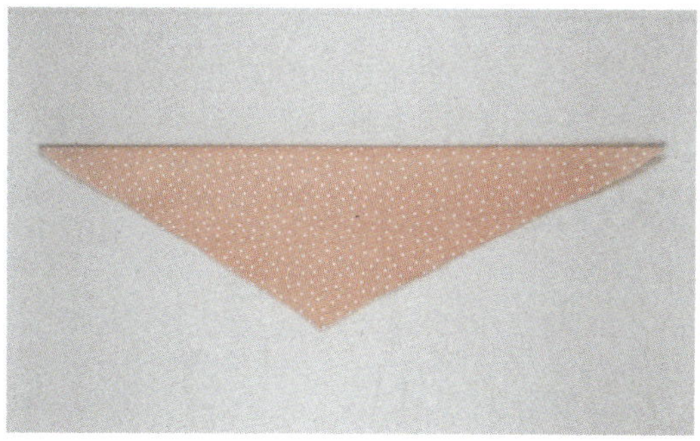

SO WIRD'S GEMACHT

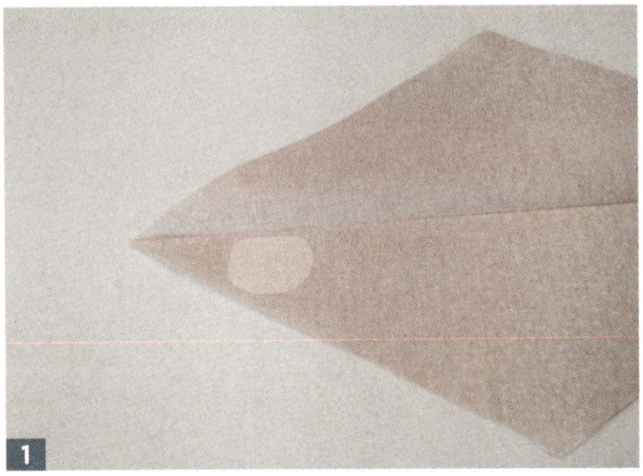

1

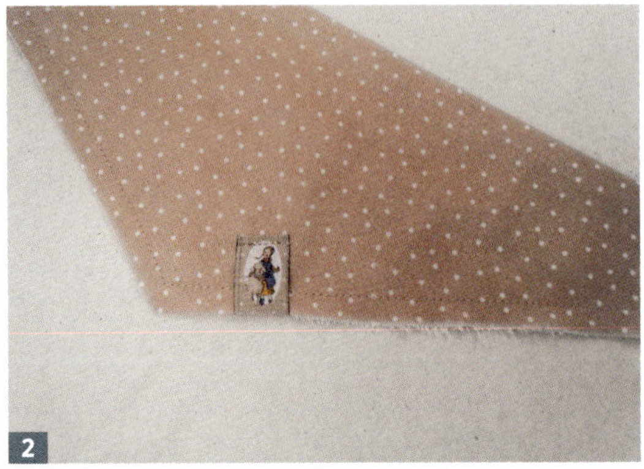

2

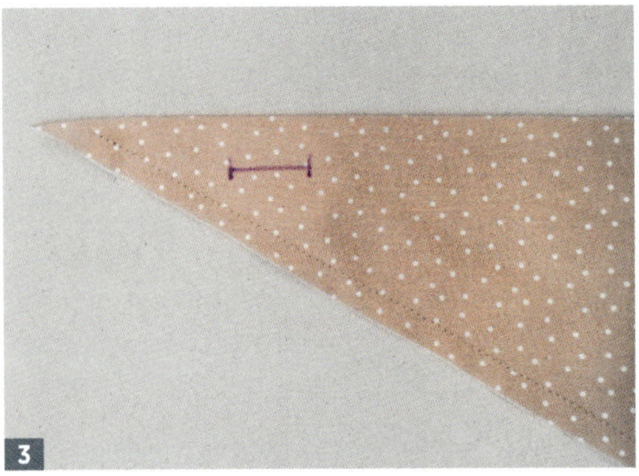

3

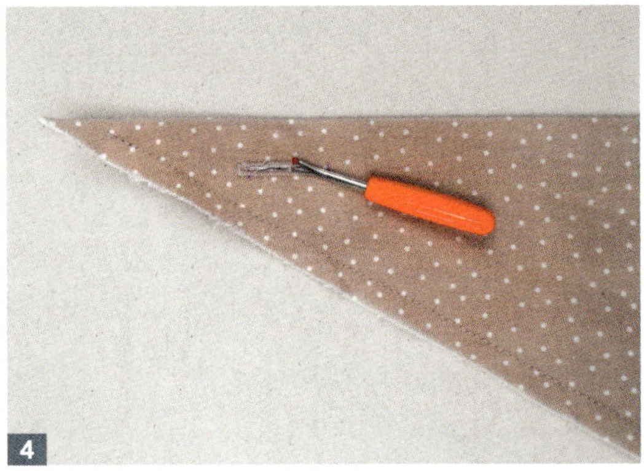

4

1 Zur Verstärkung des Knopflochs wird auf einer Tuchhälfte im Bereich des Knopflochs ein Stückchen Einlage aufgebügelt.

2 In diesem Beispiel wurde das Tuch links auf links gefaltet und die kurzen Kanten 1 cm ab Kante mit Geradstichen zusammengenäht, weil bewusst ein fransiger Rand gewünscht ist. Mit den Fingernägeln kann man das Ausfransen beschleunigen, indem die Nahtzugabe etwas aufgeribbelt wird. Das funktioniert auch bei Leinen und Musselin super.
TIPP: Ein Stück Webband verleiht dem Accessoires eine besondere Note. Dieses wird zur Hälfte gefaltet um die Kante gelegt und über die kurzen Kanten festgesteppt.

3 Mit einem Trickmarker wird die Position des Knopflochs markiert.

4 Das Knopfloch wird genäht und mit einem Nahttrenner geöffnet.

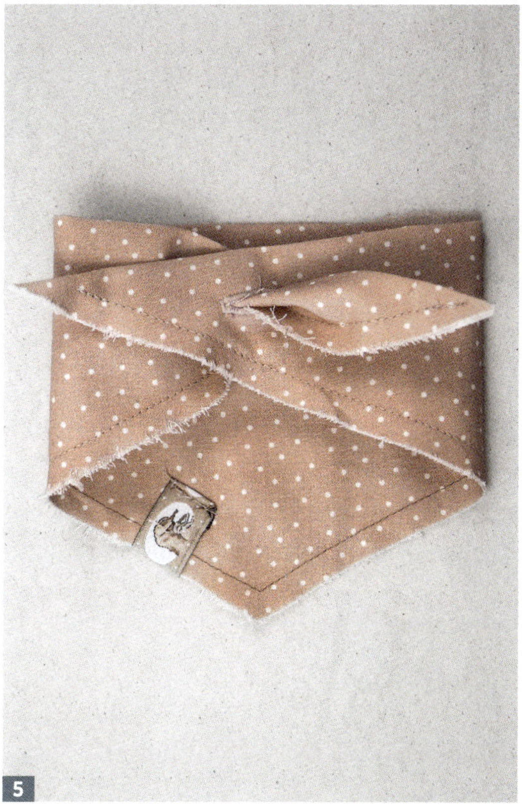

5

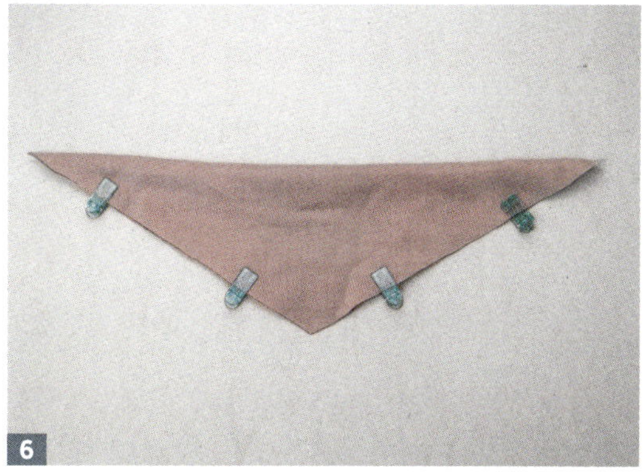

6

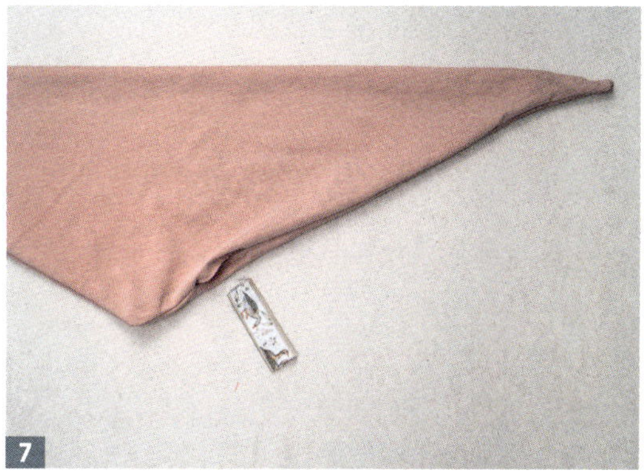

7

5 Fertig ist der praktische Steckverschluss.

6 Wendevariante: Für die Variante zum Wenden muss beim Zuschnitt 1 cm NZG hinzugefügt werden. Das Tuch wird im Bruch rechts auf rechts gefaltet und an den offenen Kanten zusammengenäht – an einer Kante bleibt eine kleine Wendeöffnung frei.

TIPP: Falls eine Verzierung mit Webband geplant ist, liegt die Wendeöffnung idealerweise an dieser Stelle. Dann kann die Öffnung direkt mit dem Annähen der Verzierung geschlossen werden.

7 Die Nahtzugaben werden an den Spitzen bis knapp vor die Naht zurückgeschnitten. Das Tuch wird gewendet, die Kanten gebügelt und die Öffnung per Hand mit dem Matratzenstich oder beim Annähen der Verzierung geschlossen (Webband zur Hälfte um die Kante legen und rundum knappkantig steppen). Weiter mit Schritt 3–5.

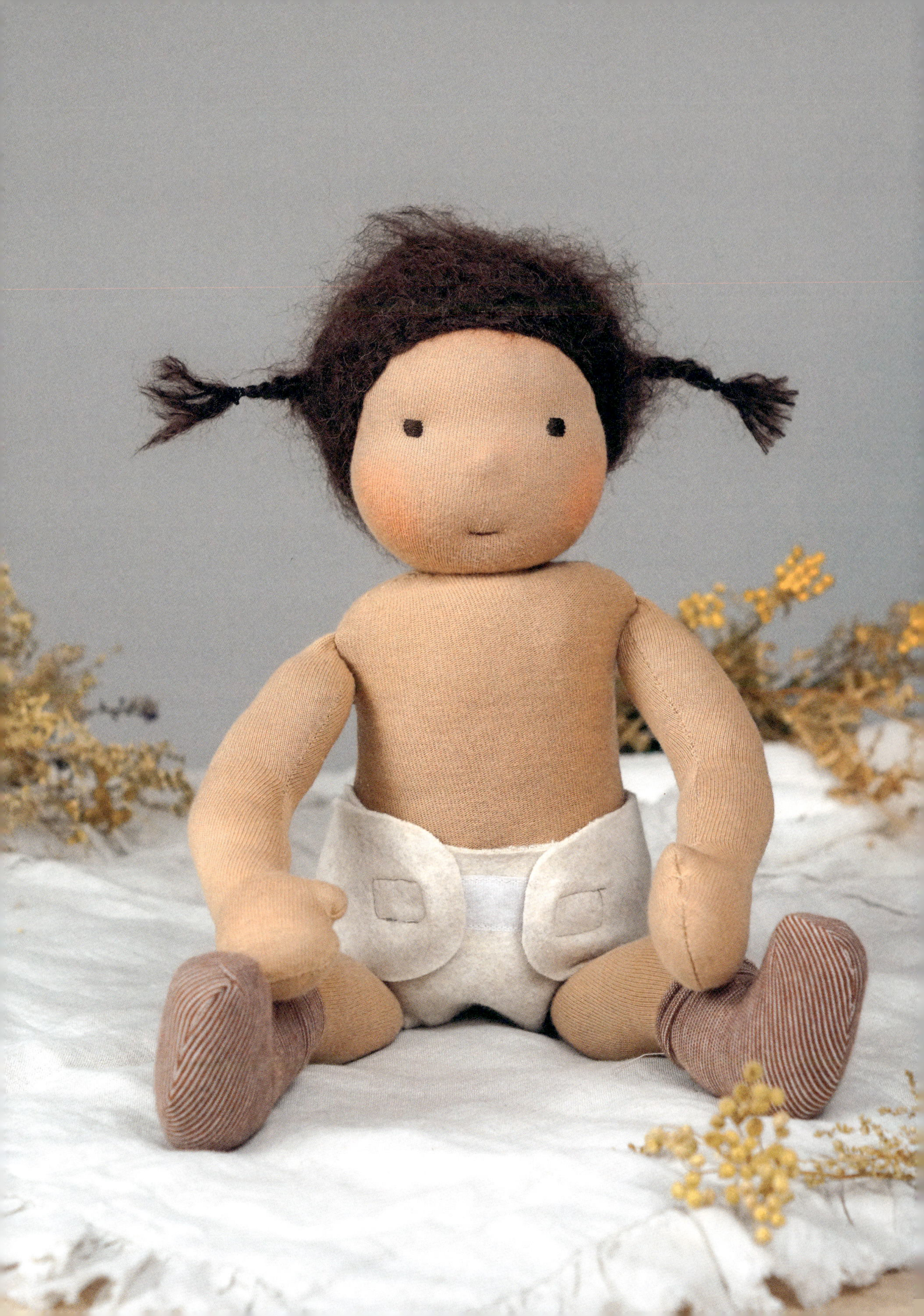

Windel

Puppenwindeln sind nicht nur ein lustiges Accessoire für Puppen – durch das Wechseln der Puppenwindel können Kinder lernen, wie man Windeln richtig anlegt und wie man sich um ein Baby kümmert.

VORLAGE

Schnittmusterbogen B
Schnittteil 32–Windel

MATERIAL

Die Windel kann einlagig (wie hier im Beispiel) oder zweilagig genäht werden. Es eigenen sich folgende Stoffe:

- für die einlagige Variante alle Stoffe, die offenkantig verarbeitet werden können (die nicht ausfransen), wie Wollfleece, Merinowalk oder Sweat, 30 x 25 cm
- für die zweilagige Variante leichte fließende Stoffe, wie Baumwolle, Leinen, Musselin, Jersey, 65 x 30 cm
- Klettverschlussband, 2 cm breit, 17 cm lang; alternativ 2 Druckknöpfe
- Nähgarn

ZUSCHNITT

Die Windel kann einlagig (wie hier im ersten Beispiel) oder zweilagig genäht werden. Für die zweilagige Variante siehe Schritte **5** und **6**.

- 1x Windel (im Stoffbruch, ohne NZG)

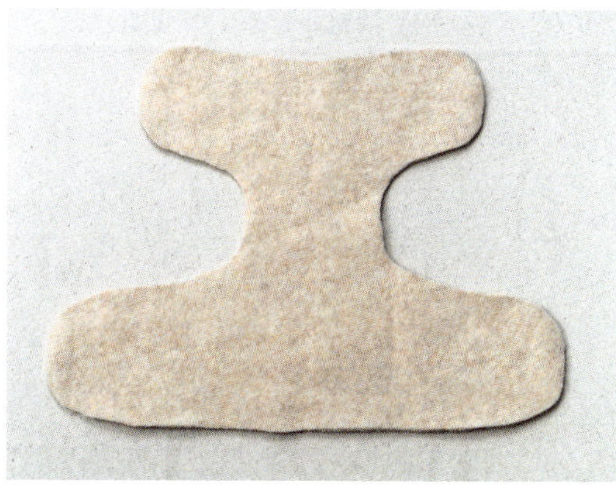

SO WIRD'S GEMACHT

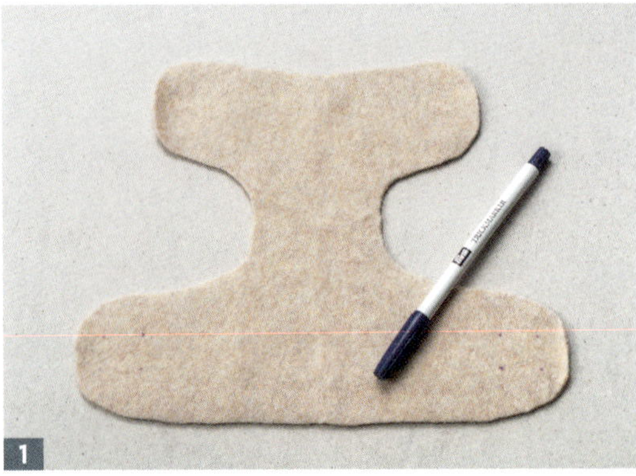

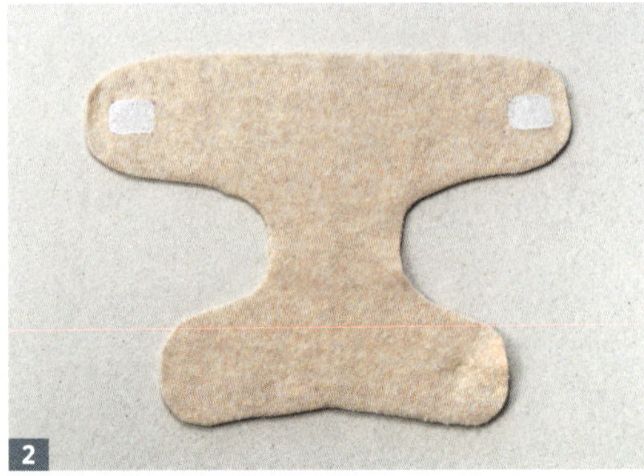

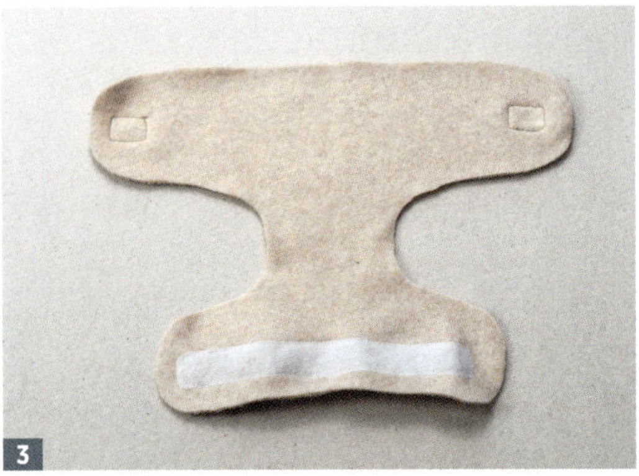

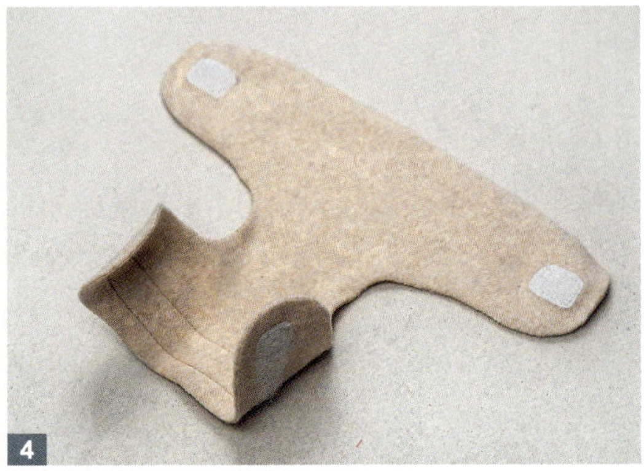

1 Die Markierungen für den Klettverschluss werden auf Vorder- bzw. Rückseite der Windel übertragen.

2 Von dem Hakenband werden zwei Stücke (2,5 cm) abgeschnitten und die Ecken etwas abgerundet. Dann werden die Stücke an den entsprechenden Stellen auf die Innenseite genäht.

3 Die Windel wird herumgedreht und das Flauschband (Ecken ebenfalls abgerundet) auf die Außenseite genäht.
TIPP: Bei kleinen Kindern ist es hilfreich, das Flauschband über die gesamte Breite anzubringen, um das Schließen der Windel zu erleichtern.

4 Fertig ist die Windel!

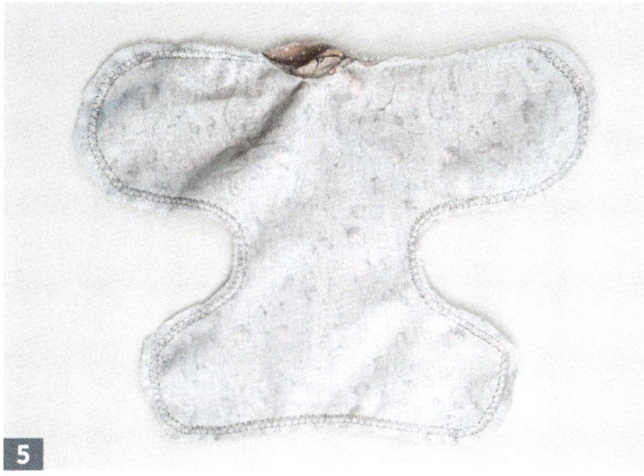

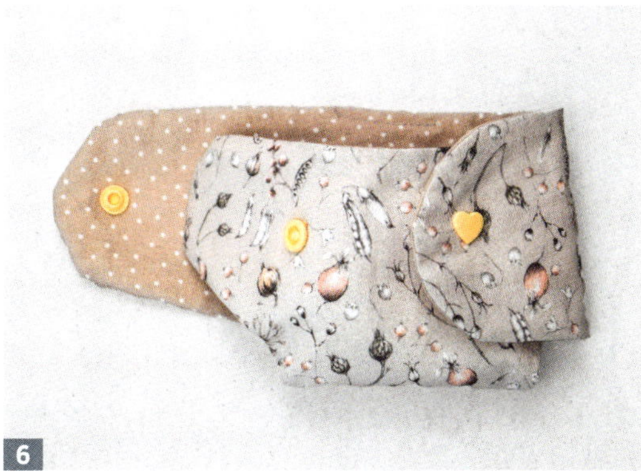

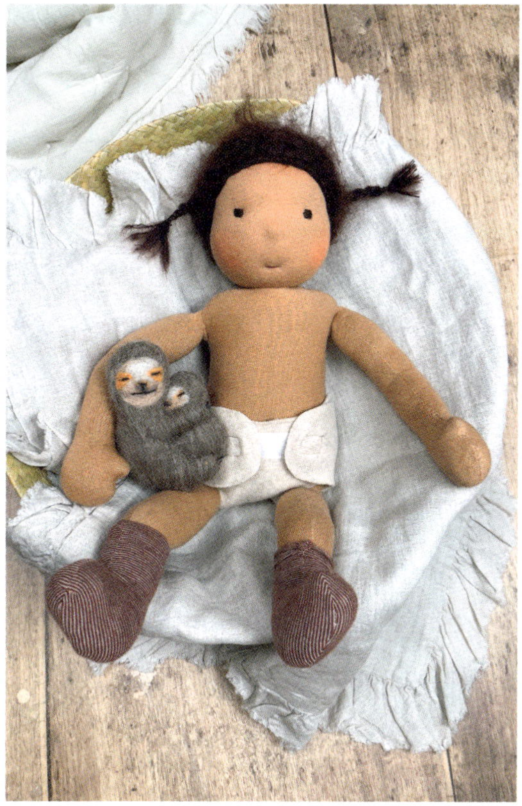

5 Wendevariante: Der Zuschnitt wird 2x + rundum mit 1 cm NZG benötigt. Die Windelteile werden r-a-r gelegt und ringsum genäht – am hinteren Rand wird eine kleine Wendeöffnung freigelassen. Die Nahtzugaben werden an den Rundungen etwas eingeschnitten. Die Windel wird gewendet, die Kanten gebügelt und die Öffnung per Hand mit dem Matratzenstich geschlossen.

6 Nun wird entweder der Klettverschluss angebracht, wie bei Schritt 1–3 beschrieben oder, wie hier gezeigt, Druckknöpfe eingesetzt.

„Bis in die Puppen – bedeutet „sehr lange" (Wikipedia). *Bis in die Puppen Puppen machen,* bedeutet „mit viel Zeit und Sorgfalt eine Puppe herzustellen."

Leimuco

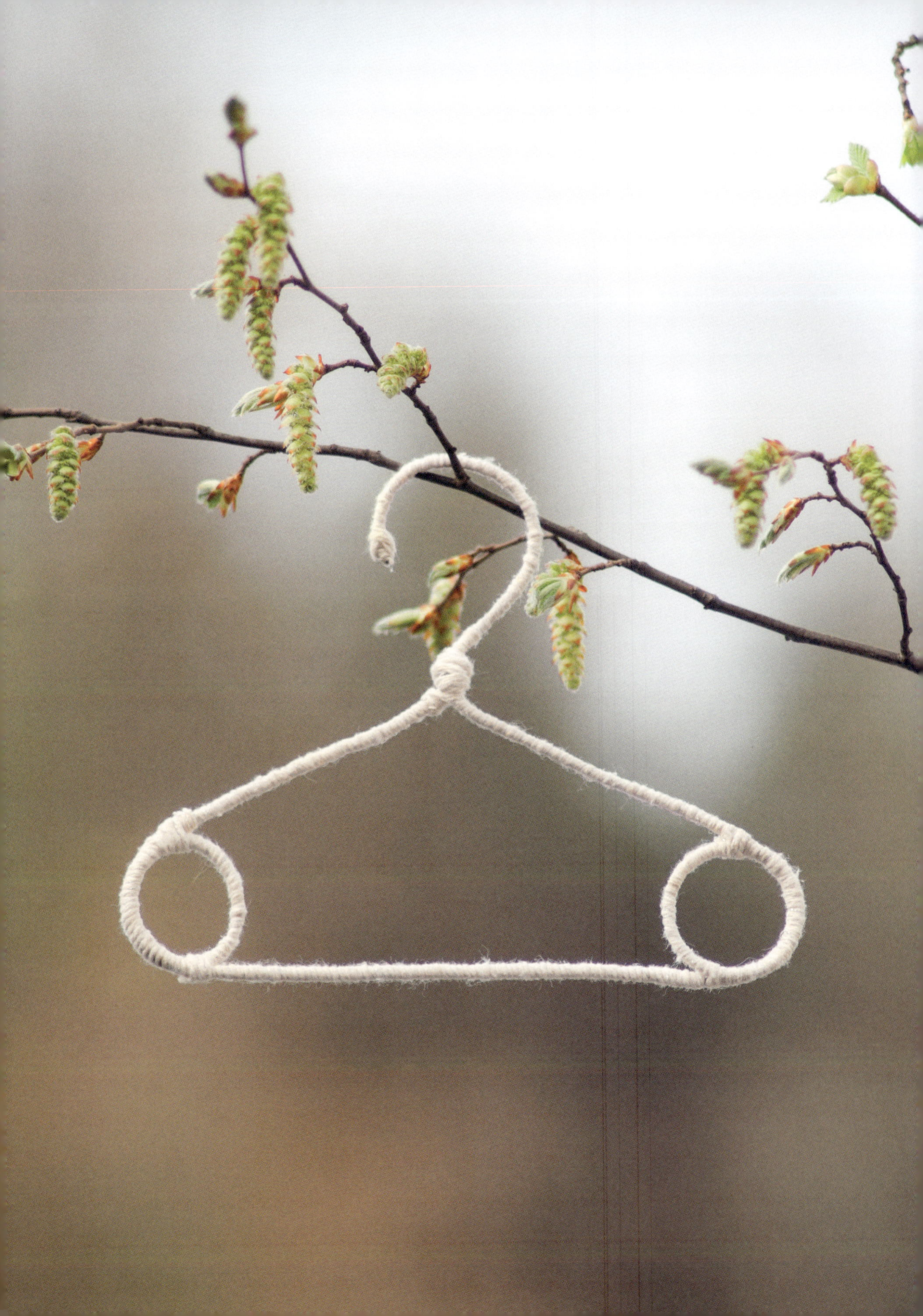

Kleiderbügel

Für eine liebevolle Aufbewahrung der Puppenkleidung sind maßgeschneiderte Kleiderbügel, die zum Charme der Miniaturteile passen, wunderschön. Mit wenigen Handgriffen kannst du sie selbst herstellen.

VORLAGEN

Schnittmusterbogen B
Es gibt zwei Varianten, wie der Bügel gebogen werden kann:
Vorlage 33–Kleiderbügel
Vorlage 34–Kleiderbügel

MATERIAL

- Draht (dieser benötigt eine gewisse Stabilität, sodass der Bügel beim Anfassen und beim Aufhängen der Kleidung seine Form behält. Empfohlen wird Bindedraht mit 1,4 mm Stärke.)
- Zange
- Kordel (Sisal, Filz, Wolle), Stoffband oder Stoffreste zum Ummanteln des Drahtes
- Leim zur Befestigung der Ummantelung

SO WIRD'S GEMACHT

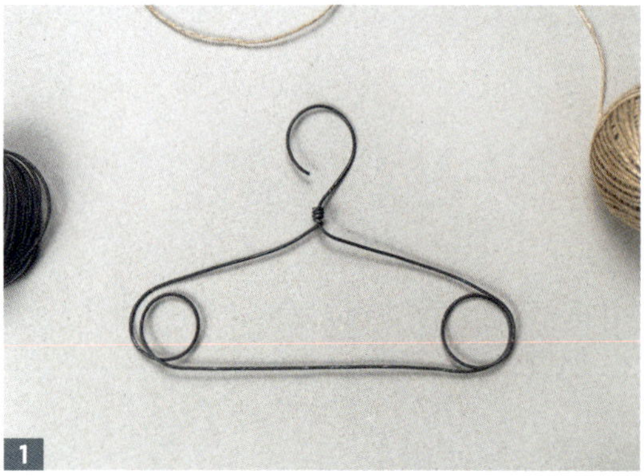

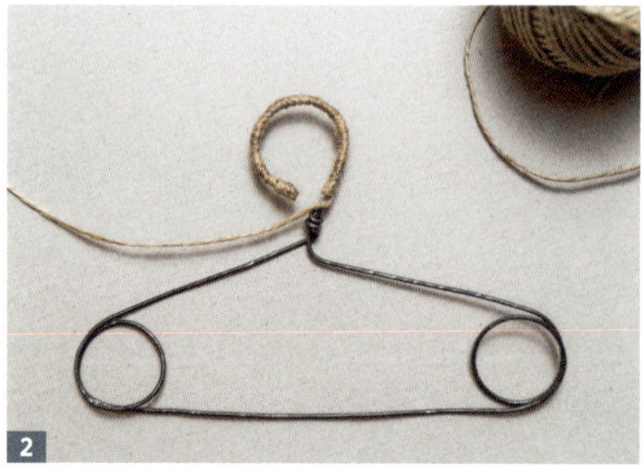

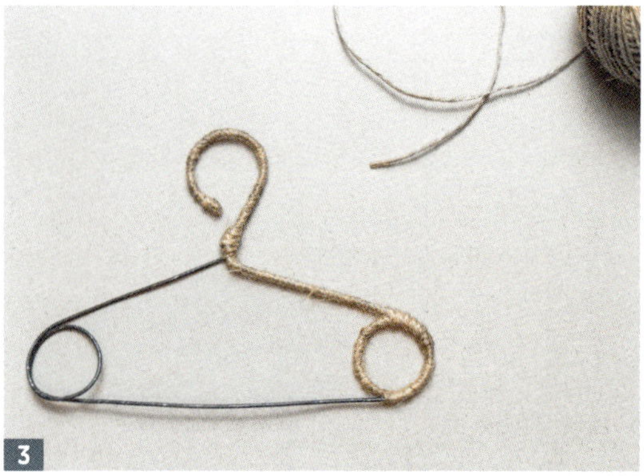

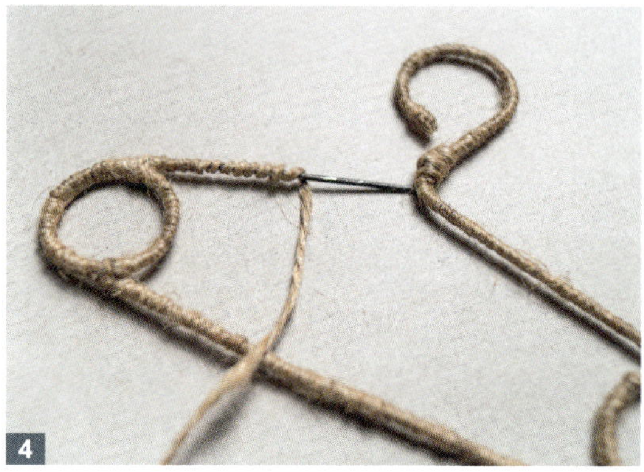

1 Variante a (Vorlage 33): Der Draht wird mithilfe einer Zange nach der Vorlage in Form gebogen.
TIPP: Zum Biegen der Kreise kann ein runder Gegenstand in entsprechender Größe (bspw. ein kleines Glas) zu Hilfe genommen werden.

2 Beginnend am Haken zum Aufhängen, wird die Kordel an den Draht geleimt und anschließend der Draht straff umwickelt. Circa alle 2–3 cm wird punktuell die Kordel mit Leim fixiert.

3 Nach dem Umwickeln des ersten Kreises wird entweder abgesetzt oder der Kreis am Innenrand wieder zurück gewickelt. Im Beispiel wurde abgesetzt und auf der Geraden neu begonnen ...

4 ... und straff bis zum Anfang gewickelt.

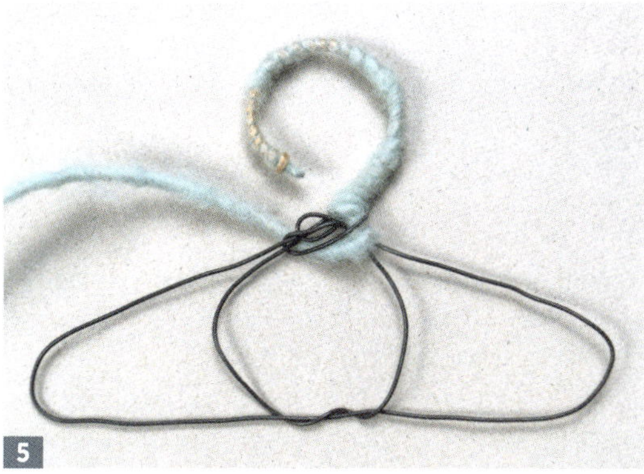

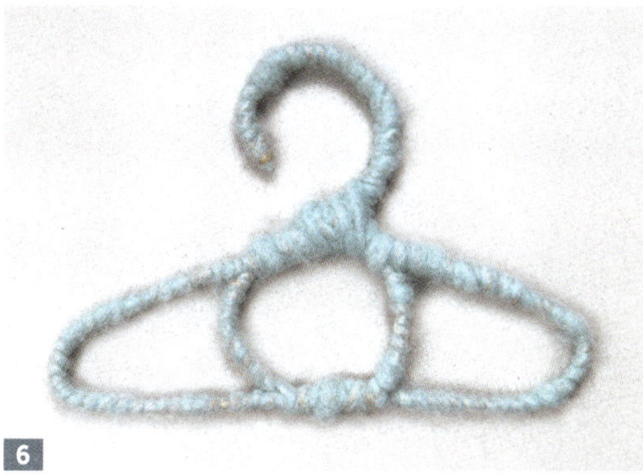

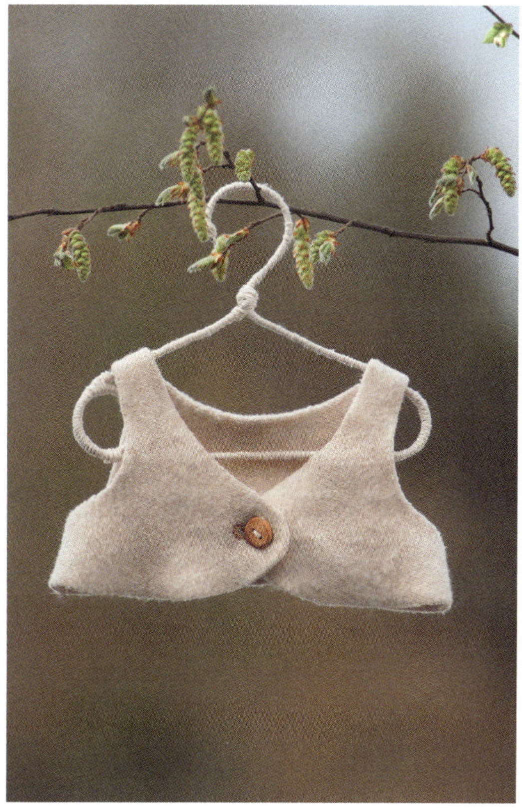

5 Variante b (Vorlage 34): In diesem Beispiel wird in der Bügelmitte ein Kreis gebogen und zum Ummanteln Filzkordel verwendet.

6 Fertiger Bügel der Variante b.

„Ich glaube, Menschen werden glücklicher, wenn sie Puppen und Märchenbücher bekommen."

Astrid Lindgren

... ich ergänze: sie werden auch glücklicher, wenn sie Puppen nähen. Zumindest auf mich trifft es zu.

Leimuco

Über die Autorin

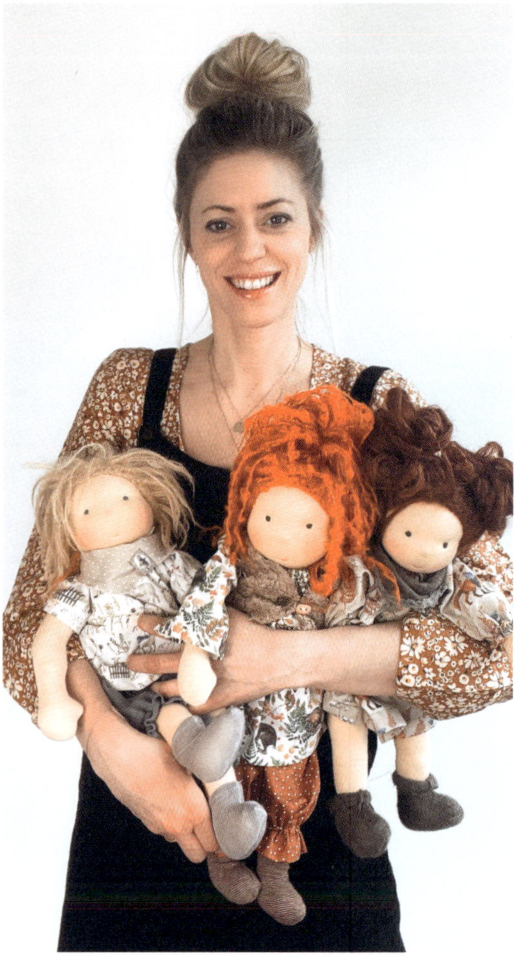

Kristin Wünsch hatte bereits als Kind eine Leidenschaft für Naturmaterialien und kreative Projekte. Nach ihrer Lehre im Bereich Gestaltung arbeitete sie im Holzkunstgewerbe und entwickelte und gestaltete neue Produkte. Später absolvierte sie ein Studium in Wirtschaftsingenieurwesen und arbeitete erfolgreich in der Industrie, bevor sie in ihrer Elternzeit ihre Liebe zur Kreativität wiederentdeckte und sich voller Leidenschaft dem Nähen und Sticken widmete.

Auf der Suche nach der perfekten Puppe für ihr Kind beschloss sie, das Puppenmacherhandwerk zu erlernen und begann, ihre eigenen Puppen zu entwerfen.

Auf Instagram teilt sie unter dem Namen „LEIMUCO" ihre Inspirationen zu Puppen und Puppenoutfits, insbesondere Partnerlook mit der Puppe sowie Natur-DIY-Projekte. Wenn Du auf der Suche nach einzigartigen und nachhaltigen Puppen und DIY-Ideen bist, solltest du unbedingt bei ihr vorbeischauen und dich von ihrer Kreativität verzaubern lassen.

Zeige gern bei Instagram deine fertige Puppe oder dein DIY-Projekt, um der Welt zu zeigen, was du geschaffen hast. Nutze dabei den Hashtag „leimuco" und verlinke und folge gern ihrem Profil. Fühl dich willkommen in der herzlichen Puppen-DIY-Community.

Dank

Vielen Dank an alle, die dazu beigetragen haben, dass dieses Buch entstehen konnte.

Meine tiefste Dankbarkeit geht an meine wundervollen Kinder. Ohne euch hätte ich das Handwerk des Puppenmachens nie entdeckt. Eure Begeisterung und lebhafte Fantasie, die Puppen zu bespielen, ist meine größte Motivation, immer wieder neue Puppen zu gestalten.

Ein ganz besonderer Dank richtet sich an die Puppenmacherin Maria Ribbeck von „Mariengold". Bei ihr habe ich nicht nur die grundlegenden Techniken des Puppenmachens erlernt, sondern auch die Liebe und Leidenschaft für dieses Handwerk entdeckt, und wurde gleichzeitig ermutigt, meinen eigenen kreativen Weg weiterzugehen. Ich empfehle von ganzem Herzen jeder und jedem, der sich für das Puppenmachen interessiert, einen Kurs bei Maria zu besuchen und sich von ihrer begeisternden Freude inspirieren zu lassen. Ihr Motto ist: „Puppenmachen tut der Seele gut", und ihr werdet nicht nur eine wunderschöne Puppe am Ende des Kurses besitzen, sondern auch eine bereichernde Erfahrung für die Seele machen.

Auch bei *Wollknoll* bedanke ich mich von ganzem Herzen für die Materialien zur Herstellung der Puppen. Ohne diese hochwertigen Materialien wäre es nicht möglich gewesen, die Puppen in all ihren unterschiedlichen Facetten zu gestalten und ihnen ihre ganz eigene Persönlichkeit zu verleihen.

Ebenfalls möchte ich mich bei den Sponsoren bedanken, die mit ihren wunderbaren Stoffen und Materialien meine Arbeit unterstützt haben. Besonders hervorzuheben möchte ich die hochwertigen Stoffe von *Acufactum* und *Lebenskleidung*, die nicht nur durch ihre Qualität und Schönheit, sondern auch durch ihre Nachhaltigkeit begeistern. Es war eine Freude, mit diesen Stoffen zu arbeiten und sie in die unterschiedlichen Puppenprojekte einfließen zu lassen.

Vielen Dank an *augenscheinlich foto & grafik*. Eure schnelle und professionelle Unterstützung bei der Erstellung des Titelbildes hat einen entscheidenden Beitrag zum Erscheinungsbild des Buches geleistet.

Impressum

Autorin: Kristin Wünsch
Fotos & Styling: Kristin Wünsch
Produktmanagement & Lektorat: A. Reuß
Redaktion: Lena Denu
Korrektorat: Brigitte Schnock
Umschlaggestaltung: Regina Degenkolbe, Mathias Frisch
Layout und Satz: Elke Mader
Repro: LUDWIG:media
Herstellung: Julia Hegele
Printed in Slowenia by Florjancic Tisk

★★★★★

Sind Sie mit diesem Titel zufrieden? Dann würden wir uns über Ihre Weiterempfehlung freuen. Erzählen Sie es im Freundeskreis, berichten Sie Ihrem Buchhändler oder bewerten Sie bei Onlinekauf. Und wenn Sie Kritik, Korrekturen, Aktualisierungen haben, freuen wir uns über Ihre Nachricht an:
Christian Verlag, Postfach 40 02 09,
80702 München oder per E-Mail an
lektorat@verlagshaus.de.

Unser komplettes Programm finden Sie unter

www.christophorus-verlag.de

Sponsoren

- acufactum ute menze – handel – verlag – Inhaber Ute Menze e.K., *www.acufactum.de*
- Lebenskleidung – Itter, Malkowski, Rima GbR, *www.lebenskleidung.com*
- Wollknoll GmbH, *www.wollknoll.eu*

Bezugsquellen

- Coats Group PLC, *www.coats.com*
- Freudenberg Performance Materials Apparel SE & Co. KG, *www.vlieseline.com*
- Gütermann GmbH, *www.guetermann.com*

Die Deutsche Nationalbibliothek verzeichnet diese Publikation in der Deutschen Nationalbibliografie; detaillierte bibliografische Daten sind im Internet über www.dnb.de abrufbar.

3. Auflage 2025

Infanteriestraße 11a
80797 München

ISBN 978-3-8410-6722-7

Kreativ-Service

Sie haben Fragen zu unseren Büchern und Materialien? Wir beraten Sie gern rund um alle Kreativthemen. Rufen Sie uns einfach an. Wir interessieren uns auch für Ihre eigenen Ideen und Anregungen. Sie erreichen uns per E-Mail: **kreativ-service@c-verlag.de** oder unter der Tel.: **+49 (0)89-1306 99 577**.

Ebenfalls erhältlich ...

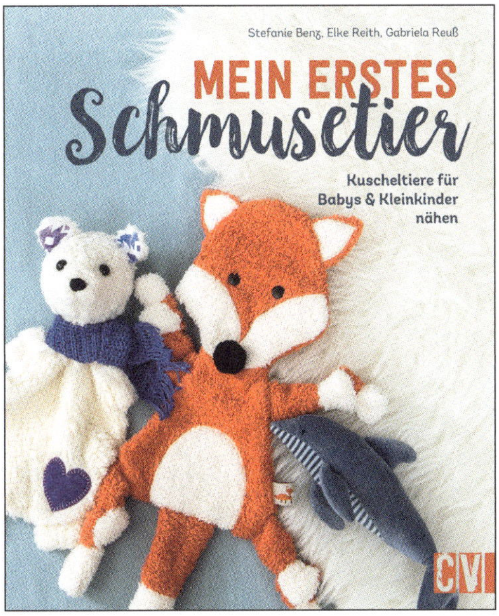

ISBN 978-3-8410-6721-0

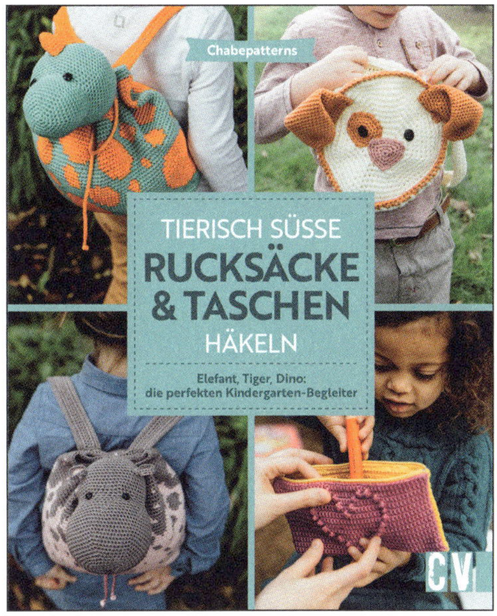

ISBN 978-3-8410-6746-3

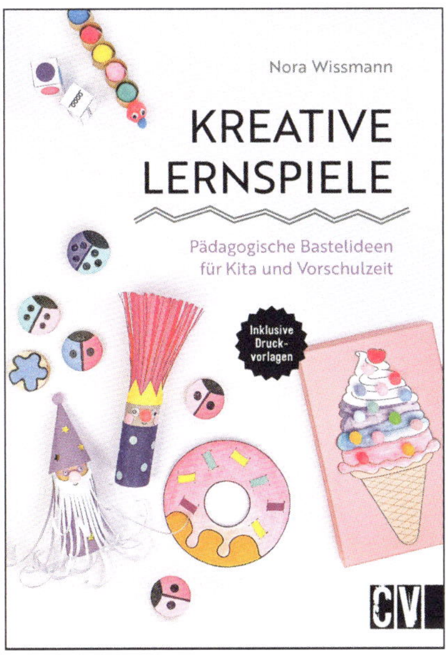

ISBN 978-3-8411-0286-7

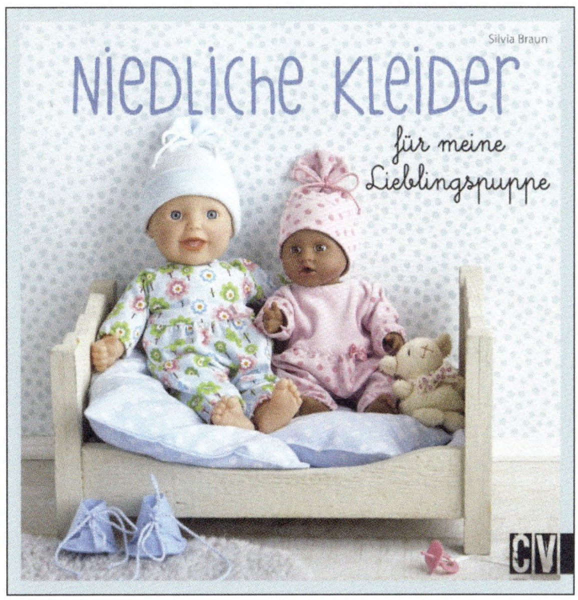

ISBN 978-3-8410-6476-9

CV
www.christophorus-verlag.de

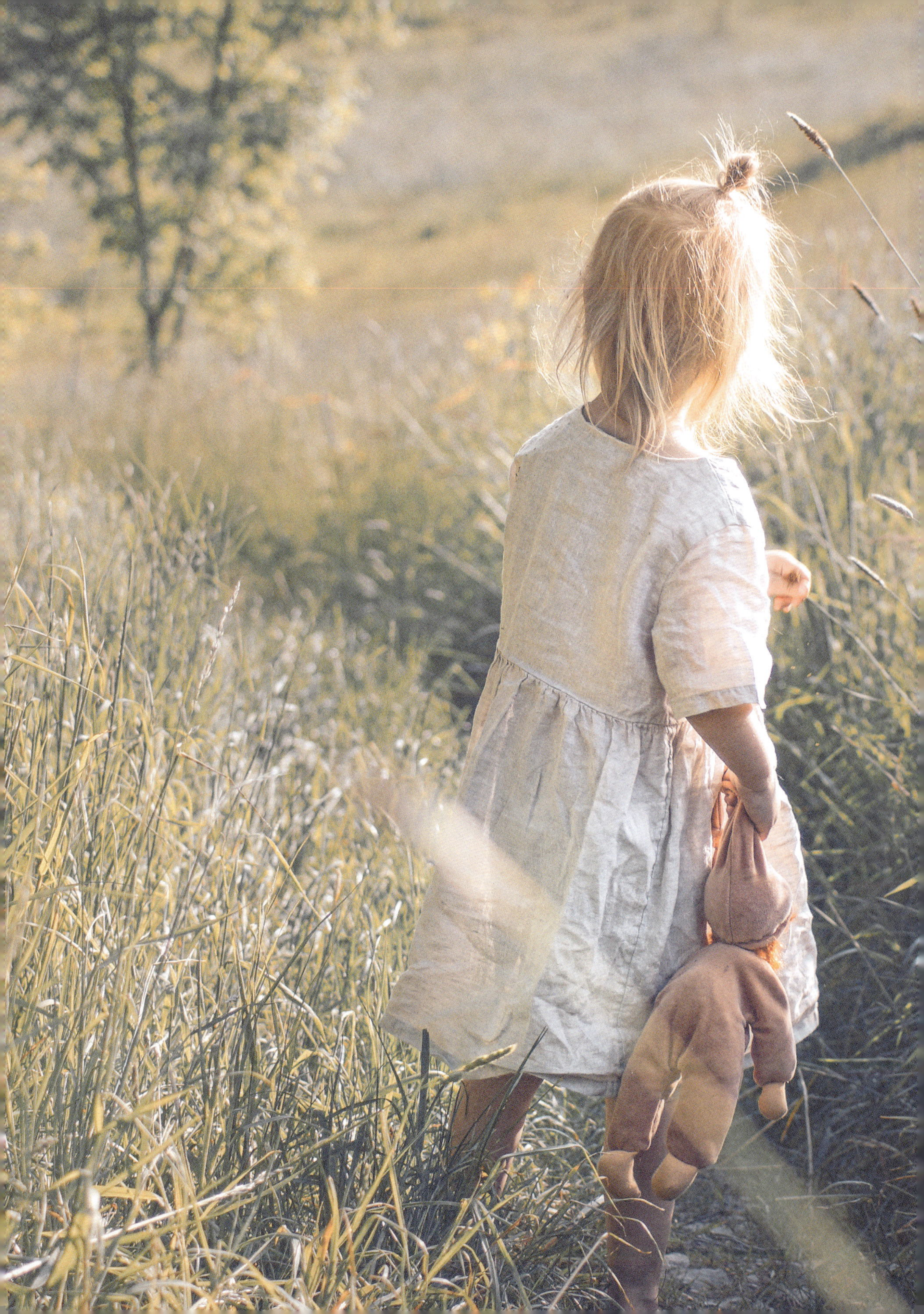